股指衍生品：
国际经验与借鉴

STOCK PRICE INDEX DERIVATIVES:

International Experience and Reference

刘凤元／著

社会科学文献出版社
SOCIAL SCIENCES ACADEMIC PRESS (CHINA)

摘　要

2010 年 4 月沪深 300 指数期货开始交易，这是继 1995 年国债期货因价格操纵被退市后国内第一个金融衍生品。从全球衍生品市场发展历史看，在大部分金融市场上，股指期货成功推出后，股指期权，以及波动率指数等产品也会逐步推出，将为投资者提供更多的股指衍生品种。

当然，股指期货等衍生品的出现，也会给市场监管者带来一些新问题，如到期日效应、跨市场冲击、跨市场价格操纵等。另外，虽然股指衍生品为市场参与者提供了保值和投资的机会，但其高风险的杠杆交易，为企业的风险管理也带来了挑战。

因此，本书以股指期货和期权为核心，以全球股指衍生品历史和现状为切入点，梳理了股指衍生品的国际经验，探讨关于股指衍生品创新的争论以及给市场带来的新问题及其应对策略。本书最后两章回顾了国内衍生品市场的发展历史和现状，并最终给出了发展股指衍生品的相关政策建议。

Abstract

In April 2010, Hu – Shen 300 index future begin to trading, it is first finance derivatives of Mainland, after bond futures delisted for price manipulation in 1995. Viewed from derivatives history, majority market would listed stock price index options and VIX derivatives, providing more derivatives for Investors.

Of course, stock price index derivatives bring new problems, such as Expiration – day Effects, Cross – Market Manipulation and shocks. In addition, for market players, stock price index derivatives provide investment and hedge chance, but company's risk management face challenge for high – lever trading.

So, based on stock price index futures and stock price index options, this book Introduce the history & status quo of global stock price index derivatives market and its International Experience, then analyzing stock price index derivatives'innovation & disputation and new problem and its countermeasure given by stock price index derivatives. At last two chapters, this book review the history & status quo of Mainland derivatives market, and then gives some suggestion about how to develop Stock Price Index Derivatives .

目 录

Contents

第一章

前　言

第一节　研究意义和背景

一　研究意义

金融衍生品不仅能为现货市场投资者提供避险工具，同时也为投机者提供了更多的选择。各国为提升金融市场竞争力，纷纷开发各类指数期货、股指期权等金融衍生品种。从全球金融产品交易量看，近年来，金融衍生品，特别是股指类衍生品交易量持续大幅度上升。

自 1995 年债券期货因价格操纵而退市后，我国的金融衍生品种一直处于缺位状态。为提升国内金融市场竞争力，2006 年 9 月中国金融期货交易所在上海成立。2010 年 4 月 16 日沪深 300 指数期货开始交易，标志着中国金融衍生品市场进入了新的历史阶段。

衍生品市场，特别是股指类衍生品市场，具有高风险、高技术性等特征，而且与现货市场息息相关，这使得市场更加复杂多变。虽然目前我国金融衍生品市场还处于建设阶段，但随着市场的发展，将来会有更多的指数期货、指数期权，甚至波动率指数衍生品等产品上市交易。同时，从全球衍生品市场看，基于股票指数开发的金融衍生品一直是投资者关注的焦点，也是各国交易所获得全球竞争力的主要工具之一。因此本书拟从股指衍生品的创新及相关争论、股指衍生品给市场带来的新问题以及其应对策略方面进行研究，最后分析研究了国内衍生品市场现状及发展的相关对策。

二　研究背景：股票的指数化及衍生化趋势

自 Charles Dow 先生在 1896 年 5 月创立全球第一个股票指数——道琼斯指数（Dow Index）以来，各国都纷纷跟进，至目前为止，全球各经济体基本都具有本国的股票指数。20 世纪 70 年代西方各国由于受石油危机的影响，股票价格大幅波动，证券市场投资者迫切需要一种能够有效规避市场风险的金融工具。交易所从商品、外汇等期货的套期保值中受到启发，设计出一种新型的金融投资工具——股票指数期货。1982 年 2 月，堪萨斯城市交易所推出全球第一个股指期货产品——道琼斯综合价值线股票指数期货合约。随着金融理论的逐渐成熟，至此，全球金融创新之路在各国交易所的竞争下开始了。

经过几十年的发展，就单个产品而言，指数期权已经成为交易量最大的金融品种。同时，就全球而言，指数相关产品交易仍集中在股价指数及其衍生品，而商品指数衍生品交易量仍待提高，指数以及其衍生产品的创新原理也拓展到气候以及其他生活的各个领域，指数化时代（Indexation Time）就在眼前。

（一）指数的功用和现状

在早期的金融投资市场，指数主要是作为投资者分析市场、基金经理人绩效评估的标杆。随着金融创新和市场的发展，特别是以指数为标的的期货及期权等衍生产品的出现，使指数逐渐成为直接投资的金融工具。从指数的发展历史看，指数的作用主要体现在以下几个方面：

1. 期货和期权等衍生品

1982 年美国堪萨斯城市交易所推出全球第一个股指期货产品后，股指期货产品在全球很快扩展。股指期货的出现使投资者有机会对没有个股期货的股票现货进行避险，同时也解决了只能买涨盈利而不能买空盈利的局面；由于采用保证金交易，股指期货提高了投资者资金使用效率，这使得资金有限的投资者有机会参与到市场中来。另外，现货与期货间，不同月份的期货合约间存在的价差，给投资者增加了套利的机会。

1983 年 3 月，CBOE 推出全球第一个股指期权合约——CBOE - 100 指数期权（后改名为 S&P 100 指数期权），开始了以股指为标的的期权交易。除了具有保值、套利、保证金交易等传统优点，"买入（Buy）"期权还为投资者提供了一个低成本买入合约，判断错误损失有限的投资机会（仅损失期权保证金）。而期货投机交易时，判断错误，其理论上的损失则可能是无限的。正因为如此，经过二十来年的发展，股指期权市场已力压群雄，成为全球金融衍生品市场中最激动人心的部分。在全球衍生品交易中，就单个产品而言，韩国的 KOSPI 200 股指期权已经连续 7 年交易量第一。全球交易所联合会的最新年报数据显示，截至 2007 年底，55 个会员单位中，有 25 个国家或地区的 28 家交易所有股指期货品种，28 个国家或地区的 34 家交易所有股指期权品种。交易量方面则仍集中在欧美成熟市场，韩国和印度交易所是例外。

2. 指数基金

指数基金最早出现在美国。1976 年，John C. Bogle 成立了全球第一个指数基金——第一指数投资信托（the First Index Investment Trust）。指数基金的目的是复制目标指数的收益，从复制程度看，指数基金可以分为完全复制，即被动型投资，基金经理人按各成分股票占指数的权重持有这些股票。另一种复制是部分复制，即主动型投资，基金经理人选择部分成分股票或采用不同权重进行投资。

由于指数基金给资金有限的投资者提供了投资整体市场的机会，同时，基金经理人比普通投资者更专业，因此，近年来指数基金得到了空前发展。以基金市场发达的美国而言，指数基金的整体规模十分庞大。美国投资公司协会（ICI）数据显示，截至 2007 年底，美国指数共同基金，总资产规模达到 7550 亿美元，占整个基金规模的 9%，而 2000 年其规模仅 3444 亿美元。

3. 交易所交易基金（Exchange Traded Fund；ETF）

1989 年多伦多证券交易所挂牌全球第一只 ETF 后，ETF 在全球市场上增长惊人。与一般的指数基金不同，ETF 可以根据实时报价进行交易，投资者不会失去市场时机，而普通指数基金只在收市后举行净值计算，并作为收购和赎回的唯一价格；ETF 还可以进行套利交易，而基金不能；更为重要的是，ETF 可以买空交易，而指数基金缺乏这种手段。当然 ETF 仅发行可供赎回的大额股份，限制了小资金客户的参与。

上述特点促进了 ETF 的发展，美国 ETF 的净资产从 1995 年的 10.5 亿美元增长到 2007 年底的 6085 亿美元。其他国家的 ETF 市场也在快速发展之中，自中国 2004 年推出第一只 ETF——上证 50ETF 以来，短短 3 年多时间，至 2008 年，沪深两市 ETF 市值已达近 300 亿元的规模。

4. 其他指数相关产品

在整体市场指数及衍生产品出现后，各交易所为了迎合投资者偏好，又开发出了各种行业、区域股价指数及衍生产品。这其中值得一提的是法国巴黎银行委托德国证券及衍生工具交易所（Deutsche Bourse）在 2007 年 2 月推出的全球奢侈品指数（World Luxury Index）、摩根士丹利的 MSCI 全球消费者非必需品消费指数（MSCI World Consumer Discretionary Index），以及美林生活风尚指数（ML Life Style Index）。这类指数本质上仍然是股价指数，但其成分股是宝马（BMW）、保时捷（Porsche）、奢侈品巨头 LVMH 等公司，通过投资或跟踪这类指数可以分析与预测奢侈品行业的发展趋势。

随着金融创新的发展和投资多元化的需求，以指数为基础融合其他现货的衍生工具也迅速增长。其中，与指数挂钩的债券类产品近年来发展很快。这类产品和债券类似，保护本金安全，但其收益率与本土或境外某股指收益率挂钩，因此是间接投资股指的产品，常被归入结构性产品。

（二）指数产品的市场效率

很多学者对指数及衍生品的效率进行了研究。主要结论包括指数及其衍生品降低市场交易成本、提高指数成分股流动性、指数衍生品对信息的反应效率比现货高等。由于研究文献众多，笔者选择典型和重要文献进行回顾。

1. 指数化的综合研究

指数化产品的快速发展，说明了它们对投资者的吸引力。学者的实证也揭示了指数化的种种优点。

Hedge & McDermott（2003）通过实证，认为指数化降低了市场交易成本、改善了指数成分股的流动性。他们发现新纳入指数的股票流动性会增加，其买卖报价价差会缩小、市场深度及交易量会增加，并且这些效应是永久的。对此结果，他们提出了注意力假说（attention hypothesis——假设加入指数导致更多分析师和投资人跟踪这些股票）；信息假说（information hypothesis——假设加入指数导致市场上这些公司的信息增加）；流动性假说（liquidity hypothesis）以进行解释[1]。

Dash et al.（2002）研究了关于成分股剔除与纳入是相关股票的价格表现。大部分结果显示，当一只股票被剔除/纳入时，其价格会上涨/下跌，在有些实证中，这种价格效果甚至会维持 1 年的时间[2]。在这以前，Malkiel & Radisich（2001）则从另一个角度进行了研究，他们认为，如果被纳入 S&P 500 股票的超额报酬能够持续的话，会产生一个"价格泡沫"，而这个泡沫最终将破灭。因此，"指数化狂潮"（indexing craze）并不能解释 20 世纪 90 年代股价的剧烈变化[3]。

2. 指数及相关产品的市场效率

指数期货及期权等衍生品能够得到投资者认同，其中一个最主要的原因是投资者可以利用指数衍生品对现货进行有效的保值。在实践中，很多学者对全球主要指数及其产品的保值效率进行了研究。

Park & Switzer（1995）以美国的 S&P 500、主要市场指数和加拿大的 Toronto 35 股价指数现货与期货为研究对象，研究发现，S&P 500 和 MMI 期货对现货的保值效率高达 97% 以上，说明了这些指数期货市场

---

[1] Hegde, S., & McDermott, J.（2003），The Liquidity Effects of Revisions to the S&P 500 Index: An Empirical Analysis. *Journal of Financial Markets*, Vol. 6, Number 3, May 2003, pp. 413–459 (47).

[2] Dash, S.（2002），Price Changes Associated with S&P 500 Deletions: Time Variation & Effect of Size and Share Prices. Standard & Poor's, New York, July 9.

[3] Malkiel, B. G. & Radisich, A.（2001），The Growth of Index Funds & the Pricing of Equity Securities. *Journal of Portfolio Management*, Winter, pp. 9–21.

的效率[①]。

Cavallo & Mammola（2000）以意大利指数期权 MIBO30 的日数据为样本，利用买权卖权平价模型和 B－S 模型进行效率检验，研究发现在两种模型下，考虑成本以后，这些交易策略并不能获得异常报酬，因此期权产品的定价行为是有效率的[②]。

Switzer，Varson & Zghidi（2000）则研究了 ETFs 产品 SPDRs 上市对 S&P 500 指数期货市场定价效率的影响。实证发现 SPDRs 上市后，价格误差减少了，股利率与期货到期日对价格误差仍有影响，但影响变小。总而言之，实证结果支持 SPDRs 上市后 S&P 500 指数期货的定价效率改善[③]。Chu & Hsieh（2002）也进行了类似研究，指出追踪 S&P 500 指数的 SPDRs 上市后会改善 S&P 500 指数期货市场的定价效率[④]。

3. 指数与其衍生品的信息效率

据有效市场理论，如果市场是有效率的，并且投资者是理性的，那么市场中的所有金融产品价格应该同时迅速地反映新的信息。但在现实中，因为交易限制、交易成本、异步交易等因素，指数衍生品市场和其标的市场，在对新信息的反应速度上存在一定差异，导致两类市场之间存在着领先落后的信息反应关系。从学术界的研究看，特别是从最近的一些新进展来看，大部分研究认为指数衍生品市场因交易成本较低、杠杆交易及信息完全揭露等特性，其价格能更加迅速地反映在市场上，因此指数衍生品（期货，期权）被认为应该领先于指数现货市场，即，

---

① Park，T. H. & Switzer，L. N.（1995），"Index Participation Units & the Performance of Index Futures Markets：Evidence from the Toronto 35 Index Participation Units Market，" *Journal of Futures Markets*，Vol. 15，No. 2，pp. 187 － 200.

② Cavallo，L. & Mammola，P.（2000），"Empirical tests of Efficiency of the Italian index options market，" *Journal of Empirical Finance*，Vol. 7，pp. 173 － 193.

③ Switzer，L. N，Varson，P. L.，& Zghidi，S.（2000），"Standard & Poor's Depositary Receipts and the Performance of the S&P 500 Index Futures Market，" *Journal of Futures Markets*，Vol. 20，No. 8，pp. 705 － 716.

④ Chu，Q. C. & Hsieh，W. G.（2002），"Pricing Efficiency of the S&P 500 Index Market：Evidence from the Standard & Poor's Depositary Receipts，" *Journal of Futures Markets*，Vol. 22，No. 9，pp. 877 － 900.

指数衍生品提高了现货的信息效率，而实证结果也显示了上述分析。

Stoll & Whaley（1990）研究了 S&P 500 和 MMI 股指期货合约与对应现货的领先落后关系。研究结果发现，即使消除了异步交易和买卖价差因素后，股指期货价格仍领先现货约 5 分钟，有时会长达 10 分钟以上[1]。

Shyy. et al.（2006）认为，当指数内的股票交易未同时发生，使得真实指数价格反应推迟时，容易得到股指期货领先现货的结果。所以他们同时以法国的 MATIF 期货市场及 Paris Bourse 市场 CAC 40 股指现货的成交价格及买卖价差 bid/ask 报价的资料为研究对象，研究发现，如果通过成交价格数据进行领先落后关系的检验，会得到期货显著领先现货的结果，但如果利用买卖价差中值（midpoint of bid/ask）数据进行分析，得到的结果是，现货会领先期货价格，因此作者认为异步交易是造成领先落后的主要因素，而另一可能的原因是市场的交易机制不同，法国 Bourse 现货市场使用的是电子竞价交易制度，而 MATIF 期货市场则采行人工喊价的做市商交易方式，因此若场内交易人员（floor trader）报价速度不够快，可能产生现货价格领先期货价格的现象[2]。

另一些学者则对指数期权与标的指数的信息效率进行了研究。Gwilym & Buckle（2001）以 1986 年至 2004 年期间的 FTSE 100 股价指数、期货及期权三个市场间的日内每小时资料为对象，针对相同交易成本的价格看涨期权和看跌期权对现货与期货、期权市场信息的先后关系进行研究。实证结果发现，指数和期货间的同期关系非常强烈，且期货领先股价指数 1 小时。股价指数和期权间同期关系也非常强烈，看涨期权和看跌期权领先指数 1 小时，期货和期权间也有强烈的同期关系[3]。

最后，值得一提的是关于指数衍生品异地上市其信息效率的研究结

① Stoll, H. R. & R. E. Whaley（1990）, "The Dynamics of Stock Index & Stock Index Futures Returns," *Journal of Financial & Quantitative Analysis*, Vol. 25, No. 4, pp. 441 – 468.

② Shyy, G. Vijayraghavan, V., & Scott-Quinn, B.（1996）, A further Investigation of the Lead-Lag Relationship between the Cash Market & Stock Index Futures Market with the Use of Bid/Ask Quotes: The Case of France, *Journal of Futures Markets*, 16（4）, pp. 405 – 420.

③ Gwilym O., Buckle M. The lead-lag relationship between the FTSE 100 stock index and its derivative contracts. *Applied Financial Economics*, 2001（11）: pp. 385 – 393.

果，下述结果说明，指数期货异地上市并没有影响其信息效率。

由于大阪证券交易所（OSE）、新加坡交易所（SGX）和芝加哥商品交易所（CME）都有日经 225 指数上市交易，Booth et al.（1996）研究了 1990～1994 年三年间这三个交易所中日经 225 指数期货在交易中的信息传递过程，结果显示这三家交易所在信息传递中的地位相当，没有一家交易所是主要的信息源①。

Coving et al.（2003）则用高频数据作了类似研究，结果显示，在日经 225 指数期货价格发现功能方面，大阪证券交易所贡献 42%，新加坡交易所贡献 33%，同时，其他指标显示新加坡交易所在日经 225 指数的价格发现上也起到了不可忽视的作用②。

（三）指数产品面临的问题

指数及其衍生产品为交易所、数据管理公司，以及投资者提供了很多好处，但同时也带来了很多问题。除了指数设计等日常和技术问题外，管理者面临的最大挑战是指数及衍生品的监管问题。当然，关于指数管理的法律纠纷也时常给市场带来困扰。

1. 内幕交易与操纵

指数由成分股构成，由于成分股发行量改变、退市、经济结构变化等原因，指数管理机构经常需要指数校准（index rebalancing）。因此，指数校准为内幕交易提供了机会。

Malkiel & Radisich（2001）研究股票被 S&P 500 指数剔除或纳入股票价格表现时发现，这些股票被剔除或被纳入一个月后，这些股票的下跌/上涨价格效应仍然残留了下来。其他的大部分相关实证研究也显示，在校准时会导致指数的波动，特别是剔除/纳入成分股时，不仅指数波动，同时这些特定的股票价格也会因为剔除/纳入而下跌/上涨③。根据

---

① Booth, G. G., Lee T. & Tse, Y., (1996), International linkages in Nikkei stock index futures markets, *Pacific-Basin Finance Journal*, 4, pp. 59 – 76.

② Coving, V., Ding, D. K. & Low, B. S., (2003), Price discovery in informationally-linked markets: A microstructure analysis of Nikkei 225 futures, Working paper.

③ Malkiel, B. G. & Radisich, A. (2001), The Growth of Index Funds & the Pricing of Equity Securities. *Journal of Portfolio Management*, Winter, pp. 9 – 21.

国际证监会组织（IOSCO）的调查，其会员单位都没有制定关于指数校准的标准和方法，校准工作由编制和维护指数的机构自行订定。因此，如果指数管理机构在信息保护、透明度方面处理不当，容易产生内幕交易。

除内幕交易外，全球的监管者面临的另一个难题是关于指数产品的操纵，特别是随着各交易所推出越来越多的衍生品，市场越发复杂，发生在现货市场和衍生品市场的联合操纵更加难以被发现，监管更加困难。跨市场操纵比较典型的操纵模式是持有大量衍生品头寸，然后进行囤积、挤压或轧空。另外，由于操纵者很难直接操纵权重发布合理的指数，因此，权重设计不合理的指数则容易成为操纵的目标。

2. 股指期货异地上市的法律纠纷

截至 2007 年底，全球的衍生品交易量 90% 以上由包括股指衍生品在内的金融衍生品构成，而商品相关衍生品仅占 10% 左右。因此，股指及衍生品不仅关系到巨额的手续费收入，而且关系到以保值、套利、投机等为目的的资金流向，以及该经济体的定价权。因此，关于指数开发的竞争一直没有停止，随之产生的法律纠纷也时见报端。

全球第一个关于股指期货异地上市的纠纷是 1986 年 9 月新加坡国际货币交易所（SIMEX）抢先于日本推出日经 225 指数期货。日本政府在抗议的同时，不允许本国基金经理利用 SIMEX 的日经 225 指数期货从事股指期货交易（管制持续到 1987 年 5 月），为了竞争，日本于 1988 年在本土推出了日经 225 指数期货。最新的案例是上证所信息网络公司对新华富时指数违约的起诉，其纠纷来源于 SIMEX 在 2006 年 9 月抢先中国内地市场推出 A50 指数期货。

当前，全球的金融发展仍处于极不平衡之中，大部分新兴经济体金融市场仍缺乏股指期货，期权等投资、保值及避险工具。同时，投资的全球化趋势不可阻挡。因此，该类纠纷短期内将继续存在。

（四）指数化的趋势

随着投资的全球化、金融工具的创新，股指期货、期权以及 ETFs 产品的交易量平均以每年 20% 的速度增长。尽管指数化产品为投资者提供了良好的流通性、投资的多元化，及全球化、低成本等，但市场并没有满足，为了迎合市场的需要，适应环境的变化，各交易所一直在进行创新，进一步扩大市场。

1. 迷你合约（Mini Contract）

迷你合约具有许多优点，首先，由于期货期权等衍生品不为一般投资者所熟悉，因此在指数波动难以预期的情况下，迷你合约无疑更能够帮助投资者将风险控制在可接受范围之内。同时，迷你合约资金要求更低，使资金有限的个人投资者有机会参与。韩国 KOSPI 200 指数期货期权的成功经验就是低成本合约魅力的最好写照（虽然 KOSPI 200 不是传统意义上的迷你合约，但其期权权利金仅需 8 元人民币左右，比正常的迷你合约还低）。

因此，当前指数化的一个重要趋势就是推出迷你合约。从全球交易所联合会年报可以看出，大部分交易所在推出正常指数产品后，都会推出迷你合约。并且很多指数产品的迷你合约交易量已经超过大型合约。

2. 指数化的进一步衍生

金融全球化已经成为当今世界推动经济全球化的最活跃因素，对投资者而言，一方面，交易品种的持续增加提供了更多的投资机会，但另一方面，全球化市场使资产的波动性也在增加。面对波动率急剧增加的市场，期货、期权等传统衍生品市场的存在使投资者在资产下跌的走势中也可以得到正收益，而波动率指数（Market Volatility Index，VIX）产品则进一步为投资者提供了在基础资产大幅震荡导致交易量减小，流动性不足的情况下，交易者获利或者对冲现货风险的途径。

基于此，2004 年 CBOE 推出了全球第一个波动性期货（Volatility Index Futures）VIX Futures，2004 年推出第二个将波动性商品化的期货，即方差期货（Variance Futures）。2006 年，VIX 指数的期权开始在芝加哥期权交易所交易。

在美国成功推出 VIX 指数后，德国、法国、瑞士等国也推出与其股价指数相关的波动率指数，中国台湾地区、中国香港地区等市场也在积极研发以推进 VIX 指数发展，以增加投资者的避险工具。

除了上述趋势以外，程序化交易以及指数化在商品、债券等领域的发展也是近年来的发展趋势，特别是商品的指数化及其相关衍生工具发展很快。由于原材料价格高涨，高盛商品指数、CRB 指数、AIG 指数等商品指数期货近年来交易量增长很快。2004 年美国市场出现了首只商品 ETF——黄金 ETF，同时，全球市场也出现了很多商品指数基金，如 Global Resources、Global Natural Resources 等。股票市场的指数化创新正在被复制到商品和其他市场。随着金融创新和投资全球化趋势的发展，指数化将继续成为投资市场的焦点。

第二节　文献综述

一　股指衍生品综合研究

（一）国外研究文献

关于一个国家发展衍生品品种的先后次序，1996 年，George Tsetse-kos（1996）对 29 个国家 75 个交易所的统计显示，最普遍的衍生合同是指数型产品，然后是利率型产品，最后是农产品。其标的出现的顺序依次是农产品、非贵金属、贵金属、货币、利率、股票、能源、指数和互换。实证显示，新兴市场国家和发达国家的衍生品发展顺序不同：在新兴市场国家，往往先产生指数类衍生品，然后是股指类和利率衍生品，接着是货币衍生品。发达国家先发展农业衍生品，然后才是股票和利率衍生品。这主要是因为发达国家建立交易所的时候，农产品在经济中的地位十分重要，而资本市场尚不发达，而发达国家新建立的交易所则先引入基于股指、单个股票、利率和货币的衍生品。所以对于新建立的衍生品市场，新兴国家和发达国家在产品的发展顺序上差别不大。一般而言，新兴市场国家比发达国家引入衍生品所需的时间更长，但新兴市场国家引入股指类产品的速度比发达国家要快[①]。

[①] Tsetsekos, George, and Panos Varangis. (1998), "The Structure of Derivatives Exchanges: Lessons from Developed and Emerging Markets." *Policy Research Working*, p. 1887. World Bank, Development Economics Department, Washington, D. C.

就全球股指衍生品市场而言，当股指期货或期权到期时，会出现所谓到期日效应，即期货在合约到期时，某特定因素在市场出现，使买卖供需暂时性的失衡情况发生，因为期货合约有到期日限制，通常套利者和避险者在合约到期前，为锁定风险会反向对冲手中持有的期货与现货头寸，而投机者也会利用社会大众对结算机制来不及反应的机会拉抬打压现货市场而使期货头寸获利，这些操作因而造成期货合约到期日的行情波动较平时相对剧烈。很多学者对此进行了研究。Chamberlain, Cheung and Kwan（1989）研究加拿大期货和选择权市场时，发现到期日的报酬率和波动率显著高于非到期日[①]；Stoll & Whaley（1997）研究雪梨期货市场时发现，期货越接近到期日，现货市场交易量异常波动越显著，特别在到期日现货市场收盘交易量显著高于开盘，其实证结果显示越接近到期日操纵现货所产生的利润报酬越高[②]；Chow et al.（2003）同样以恒生指数期货与选择权为标的，发现当期货单独到期或期货与选择权同时到期时，现货会出现负的价格效果及报酬波动，可是却没有价格反转及异常的交易量，笔者认为是因为香港的结算价是采取全日平均价结算，不同于开盘价或收盘价结算价，套利者无法确保期货的结算价与现货价差，因此套利的风险会增加，也进而减少套利活动的进行，所以笔者推论以越长的平均价作为结算价越能缓和到期效应[③]；Park & Lim（2004）通过研究韩国 KOSPI 200 指数期货发现，无论价格、波动率及成交量都存在着到期效应[④]；Ni, Pearson and Poteshman（2005）研

① Chamberlain, T. W., Cheung, S. C. and Kwan, C. C. Y. (1989), "Expiration day effects of index futures and options: Some Canadian evidence," *Financial Analysts Journal*, Vol. 45, No. 5, pp. 67 – 71.

② Stoll, H. R. and Whaley, R. E. (1997), "Expiration-day effects of the All Ordinaries Share Price Index Futures: Empirical evidence and alternative settlement procedures," *Australian Journal of Management*, Vol. 22, pp. 139 – 174.

③ Chow, Y. F., Haynes, H. M. and Zhang, Y. H. (2003), "Expiration day effects: the case of Hong Kong," *The Journal of Futures Markets*, Vol. 23, No. 1, pp. 67 – 86.

④ Park C. G. and Lim K. M. (2004), "Expiration Day Effect in Korean Stock Market: Wag the Dog?" *Econometric Society* 2004, For Eastern Meetings from Econometric Society.

究中显示期权确有到期效应，且受股票市场影响[①]。

另一些学者则关注股指期货等衍生品上市后对股票现货市场波动是否会产生影响。他们的实证结果可以分为两类，一种观点认为权证、期货、期权市场提供了更多投资与避险的途径，有助于分散风险及稳定现货价格，使现货的波动性降低。如 Bessembinder & Seguin（1992）[②]；Park，Switzer，& Bedrossian（1999）；Antoniou，Holmes & Priestley（1998）[③]；Sahlstrom（2001）[④] 等。另一些研究认为，如投资人行为趋于一致或者不理性时，将会产生杠杆作用，而使得现货价格的波动加大；或者衍生品的交易，使得投资者抽离原有现货市场的资本至衍生品市场，因而降低现货市场的流动性，而使得现货市场的波动性增加。如Maberly（1987）[⑤]、Edwards（1988）[⑥]、Antoniou & Holmes（1995）[⑦] 等学者的研究。

当一个市场同时有股票现货、股指期货、股指期权交易，当一个影响价格的因素出现时，一般来说，衍生品市场价格会先于现货市场价格发生反应。对此，众多学者试图寻找根源。Stoll & Whaley（1990）[⑧]；

---

① Ni S. X. ，, Pearson N. D. and Poteshman A. M. （2005），"Stock Price Clustering on Option Expiration Dates，" *Journal of Financial Economics*，78，pp. 49 – 87.

② Bessembinder, H. , Seguin, P. J. , （1992），Futures-trading activity and stock price volatility. *Journal of Finance* 47，pp. 2015 – 2034.

③ Antoniou, A. , Holmes, P. , Priestley, R. , （1998），The effects of stock index futures trading on stock index volatility: an analysis of the asymmetric response of volatility to news. *Journal of Futures Markets* 18（2），pp. 151 – 166.

④ Sahlstrom （2001），Impact of Stock Option Listings on Return and Risk Characteristics in Finland. *International Review of Financial Analysis*，10：1，pp. 19 – 36.

⑤ Maberly, E. D. （1987），"An Analysis of Trading and Nontrading Period Returns for the Value Line Composite Index; Spot Versus Futures，" *Journal of Futures Markets*，7，pp. 497 – 500.

⑥ Edward, F. R, （1988a），Does futures trading increase stock market volatility? *Financial Analysts Journal* 44，63 – 69.

⑦ Antoniou, A. , and Holmes P. （1995），"Futures Trading, Information and Spot Price Volatility: Evidence for the FTSE – 100 Stock Index Futures Contract Using GARCH，" *Journal of Banking & Finance*，19，pp. 117 – 129.

⑧ Stoll, H. R. and R. E. Whaley, （1990），"The Dynamics of Stock Index and Stock Index Futures Returns，" *Journal of Financial and Quantitative Analysis*，Vol. 25，No. 4，pp. 441 – 468.

Lihara, Kato Tokunaga (1996)[①] 及 Fleming, Ostdiek & Whaley (1996)[②] 认为，由于现货市场存在卖空限制及监管机构的监管等因素，投机型投资者有更强的动机在衍生品市场中交易，造成了金融衍生品市场在信息反映上更加快速，在统计上显著领先于现货市场；Shyy, Vijayraghavan & Scott-Quinn (1996) 研究认为，当市场有新信息出现时，由于指数型的金融衍生品价格是一个直接的整体性指标，因此可以实时反应新信息，因此会造成指数型的金融衍生品领先于股票指数[③]；Fleming, Ostdiek & Whaley (1996)[④] 以及 Abhyankar (1998)[⑤] 则认为，指数型金融衍生品的交易成本比一篮子股票的交易成本低，投资者会优先选择在交易成本低的市场中交易，一定程度上造成了衍生品市场在信息反映上领先于现货市场。

（二）国内研究文献

对于国内衍生品市场的整体发展，许多学者从不同层面上有过研究。郭斌（2001）认为金融衍生品市场的高风险性、虚拟性和杠杆性给市场带来的影响既有正面的也有负面的，既为投资者和发行者提供了更为广泛的金融工具选择范围，提供了低成本、多渠道的资金来源，增强了金融工具流动性，增加了管理的手段，提高了金融资源的开发利用程度和社会投融资的满足程度及便利度，实现了金融资源的优化配置，

[①] Lihara, Y., Kato, K., & Tokunaga, T. (1996), "Intraday Return Dynamics between the Cash and the Futures Markets in Japan," *Journal of Futures Markets*, 16 (2), pp. 147 – 162.

[②] Fleming, J., Ostdiek, B., and Whaley, R. E. (1996), "Trading costs and the relative rates of price discovery in stock, futures, and options markets," *Journal of Futures Markets*, 16, pp. 353 – 387.

[③] Shyy, G. Vijayraghavan, V., & Scott-Quinn, B. (1996), A further Investigation of the Lead-Lag Relationship between the Cash Market and Stock Index Futures Market with the Use of Bid/Ask Quotes: The Case of France, *Journal of Futures Markets*, 16 (4), pp. 405 – 420.

[④] Fleming, J., Ostdiek, B., and Whaley, R. E. (1996), "Trading costs and the relative rates of price discovery in stock, futures, and options markets," *Journal of Futures Markets*, 16, pp. 353 – 387.

[⑤] Abhyankar, A. (1998), "Linear and Nonlinear Granger Causality: Evidence from the UK Stock Index Futures Market", *The Journal of Futures Market*, 18: pp. 519 – 540.

同时也创造了新的潜在风险源，在一定程度上加大了货币政策执行的难度[①]。刘力耕（2002）比较全面地讨论了金融衍生市场的发展要素，包括市场特点、发展原因、基本功能、必要性等，他特别地指出了我国发展衍生品市场的条件既包括宏观上经济市场化程度、金融深化水平、宏观经济调控和金融监管体系的健全程度，也包括金融资产商品化形成完善的原生金融资产现货市场、利率市场化、汇率市场化[②]。

单树峰等（2004）则从国际金融衍生品市场结构和演进特征的角度作了有价值的探索，他指出从交易品种结构上看，交易所金融衍生品合约包括利率期货（期权）、货币期货（期权）、股票指数期货（期权），以及股票期货（期权）等品种，具体交易品种的活跃程度往往随时间变化而变动[③]。

对于欧洲期货交易（EUREX），黄运成（2004）分析了其成功的主要原因是期货市场与现货市场紧密相连，采用电子交易手段，创造丰富的交易产品，贯彻客户需要第一的原则，我国期货市场的发展同样需要放松管制，加快交易所体制的改革和交易产品的创新[④]。

2010年4月，沪深300指数期货开始交易，很多学者从不同角度进行了实证研究。姚亚伟（2011）利用模拟生态学中种群间动态关系的Lotka-Volterra模型，对沪深300股指期货同股票现货市场在交易规模方面的竞争关系进行实证分析。研究结果表明，沪深300股指期货推出初期，股指期货市场与股票现货市场在交易规模方面存在竞争性的交易转移效应；随着股指期货市场相关规则的不断健全和完善，股指期货市场与股票现货市场在交易规模方面由竞争关系转变为共存关系，出现交易引资效应。同时，研究还发现，股指期货市场与股票现货市场之间关系由竞争性转变为共存性的重要原因是股指期货市场监管力度的加大，股

---

① 郭斌：《金融衍生工具与金融危机》，《金融时报》，2001年。
② 刘力耕：《金融衍生品市场研究》，《金融与保险》2002年第3期。
③ 单树峰、余波：《当前国际金融衍生品市场结构及演进特征》，《郑州轻工业学院学报》（社会科学版）2004年第1期。
④ 黄运成：《欧洲期货交易所（EUREX）成功运作及其启示》，国研网。

指期货市场投资者结构的优化，以及股指期货市场期现套利交易的盛行[①]。

张孝岩（2011）利用沪深 300 股指期货的高频数据，研究了股指期货推出对中国股票市场波动性的影响。结果表明：在股指期货合约交割日，总体上不存在到期日效应；在中长期，股指期货推出则确实增加了现货市场的波动，但随着时间的推移，这种影响在减小。另外，股指期货对现货市场波动起到引导作用，其冲击持续的时间更长、强度更大。因此，他建议随着时间的推移，股指期货开始平稳有效运行，对现货市场起到重要引导和价格发现的作用，但由于股指期货的高投机性，加强对其监管仍然十分必要[②]。

曹森、张玉龙（2012）采用事件研究的方法，系统考察了沪深 300 股指期货上市交易一年以来对现货市场的影响程度及方向。通过使用市场模型和 GARCH 系列模型对沪深 300 股指的贝塔值以及波动率进行实证研究，结果发现：沪深 300 指数期货的引入，很好地发挥了期货交易管理风险和降低波动的作用，同时买空卖空的套期保值交易还降低了不对称信息对于现货市场的冲击，但是要警惕股指期货带来的系统性风险的提高[③]。

方匡南、蔡振忠（2012），基于沪深 300 股指期货 5 分钟高频数据，利用协整检验、误差修正模型和脉冲响应函数研究了我国股指期货长短期的价格发现机制，并用信息共享模型、共因子模型研究了我国股指期货市场的价格发现贡献程度；在此基础上，引入分位数回归，探讨不同涨跌幅度的期现关系。实证结果表明：我国指数期货和现货价格存在相互引导关系，而现阶段现货市场能更快反映全部市场的冲击，且现货市场在价格发现功能中的作用相对较大；随着涨跌幅度

---

① 姚亚伟：《股指期货与股票现货市场竞争关系研究——来自中国的经验证据》，《证券市场导报》2011 年第 9 期。
② 张孝岩：《股指期货推出对中国股票市场波动性的影响研究——基于沪深 300 股指期货高频数据的实证分析》，《投资研究》2011 年第 10 期。
③ 曹森、张玉龙：《沪深 300 股指期货对现货市场影响的实证研究》，《统计与决策》2012 年第 10 期。

的变化，现货对期货的影响呈 U 形走势，而期货对现货的影响呈现单边上升走势[①]。

刘庆富（2012）从交易和非交易时段出发，研究了沪深 300 指数期货与沪深 300 指数现货市场日内交易和非交易信息之间的信息传递路径、传递方向及其影响程度。实证结果显示：除现货下午交易信息外，上午交易和下午交易之间不具有必然的预测关系，而价差修正项却存在一定的预测作用。现货隔夜信息对期货上午交易与现货午休信息对期货下午交易均具有预测能力；期货隔夜信息对现货上午交易也具有预测能力，而期货午休信息对现货下午交易的预测作用并不存在；且与午休信息相比，隔夜信息对日间交易的影响更大。期货提前交易对股票现货日内交易与期货延迟交易对股票现货市场隔夜的收益及其波动均具有显著的预测能力，相对而言，延迟交易对股票隔夜的影响力要大于提前交易对股票日内交易的影响力[②]。

二 股指衍生品监管相关研究

（一）国外研究文献

因衍生品交易最先在西方金融市场出现，因此，关于监管的相关研究成果也较为丰富。

Moser（1998）[③] 指出能有效地约束违约风险是理解期货发展和交易所结构的关键。期交所还形成了其他规则以控制信用风险，最终通过清算机构分担风险 [Williams（1986）[④]]。Viviana Fernandez（2003），以拉美国家尤其是智利衍生品市场的发展为例研究了衍生市场发展异质性的原因，认为智利对金融的严格监管使其衍生市场远远落后于其他拉

---

① 方匡南、蔡振忠：《我国股指期货价格发现功能研究》，《统计研究》2012 年第 5 期。

② 刘庆富：《中国股指期货与股票现货市场的日内信息结构研究——基于交易和非交易时段的视角》，《复旦学报》（社会科学版）2012 年第 3 期。

③ James T. Moser，(1998)，"Contracting innovations and the evolution of clearing and settlement methods at futures exchanges，" Working Paper Series WP – 98 – 26.

④ Williams, J. C. (1986)，*The Economic Function of Futures Markets*. Cambridge，Cambridge University Press.

美国家，如基金的投资限制监管和交叉的市场流动性，智利汇率政策的变化也并未对外汇远期的交易量产生显著性影响，说明金融变量的市场化并不是衍生市场发展的必要条件，而是一些外部事件促使市场迅速发展，亚洲金融危机爆发后智利衍生品市场交易明显活跃，交易主要是在银行间和第三方间，这表明危机使得经济主体更加关注利率风险，2001年智利资本市场法的修订促进了衍生市场的进一步发展。该项研究表明至少在新兴市场国家金融变量的市场化并不是衍生品市场发展的充分条件[①]。

Edwards & Edwards（1984）从法律的角度对期货市场价格操纵行为进行了分析，提出从动机、行为和后果三个方面对价格操纵行为进行界定，但在实际操作过程中存在许多困难[②]。Kumar & Seppi（1992）研究了现金结算下的期货操纵问题，通过假定操纵者为完全无信息交易者并引入策略性独立信息交易者之后发现，在信息不对称下，不管是否采取现金结算方式替代实物交割方式，期货合约本身都易受到市场操纵的影响[③]。

Cooper & Donaldson（1998）发展了一个多期期货市场博弈模型，分析受逼仓与挤压的市场动态价格，集中讨论期货市场中强迫交割的特征。他们设计的模型价格路径可以模拟潜在的存在逼迫的商品所有可能的价格现象，解释了某些场合下，即使没有操纵，价格波动也偶尔产生价格泡沫。即使不存在风险厌恶与储存成本，也能解释期货市场价格正常延迟的存在[④]。

Wang（1999）借助贝叶斯估计，在不完全信息条件下建立了价格

---

① Fernandez, Viviana, (2003), "What determines market development?: Lessons from Latin American derivatives markets with an emphasis on Chile," *Journal of Financial Intermediation*, *Elsevier*, Vol. 12 (4), pp. 390 – 421, October.

② Edwards L N, and Edwards F R. A Legal and Economic Analysis of Manipulation in Futures Markets. *The Journal of Futures Markets*, 1984, 4: pp. 333 – 336.

③ Praveen Kumar, Duane J. Seppi. (1992), Futures Manipulation with "Cash Settlement". *The Journal of Finance*, 47 (4): pp. 1485 – 1502.

④ David J. Cooper, R. Glen Donaldson. (1998), A strtategic analysis of corners and squeezes. *Journal of financial and quantitative analysis*, 33 (1): pp. 117 – 137.

操纵的动态模型，讨论了存在和不存在价格操纵的条件[1]。Pirrong & Olin（2004）提出从期货价格和现货价格数据中挖掘信息，分析被操纵月份期货合约期货价格与其后续月份期货合约期货价格以及现货商品价格之间的比价关系，借助统计模型给出了识别期货市场价格操纵行为的方法[2]。Chakraborty & Yilmaz（2004）将知情者交易与 Glosten-Milgorm 模型结合，让知情者反复交易，得出结论：只要市场面对知情交易者的不确定性，交易的时间足够长，均衡必有操纵[3]。

（二）国内研究文献

周燕明（1996）还考察了我国金融衍生品市场交易监管制度的变迁，分为无统一监管部门阶段，统一监管部门确定、清理整顿衍生品市场阶段，监管体系纵向延伸、行政监管网络初步形成阶段三个时段，目前，我国宜综合统一监管模式和分工对口监管模式，建立适合我国国情的复合型统一的衍生监管模式，即建立政府行政监管为主，交易所自我管理为辅，融合政府行业协会以及国外市场的复合型和开放型的监管模式[4]。

王伟东（1998）分析了金融衍生产品风险的成因，内在原因是金融衍生产品的本质特征，微观原因是投资者对金融衍生产品经营不当，宏观原因是外部监督滞后[5]。

蒋敏（2001）在讨论股指期货时指出对其监管应该研究先行，制定严密可行的控制交易风险的措施。在账户管理方面，必须要求会员在结算银行开设专用资金账户；在结算制度方面，采用保证金与每日无风险结算制度；在交易主体方面，初期可通过要求较高的交易单位和保证

---

[1] Wang C. A Dynamic Model of Futures Manipulation with Incomplete Information, Working paper, National University of Singapore, 1999.

[2] Pirrong S C, and Olin J M. Detecting Manipulation in Futures Markets: the Ferruzzi Soybean Episode, *American Law and Economics Review*, 2004, 6: pp. 28 – 71.

[3] Chakraborty, Yilmaz. Informed manipulation. *Journal Economics Theory*, 2004 (114): pp. 132 – 152.

[4] 周燕明：《论我国金融衍生品的实践及其发展前景》，《浙江金融》1998 年第 8 期。

[5] 王伟东：《论金融衍生产品的风险形成与风险控制》，《金融科学》1998 年第 2 期。

金要求，限制个人投资者过分参与市场，以减少市场风险和最大限度降低其可能产生的负面作用，在条件成熟后，再逐步向中小投资者和国外投资者开放。同时，建立市场准入、大户持仓报告、市场稽查、强行平仓、风险准备金、实时监控等风险管理制度①。王伟东（1998）提出金融衍生品的发展要从投资主体建立独立的风险控制机制、交易所系统加强内部控制、金融当局加强外部监管与调控三个方面入手②。

李雪莲（2001）则分析了衍生品的高杠杆交易特征、衍生品一些交易策略可能会加大基础市场的波动性、衍生品市场集中度、高透明度低等一些问题③。

叶春和（2002）则提出发展金融衍生品市场需处理好两个关系，一个是把握处理好发展基础性金融市场与发展金融衍生品市场的关系，把发展金融衍生品市场当做金融市场发展的一个阶段性目标，同时要通过建立和发展金融衍生品市场来促进和推动金融现货市场的规范与发展。另一个是把握处理好发展金融衍生品市场与开放中国金融市场的关系。金融衍生品市场是国内与国际金融接轨的重要桥梁，既要使金融衍生品市场成为开放性金融市场的重要组成部分，增强吸引外资的能力，又要通过发展衍生品市场，保护不断开放的中国金融市场，分散金融市场风险④。郑鲁英（2002）则特别强调，借鉴美国的经验要注意强化信息披露制度。基于透明度的重要性，我国应加强对金融透明度问题的研究，特别是对既作为中介机构又从事金融衍生产品交易的银行、证券公司等，更应加大对其进行的衍生交易的信息披露⑤。

史树林（2002）则分析了我国金融期货市场中，取消股票指数期货、停止外汇期货以及暂停国债期货试点的原因，认为我国期货的发展

① 蒋敏：《金融衍生工具市场状况与中国选择》，《证券市场导报》2001 年第 4 期。
② 王伟东：《论金融衍生产品的风险形成与风险控制》，《金融科学》1998 年第 2 期。
③ 李雪莲：《金融衍生品市场十年回顾分析》，《南开金融研究》，2001 年 3 月。
④ 叶春和：《推动金融衍生品市场建立与发展》，2002 年 9 月 29 日《上海证券报》。
⑤ 郑鲁英：《美国对金融衍生交易的监管及其对我国的启示》，《金融教学与研究》2002 年第 5 期。

必然要走先场内后场外，先期货后期权，逐步推出各类品种的路径，并且需要着重完善配套的法律制度①。

吴坚等（2002）认为我国目前期货市场的监管制度同其他国家三级监管制度相比，从政府层面上应该减少部门协调的低效率，并且要着重保护投资者利益②。马良华（2003）分析了我国期货市场三级监管后，则认为这种监管体制与国外很大的区别在于其产生的背景过程导致的行政监管过细，对市场干预太多，而市场主体自律监管不足③。

褚玦海（2003）认为在交易所交易的标准衍生品合约，有完善的风险控制系统与市场监管机制。由于我国相对的风险意识普及程度不高，市场发展时间不长，因此应该主要考虑发展标准衍生品的设计开发，以控制风险，稳定市场④。

徐立平（2004）认为衍生品市场的风险监管主要是内部控制和外部监管，前者必须建立完善的内部核算制度，特别是对结算部门的审查和核账，应对大额的支付进行核对，建立独立的风险管理部门，后者主要是建立起包括组织衍生品交易各类机构、行业组成的民间组织、金融监管当局、国际监管合作在内的综合监管体系⑤。

1990年代初国内期货价格操纵十分猖獗，并引发了监管层对期货市场的数次整顿，但学界对此关注度并不高。随着2006年9月中国金融期货交易所的成立，众多研究者开始关注期货市场的价格操纵及其监管问题，相关成果也大量出现。

张红娜（2004）认为导致1990年代中期我国商品期货市场频繁发生价格操纵的原因，除了资本逐利的本性外，更重要的是期货市场本身建设不完善。她认为应该从法规完善、价格监控、增加期权等衍生品，

① 史树林：《论我国金融期货市场环境及法律》，《中央财经大学学报》，2002年7月。
② 吴坚、胡茂刚：《中国期货市场发展与期货法制创新》，《财经科学》2002年第3期。
③ 马良华、吕瑜：《中国期货市场的监管体制及其改革》，《浙江金融》2003年第11期。
④ 褚决海、王玮：《金融转型过程中衍生品交易方式的选择》，《上海金融》2003年第8期。
⑤ 徐立平：《开放金融下衍生品市场的发展与风险管理》，《经济师》2004年第5期。

以及信息共享等角度防范价格操纵①。

刘庆富（2005）认为我国期货市场存在较强的投机性，在对"价格操纵"行为进行界定的基础上，他系统讨论了价格操纵行为的具体表现形式及其成因，构建了识别价格操纵行为的基本模型，分析了我国期货市场发生价格操纵行为的背景和原因。在此基础上，为防范期货市场价格操纵行为的发生，建立了价格操纵行为监控体系，并提出对策建议。②

毛小云（2006）将防止期货市场操纵的手段分为三类：事前防止措施、事后防止措施，以及合约型防止措施。通过研究这三类不同防止市场操纵的监管措施的效率，他认为事后防止措施是其中最有效率的方法，而合约设计尤其是交割条款的设计是它的一种非常有效的补充方法。但是结合中国实际，我们发现这两类有效率的措施或者使用不多，或者受到各类因素影响，没有发挥出应有的作用③。

马卫锋、黄运成（2006）基于美国期货市场的实践和学术界的相关研究，提出了期货市场操纵的定义，归纳了期货市场操纵的类型和手法。通过几个典型判例分析了美国在对期货市场操纵进行认定上的经验，并介绍了国外学术研究在市场操纵的判断依据和方法上的进展④。

随着中国金融期货交易所的成立，以及2010年4月16日，沪深300指数期货开始交易，期货市场的价格操纵研究开始向股指期货价格操纵问题集中。如郑尊信、吴冲锋（2006）将 Kumar 和 Seppi⑤ 假设中

---

① 张红娜：《我国期货市场操纵行为防范的研究》，《南方金融》2004年第8期。
② 刘庆富：《中国期货市场波动性与价格操纵行为研究》，东南大学，2005。
③ 毛小云：《防止期货市场操纵：监管措施及其效率评价》，《河北经贸大学学报》2006年第1期。
④ 马卫锋、黄运成：《期货市场操纵的认定：美国经验及其启示》，《上海管理科学》2006年第2期。
⑤ Praveen Kumar, Duane J. Seppi. (1992), Futures Manipulation with "Cash Settlement". *The Journal of Finance*, 47（4），pp. 1485－1502.

市场交易机制延伸到指令驱动市场，研究表明，根据股指期货和现货市场的特点而设计恰当的现金结算方式有助于控制股指期货的操纵行为[①]；邢精平等对境外股指期货的操纵案例或疑似案例进行研究，将股指期货的操纵行为分为三类，即资金推出型、信息引导型与到期日短期操纵型，归纳了每类操纵的特点与防范措施[②]；胡茂刚（2008）对中国股指期货三层监管体系进行了研究，从监管法规方面提出了完善建议[③]；王郧、张宗成（2008）分析了外资操纵的案例，用格兰杰检验和脉冲响应函数证明了其投机路径可行，认为一系列迹象表明国外投机力量正在做操纵中国股指期货的准备，并对其具体操纵路径和手法做了猜想，提出了防范监管措施的具体建议[④]；孙秀琳、宋军（2009）采用5分钟的高频数据重点对股指期货操纵模式进行定量研究，分析了操纵中的五大放大环节，即杠杆效应、权重股联动、非权重股的跟随效应、期货的放大效应与期货保证金交易放大倍数，并对参数进行了估计，结论认为，基于权重股的股指期货操纵模式可以获得较高的收益率，股指期货被操纵的风险存在，并提出监管意见[⑤]；熊熊、许金花等（2009）对中国股指期货市场操纵风险的监控系统进行了分析，构建了风险监控体系的三维概念模型，并通过各个维度的具体分析将该模型应用于对股指期货操纵的监控体系的当中，最后对我国股指期货风险监控体系的构建提出了建议[⑥]。梁彦军（2012）认为股指期货是连接证券市场和期货市场的纽带，为证券市场提供了有效的避险工具。通过对股指期货犯罪行

① 郑尊信、吴冲锋：《防范操纵下的股指期货现金结算价设计》，《管理科学》，2006，19（5）：92–96。

② 邢精平、张鹏、宋福铁：《股指期货市场操纵风险及其防范》，中国金融期货交易所研究报告，2006。

③ 胡茂刚：《我国股指期货三层监管体系的法律思考》，《政治与法律》2008年第5期，第41~47页。

④ 王郧、张宗成：《外资操纵中国股指期货的路径猜想及防范分析》，《华中科技大学学报》2008年第4期。

⑤ 孙秀琳、宋军：《基于权重股的股指期货操纵模式研究——2007~2008交易数据的实证检验》，《世界经济情况》2009年第1期。

⑥ 熊熊、许金花、张今：《中国股指期货市场操纵风险的监控体系研究》，《财经理论与实践》2009年第5期。

为的分析，笔者认为，操纵股指期货的行为必须纳入刑法规制范畴，同时还应当警惕并防范股指期货挂牌交易后因设计缺陷产生的"新型老鼠仓"行为。并且单独罪名无法有效防止犯罪行为发生，应当建立综合性证券、期货犯罪防范体系[①]。

　　另一些学者则从国际经验借鉴的角度对国内股指期货监管进行了研究，如，王少飞、郑享清（2011）通过对美国、英国及我国香港地区股指期货市场监管体系的对比分析，归纳总结了这些国家（地区）在股指期货发展中的共同点和经验教训，并对我国内地股指期货监管体制的建设提出了建议[②]。贾洁（2011）认为，发达国家的历史经验证明，股指期货市场的发展和监管必须相辅相成，才能有利于整个经济的稳定和发展。美国、英国、德国、日本以及香港地区股指期货市场监管架构不尽相同，我国应借鉴发达国家和地区股指期货市场监管的经验，加强对沪深 300 指数期货交易的监管，建立健全对股指期货市场的监管体系[③]。熊玉莲（2011）美国场外金融衍生品规则经历了从普通法规则到成文法规范，从分散到集中立法，从监管竞争到合作的演变。美国以证券和商品划分的传统监管导致场外金融衍生品交易面临法律的不确定，监管权异化为豁免权。监管改革虽没有触及多头监管的基本模式，但交叉机制的引入以及协调合作的强制性制度安排有效地防止了监管权冲突，顺应了场外金融衍生品的创新发展及其与证券界限日趋模糊的现实需求[④]。

三　股票现货与股指衍生品跨市场研究文献

　　由于股指期货的上市，对股票现货与股指衍生品市场进行跨市场监管就显得很有必要。很多学者对其进行了研究，研究主要是从价格操

---

① 梁彦军：《证券、期货犯罪防范体系构建探析——以股指期货交易为切入点》，《证券市场导报》2012 年第 1 期。

② 王少飞、郑享清：《境外股指期货市场监管体制对比研究》，《特区经济》2011 年第 10 期。

③ 贾洁：《中外股指期货市场监管架构比较研究》，《时代金融》2011 年第 23 期。

④ 熊玉莲：《美国场外金融衍生品规则演变及监管改革》，《华东政法大学学报》2011 年第 2 期。

纵、联合监管等方面进行的。

（一）国外研究文献

国外学者对跨市场联合监管的研究基本上是从 1995 年 2 月巴林银行事件开始的。很多学者认为金融衍生产品交易国际监管的协调问题，非常必要和关键。Taylor（1995）据此提出了"双峰"论（twin peaks），即衍生产品的监管应着重于确保系统稳定和保障消费者权益两大目标，应当成立独立、统一监管机构，而不必按市场功能来区分监管的构架[①]。Mwenda，Mvula（2003）提出了一个联合监管的框架，认为在联合监管或监管协调过程中，决策者之间的信息共享最为关键，这一点对于衍生金融市场的监管非常重要[②]。Kremers，Schoenmaker，Witerts（2003）通过分析具体国家的各种跨部门联合监管，认为并没有一个最好的联合监管模式，各国还是要根据自身的特点来选择合适的联合监管模式[③]。

（二）国内研究文献

因国内金融市场产品及结构方面的制约，国内学者对跨市场价格操纵的监管研究近几年才开始。对跨市场价格操纵的研究始于 21 世纪初，并且 2001～2010 年文献数量仅 16 篇。随着金融全球化发展的不断深入，金融风险跨市场传递问题也日益显示出其危害性。王素珍（2004）因此通过探讨跨市场金融风险的表现形式，及主要发达国家和地区在跨市场金融风险监管方面所采取的措施，并针对中国目前在跨市场金融风险监管方面的现状提出了建立人民银行与三家监管机构之间的协调机制，建立人民银行与监管机构之间的信息共享机制，加强人民银行、监

---

① Taylor, M. （1995）, *Twin Peaks: A Regulatory Structure for the New Century*, London, Centre for Study of Financial Innovation, December.

② Mwenda, K. K. and J. M. Mvula, "A framework for Unified Financial Services Supervision: Lessons from Germany and other European countries", *Journal of International Banking Regulation*, Sep 2003.

③ Jeroen J. M. Kremers, Dirk Schoenmaker, Peter J. Wierts, *Financial Supervision in Europe*, edited by Netherlands Ministerie: Edward Elgar Pub, 2003/03/01.

管机构与政府部门之间的合作等建议①。

随着我国金融改革步伐的加快，金融创新不断涌现，金融业务进一步相互渗透、融合，跨市场金融风险的传递变得日益复杂，已经成为金融监管的难点。郑庆寰、林莉（2006）因此建议监管机构要以证券公司流动性、创新金融工具和金融控股公司为监管重点，通过明确监管主体、建立预警机制、强化行业自律等方式，切实加强跨市场金融风险管理。②

谢群（2007）从较宏观的角度对现阶段我国产生跨行业跨市场金融风险的金融载体的发展现状、可能产生的金融风险表现，以及在监管实践中存在的缺陷进行了阐述，进而提出通过明确监管主体，建立防火墙制度，构建同一信息平台等方式，完善对跨行业跨市场金融风险的监管制度③。

曹元芳、吴超（2007）认为，国际金融业综合经营的趋势对我国目前分业经营、分业监管模式提出了严峻的挑战。后过渡期即将结束，金融竞争更加激烈。必须重视对跨行业、跨市场金融工具和金融机构的研究，加强监管合作。在鼓励金融创新的基础上，推动金融业综合经营，规范金融控股公司的发展成为未来发展的必然趋势④。

石晓波（2007）认为股指期货作为金融衍生工具的一种，与现货市场有着高度的关联度，为防范股指期货市场的风险，需加强期市与现货风险关联度的研究，并建议监管机构从协调市场间的法令规定、建立股指期货的跨市场信息监管，以及股指期货的跨市场稳定机制等角度建立跨市场监管体系⑤。

张雪莹（2007）分析了 1987 年 10 月美国股市和期市暴跌的原

---

① 王素珍：《国外跨市场金融风险监管及其启示》，《海南金融》2004 年第 2 期。

② 郑庆寰、林莉：《跨市场金融风险的传递与监管》，《南方金融》2006 年第 8 期。

③ 谢群：《现阶段我国跨行业跨市场金融风险监管制度探析》，《现代商业》，2007，(29)。

④ 曹元芳、吴超：《跨市场金融风险与金融监管合作》，《上海金融》2007 年第 1 期。

⑤ 石晓波：《股指期货市场与股市的跨市监管研究》，《财政研究》2007 年第 12 期。

因及改革措施。并在此基础上探讨了我国股票现货市场与期货市场的监管现状与存在的问题。提出应该从制度设计上加强建立股票现货市场与期货市场在控制价格过度波动之间的协调机制①。基于我国的股票权证市场已经有一定规模，股指期货也即将在我国推出的市场背景，张雪莹（2008）进一步从大额交易者在市场操纵中的作用出发，讨论基于交易的股票现货与衍生品之间的跨市场操纵行为，并对现货和衍生品市场进行联合监管提出了自己的建议，以供决策者参考②。

邢精平（2008）对中国香港市场的跨市场监管进行了探讨，他认为股指期货推出后，可能放大这种市场波动性，甚至会酿成巨大的系统性风险。因此，跨市场监管侧重于防范系统性风险。同时，他认为我国跨市场监管中需要的信息内容较多，如包括了标的成分股累计持有量、成交量较大或者股指期货合约持仓量、成交量较大的投资者的委托、交易、持仓和资金数据等，建议基于效率原则，对信息内容作适度精简；最后，由于沪深300指数权重较分散，通过操纵个股达到操纵股指期货的可能性很小。但是，金融与地产股行业比重大，较为敏感，某些国际投行的言论可能会对市场产生较大的影响，因而他认为要重点监控跨市场价格操纵风险③。

何晓春（2008）认为，在中国证券和期货市场发展过程中，价格操纵一直是一个突出问题。随着国内各交易所推出越来越多的衍生品，市场越发复杂，发生在现货市场和衍生品市场的联合操纵更加难以发现，监管更加困难，对市场的危害性更大。因此，他从法律法规层面、合约设计方面、日常监管方面、跨市场信息共享和联合监管、跨市场危机处理程序等角度对跨市场监管提出了自己的参考建议④。

---

① 张雪莹：《股票现货市场与期货市场的联合监管问题初探——基于1987年10月美国股市和期市暴跌的经验》，《上海金融》2007年第5期。
② 张雪莹：《现货与衍生品市场的跨市场操纵研究——基于大额交易者的分析》，《经济论坛》2008年第1期。
③ 邢精平：《香港衍生品跨市场监管机制与启示》，《深交所》2008年第3期。
④ 何晓春：《基于反跨市场联合操纵的监管探讨》，《现代商贸工业》2008年第11期。

王春峰等人（2008）认为，股指期货推出后，股票市场和股指期货市场跨市场信息监管成为金融监管机构亟待解决的问题。他们以金融市场微观结构理论和信息经济学为基础，结合股指期货和股票市场的风险关联特性，研究信息在股指期货市场和股票市场传导的一般规律，并分析了跨市场信息监管在信息传导过程中的作用；以此为基础，分析比较了海外证券市场跨市场信息监管具体运作体系，并结合我国证券市场特殊性提出我国股票市场和股指期货市场跨市场信息监管框架、流程和以跨市场信息监管为核心的监管手段[①]。

张维、韦立坚等（2011）认为股指期货价格操纵一般具有期现跨市场联合操纵的特点，仅按单一市场，从波动性分析去判别价格操纵行为是不够充分的。因此，他们引入流动性分析为判别提供了更充分的依据：首先运用 GARCH 模型分析被操纵资产在波动性的异常变化，判断价格序列偏离了"自然特性"，具有被操纵的嫌疑；然后利用日交易量、日持仓量和 Amivest 流动性比率等指标分析流动性的异常变化，发现与根据跨市场操纵过程推测的变化一致，从而构成价格操纵行为的事实依据[②]。

第三节　本书结构

本书共分为七章，第一章对本书的研究意义、背景，以及指数化趋势进行了探讨，同时对股指衍生品相关研究作了文献综述；第二章对股指衍生品的类别、功能，以及其发展历史和现状进行了概述；第三章对股指衍生品出现后发生的一些争论以及实证结果进行了论述，并探讨了与股指衍生品相关的金融创新法律纠纷；第四章对股指衍生品发展的国际经验进行了探讨，主要内容包括衍生品合约的成功失败经验、衍生品

---

① 王春峰、卢涛、房振明：《股票、股指期货跨市场信息监管的国际比较及借鉴》，《国际金融研究》2008 年第 3 期。

② 张维、韦立坚、熊熊、李根、马正欣：《从波动性和流动性判别股指期货跨市场价格操纵行为》，《管理评论》2011 年第 7 期。

的税收、保证金计算等；第五章分析了股指衍生品种的出现给市场带来的新问题及其解决对策；第六章研究了国内衍生品市场的发展历史和现状，并分析了国内衍生品市场监管现状及其不足；第七章对发展中国内地股指衍生品市场，提出了自己的相关建议，如加强市场监管、建立跨市场合作机制等。

第二章

股指衍生品市场概述

第一节　股票现货市场概述

现货市场（Spot Market，也常使用 Cash Market 或 Physical Market）是指对与期货、期权、远期和互换等衍生工具市场相对市场的一个统称。与衍生品市场相比，现货市场以当前价格成交并以现金交割[①]。一般来说，衍生品市场是基于相应的现货市场交易品种为标的资产（underlying instruments）开发而来。如股票期货、股票期权其标的物是股票，而债券期货或期权的标的物是相应的现货债券。

就全球金融市场历史而言，现货市场出现时间远早于衍生品市场。特别的，在现货市场中，债券的历史较股票悠久，债券市场的主要部分是公债或政府债券，而且，各国的债券市场几乎无一例外都是从发行政府债券开始逐渐形成和发展起来的。其中最早的债券形式就是在奴隶制时代产生的公债。至 1141 年，法国就出现了证券经纪商和集中交易的场所。中世纪末期，威尼斯、热那亚尝试发行政府公债，并诞生了政府公债的交易[②]。17 世纪下半期，荷兰联省共和国公开发行了一批政府债

[①]　期货等衍生品市场也以当前价格买卖和成交，但通常交割时间都在 1 月以后甚至更长时间。并且，期货等衍生品买卖价格一般都是远期的某个价格。如 5 月最后一周时，期货市场 5 月合约加入现货月份，要买卖期货合约，最近的合约是 6 月合约，交割时间还有 1 个月。

[②]　马克思在《资本论》中指出："公共信用制度，即国债制度，在中世纪的热那亚和威尼斯就已产生，到工场手工业时期流行于整个欧洲。"

券，并在阿姆斯特丹交易所上市①。后来，欧洲其他国家也纷纷将本国政府债券投放到阿姆斯特丹交易所上市，使得阿姆斯特丹很快成了欧洲最主要的债券市场。到 18 世纪中后期，英国和法国凭借其资本主义生产和对外贸易的迅速发展，取代荷兰成为新的世界经济和金融中心。欧洲公债市场的重心向伦敦和巴黎转移，英国和法国的债券市场逐渐发展了起来。

在美国，早在独立战争期间，政府就发行了各种临时债券和中朗债券，以支付巨大的战争经费开支，这些债券的发行和交易便形成了美国最初的证券市场。1770 年，费城成立了美国第一家证券交易所——费城证券交易所，其中已有债券交易。独立战争胜利后，财政部长汉密尔顿开始着手重建国家财政，特别是解决联邦政府发行的纸币——"大陆币"的急剧贬值问题，1790 年，美国政府按面值赎回"大陆币"，同时发行了新的"公共债券"以筹集赎买资金。此后，国债交易日渐发达。

19 世纪 30 年代后，美国各州大量发行州际债券。19 世纪 40 年代由政府担保的铁路债券迅速增长，有力地推动了美国的铁路建设。19世纪末到 20 世纪，欧美资本主义各国相继进入垄断阶段，为确保原料来源和产品市场，建立和巩固殖民统治，加速资本的积聚和集中，股份公司发行大量的公司债，并不断创造出新的债券种类。特别的，进入20 世纪后期，金融创新和金融市场全球化趋势激发了债券市场的进一步创新，美国债券市场品种日新月异，层出不穷，如中央政府债券、地方政府债券、政府保证债券、其他政府部门债券、普通公司债券、可转换公司债券、通货膨胀保护债券、抵押债券、金融债券、外国债券、欧洲债券等。

随着全球经济发展和各国金融深化的继续，各国纷纷发行债券产品

---

① 阿姆斯特丹证券交易所（荷兰语：Amsterdamse Effectenbeurs）位于荷兰阿姆斯特丹，由荷兰东印度公司于 1602 年创建。2000 年 9 月 22 日，阿姆斯特丹证券交易所与布鲁塞尔证券交易所（Brussels Stock Exchange）和巴黎证券交易所（Paris Stock Exchange）合并成立了欧洲证券交易所（Euronext）。

并在交易所挂牌交易。全球交易所联合会最新数据显示，2010 年全球发行债券总金额达 489623.61 亿美元，交易量达 239741.19 亿美元。其中，政府等公共部门共发行债券 257049.86 亿美元，占 52% 以上，一国政府或公司在另一国发行债券的金额高达 35% 左右，这从一个侧面说明了金融市场全球化的现状（见表 2 - 1）。

表 2 - 1　2010 年交易所联合会会员债券发行和交易概况

单位：百万美元

类　别	债券发行金额	债券交易金额
国 内 企 业	6313415.56	7217253.22
国内公共部门	25704986.11	16496901.3
外 国 机 构	16943959.65	259965.29
总　计	48962361.32	23974119.81

资料来源：全球交易所联合会，http：//www.world - exchanges.org。

相对于债券而言，股票出现的时间较晚。自全球第一个股份公司成立至今①，股票已有 400 多年的历史②。对发行股票的公司而言，股票是筹集资金的有效手段；发行股票能够分散公司整体投资风险；发行上市也是一种公司营销手段。对股票持有者而言，由于股票具有红利及资本利得等收益，股票投资就成为大众投资的一种工具；同时，股票的存在能够分散投资者资产风险。所以，股份公司、股票融资和股票市场的相互联系和相互作用，推动着股份公司、股票融资和股票市场的共同发展。

---

① 1553 年，英国以股份集资的方式成立了贸易公司——莫斯科尔公司（Muscovy Company），该公司是全球第一个特许合股公司（chartered joint-stock company），采取的方式就是公开招买股票，购买了股票就获得了公司成员的资格。这些公司开始运作时是在每次航行回来就返还股东的投资和分取利润，其后又改为将资本留在公司内长期使用，从而产生了普通股份制度，相应地形成了普通股票。

② 成立于 1602 年的荷兰东印度公司（Dutch East India Company）是全球第一个股份制公司，当时该公司经营航海事业。它在每次出海前向人集资，航次终了后即将各人的出资以及该航次的利润交还给出资者。1613 年起该公司改为四航次才派一次利润，这是"股东"和"派息"的前身。

　　早期的股份制公司主要集中在荷兰和英国，股票交易是通过私下转让的方式进行的。为保护这种股份制经济组织，英国、荷兰等国的政府不但给予它们各种特许权和免税优惠政策，且还制定了相关的法律，从而为股票的产生创造了法律条件和社会环境。到1680年，此类公司在英国已达49家，这就要求用法律形式确认其独立的、固定的组织形式。在17世纪上半叶，英国就确认了公司作为独立法人的观点，从而使股份有限公司成为稳定的组织形式，股金成为长期投资。股东凭借公司制作的股票就享有股东权，领取股息。

　　与此相适应，证券交易也在欧洲的原始资本积累过程中出现。17世纪初，为了促进包括股票流通在内的筹集资本活动的顺利开展，在里昂、安特卫普等地出现了证券交易场所。1602年，荷兰建立了世界上最早的一个证券交易所，即阿姆斯特丹证券交易所。

　　随着工业革命的开始，银行、运输业急需大量资金以获取发展机会，而股份有限公司和股票正好提供了一条用资本社会化来集中资金的出路。因此，除了传统的发现债券以外，通过发行股票来筹集资金、建立股份有限公司成为当时的一种普遍方式。到了19世纪60年代，由于资本主义大工业生产要求扩大企业规模、改进生产技术和提高资本的有机构成，独资或合伙办企业就难以适应。这时资本主义国家政府就采取各种优惠措施来鼓励私人集资兴建企业。于是，股票的自由转让，特别是利用股票价格进行投机，刺激了人们向工业企业进行股票投资的兴趣。股份有限公司在各个工业领域都迅猛发展，成为主要的企业组织形式。

　　进入21世纪，由于全球经济的发展，以及金融市场全球化趋势、全球人口规模的增长等因素的刺激，全球通过证券交易所挂牌交易的股票越来越多。全球交易所联合会最新数据显示，截至2010年底，全球共有45508家上市公司，仅通过电子化进行交易的股票，交易金额就高达630777.76亿美元。另外，2010年全年，全球通过股票市场融资达549536.147亿美元（见表2－2）。

表 2 - 2 2010 年交易所联合会会员股票发行和交易概况

单位：家，百万美元

地 区	上市公司数量	融资金额	交易金额①
美洲	10281	22172888.1	32896441.4
亚洲—太平洋地区	21398	17434932.4	18884519.5
欧洲—非洲—中东地区	13829	15345794.1	11296815.1
总 计	45508	54953614.7	63077776.0

资料来源：全球交易所联合会，http：//www.world - exchanges.org。

第二节　衍生品市场概述

衍生品（Derivatives），又被称为衍生工具，一般表现为两个主体之间的一个协议，其价格由其标的物价格，即现货市场产品决定。虽然衍生品将现货产品作为标的物，但成交时不需要立即进行交割，而是在衍生品合约中规定的未来某个时间进行交割。这也是衍生品市场和现货市场间存在的主要区别之一。基础的衍生品主要包括四个大的类别：远期（Forward）、期货（Futures）、期权（Options）和互换（Swap）等②。

在四种基础衍生品中，远期合约和期货合约最先出现，但具体出现在哪一年已无从考究③，不过目前公认历史上第一个期货交易市场是江户幕府 1730 年代在日本举办的堂岛米交易所（Dōjima Rice Exchange），因为当时的武士（Samurai）以水稻支薪，故他们需以期货交易对冲水

---

① 仅包含了电子交易部分。
② 利用金融工程原理，将现货产品和以上四种基础衍生品中的一种或数种结合起来设计出的金融工具称为结构化产品（structured product），或结构化金融工具。
③ 亚里士多德（Aristotle）描述了一个住在米利（Miletus）的贫穷但精于数学的哲学家泰勒斯（Thales）投机于橄榄期货致富的故事。据说泰勒斯用自己的技能预测某年秋季橄榄的收获将非常好。于是向当地的橄榄农户按低廉的远期价格全部收购他们的出产。由于橄榄农户愿意对冲收成时价格低贱的风险，故亦因此乐于与泰勒斯以低廉的远期价格全部出售他们的出产。泰勒斯因此赚了大钱。

稻收成时价格波动的风险①。1864 年，芝加哥期货交易所（Chicago Board of Trade，以下简称 CBOT）推出全球第一个标准化远期合约，即期货合约。

早期的远期合约、期货等衍生品涉及的标的物集中在农产品、金属等商品方面。因为金融衍生品基于金融现货市场产品价格而进行定价，因此金融衍生品出现的历史较短。自推出全球第一个期货合约后，CBOT 进行了一系列的制度创新，期货这种交易方式迅速被推广，期货市场进入品种不断创新的崭新发展阶段。同时，各期货交易所之间的竞争，迫使交易所纷纷进行研发，推出新的期货和其他衍生品品种。

对于是否应该建立衍生品交易，国际证监会组织（International Organization of Securities Commissions，简称 IOSCO）1993 年曾经就衍生品交易所设立条件进行了广泛的调查，并根据问卷报告的结果提出了有关发展衍生品交易所的条件和影响因素。该报告对 12 个 IOSCO 会员和一个非会员进行了个案研究，会员包括：阿根廷、巴西、智利、中国台湾地区、哥伦比亚、匈牙利、肯尼亚、墨西哥、新加坡、南非、泰国、土耳其，非会员国是中国。报告认为中国内地的几个期货交易所均是交易量较小的国内市场，而且大多数较类似于远期交易市场而非期货交易所。报告提出一国成功设立衍生品交易所的条件如下：第一，一般而言，拥有相对较高的国内生产总值和比较稳定的经济（中低度的通货膨胀）国家更容易成功地发展衍生品交易所。但是最重要的考量应是衍生产品交易所的经济效益，其提供的服务应满足广泛的要求，而且提供此种服务的成本应该低于其收益。第二，一个具有良好的金融体系基础架构的国家，在发展衍生品交易所方面更容易，这些基础架构包括结算交割系统、金融衍生品交易人才、监管人才、交易的国际化程度、健全的财务会计制度、健全的法律管理框架等。第三，交易市场的架构问题。市场架构包括标的资产现货市场发展程度、现货市场与期货市场的关联

---

① Schaede，Ulrike（September 1989），"Forwards and futures in tokugawa-period Japan：A new perspective on the Djima rice market"．*Journal of Banking & Finance* 13（4 – 5）：pp. 487 – 513.

性、交易所之间的竞争、预期市场参与者的类别、风险资金的规模、自营商的特征等。第四，衍生品知识的普及程度。参与市场的客户应对衍生产品有足够的了解，知道市场提供某种衍生品的收益实现或损失承担方式，而且监管当局也应具备足够的知识，以防止对衍生品市场实施不当或不必要的监管。该报告认为影响交易所发展的因素包括经济状况、财务基础、法律和监管框架、市场架构等，但具备或不具备上述因素之一并不保证其成败，具备某些因素会增加成功的概率，而上述因素若都不具备，成功地发展衍生品交易所的概率非常低。以匈牙利为例，其衍生品交易所在没有衍生品法律架构和特定的监管机构的情况下运行了好几年，但匈牙利也承认建立一套另外的法律和管理制度是必要的。

"二战"后布雷顿森林体系解体，到 20 世纪 70 年代初，固定汇率制为浮动汇率制所替代，汇率、利率变动加剧。这种情况下，金融衍生品应运而生了，1972 年 5 月，芝加哥商品交易所（Chicago Mercantile Exchange，以下简称 CME）上市英镑、加拿大元、西德马克、法国法郎、日元、瑞士法郎等外汇期货；从 1968 年起，商品期货市场的交易量低迷，迫使 CBOT 讨论扩展其他业务的可能性，在投入大量研发费用并历经 5 年之后，全世界第一个期权交易所——芝加哥期权交易所（Chicago Board Options Exchange，以下简称 CBOE）终于在 1973 年 4 月 26 日成立，这标志着真正有组织的期权交易时代的开始[1]；1975 年 CBOT 上市世界上第一个利率期货合约——国民抵押协会债券，1977 年 8 月，CBOT 上市美国长期国债期货合约[2]。1982 年 2 月，美国堪萨斯期货交易所（Kansas City Board of Trade，以下简称 KCBT）上市第一个指数期货——价值线综合指数期货。

从芝加哥期货交易所诞生至今，衍生品品种创新不仅表现在品种数量增加，而且品种涵盖领域在不断扩大，已经从农产品、工业原料、能

---

① CBOE 4 月 26 日开始交易 16 只股票看涨期权，1977 年引入看跌期权。1983 年 3 月 11 日，CBOE 推出了其第一个股指期权合约——CBOE - 100 指数期权，后来改名 S&P 100 指数期权。

② http://www.csidata.com。

源跨越到金融领域等，伴随品种创新，交易方式、市场组织形式也发生深刻变化，特别在当代出现一些重要的发展趋势。特别的，金融期货出现改变了衍生品市场发展格局，世界上大部分期货衍生品交易所在金融衍生品出现后，即在 20 世纪最后 20 年内诞生，而且金融衍生品在国际衍生品市场上占据了主导地位，衍生品对世界经济产生了空前影响。而纵观各国衍生品市场发展历史，可以发现各主要的衍生品种都诞生于美国（表 2－3），可以说交易所衍生品的发展和创新史绝大部分都是由美国交易所衍生品的发展史所构成的。

表 2－3　美国主要金融衍生品及其产生年份

年　份	金融衍生品
1972	外汇期货
1973	股票期货
1975	抵押债券期货、国库券期货
1977	长期政府债券期货
1979	场外货币期权
1980	货币互换
1981	股票指数期货
1983	外汇期货期权、股票指数期货期权
1985	欧洲美元期权、互换期权
1987	平均期权、复合期权
1989	利率互换期货
1990	股票指数互换
1991	证券组合互换
1992	特种互换
2004	波动指数期货——VIX 指数期货
2006	VIX 指数的期权

资料来源：上海期货交易所《全球衍生品市场发展趋势与中国的选择》，百家出版社，2003 年（1992 年前），1992 年后作者自行整理。

美国期货业协会数据显示，2006 年至 2010 年，尽管中间经历了全球性的金融危机，但全球仅通过交易所进行交易的期货与期权交易量增长率都在 10% 以上，2010 年更是达到 22.3% 的历史记录（见图 2 - 1）。

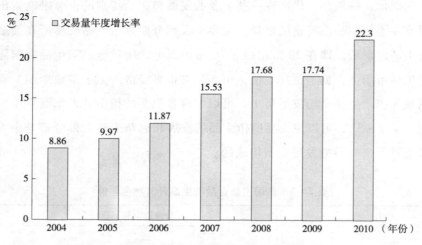

图 2 - 1　2004 ~ 2010 年全球期货期权年度交易量增长率

与传统的农产品、能源等衍生品相比，虽然金融衍生品上市交易的时间较短，但在成交量方面已远超农产品等传统衍生品种。表 2 - 4 显示，就交易量而言，股指、个股、利率以及外汇等四类衍生品交易量远远超过农产品、能源、家属等传统衍生品。特别的，2010 年，外汇类衍生品交易量增长了 142%。

表 2 - 4　2010 年全球衍生品交易量及年度增长率

衍生品类别（金融/传统）	交易量（按合约数量）	年度增长率（%）
Equity Indices（股指类/金融衍生品）	7413788422	16. 2
Individual Equities（个股类/金融衍生品）	6285494200	12. 5
Interest Rate（利率类/金融衍生品）	3208813688	30. 0
Foreign Currency（外汇类/金融衍生品）	2401872381	142. 0
Ag Commodities（农产品类/传统衍生品）	1305384722	40. 7
Energy Products（能源类/传统衍生品）	723590380	10. 1
Non-Precious Metals（有色金属类/传统衍生品）	643645225	39. 1
Precious Metals（贵金属类/传统衍生品）	175002550	15. 5
Other（其他类/商品指数、天气、塑料等）	137655881	20. 2

资料来源：美国期货业协会，http：//www.futuresindustry.com。

同时，就金融衍生品而言，由于美国次贷危机和欧洲债券市场危机的影响，股票、债券、汇率等现货基础性金融资产价格波动性增加，迫使全球投资者进入金融衍生品市场，利用相关金融产品的衍生品种进行套利、套期保值或投机操作，使得近年来各金融衍生品交易量增长率创下历史纪录（见表 2－5）。

表 2－5　2010 年交易量排名全球前五的金融衍生品种

金融衍生品类别与具体合约	交易量（按合约数量）	年度增长率（%）
股指期货与期权		
Kospi 200 Options	3525898562	20.7
E－mini S&P 500 Index Futures	555328670	－0.2
SPDR S&P 500 ETF Options	456863881	31.4
S&P CNX Nifty Index Options，NSE India	529773463	64.9
Euro Stoxx 50 Futures	372229766	11.6
利率期货与期权		
Eurodollar Futures	510955113	16.8
10 Year Treasury Note Futures	293718907	54.7
One Day Inter-Bank Deposit Futures	293065417	92.9
Euribor Futures	248504960	28.9
Euro-Bund Futures	231484529	28.1
外汇期货与期权		
U.S. Dollar/Indian Rupee Futures，MCX－SX	821254927	266.2
U.S. Dollar/Indian Rupee Futures，NSE India	705319585	211.6
Euro FX Futures	86232358	58.5
U.S. Dollar Futures	82453621	23.5
U.S. Dollar/Russian Ruble Futures	81122195	858.0

资料来源：美国期货业协会，http://www.futuresindustry.com。

第三节　股指衍生品的类别与功能

一　股指衍生品的类别

就全球衍生品市场看，以股指为标的而设立的股指类衍生品以股指期货和股指期权为主，下表显示，股指期货与期权交易量名列包括商品衍生品在内所有衍生品交易排行榜前列（见表2-6）。

表 2-6 2011 年全球衍生品分类交易量

单位：单向手数,%

类 别	2010 年	2011 年	同比增长
股票指数	7416030134	8459520735	14.1
单个股票	6295265079	7062363140	12.2
利 率	3202061602	3491200916	9.0
外 汇	2525942415	3147046787	24.6
农 产 品	1305531145	991422529	-24.1
能 源	723614925	814767491	12.6
非贵金属	643645225	435111149	-32.4
贵 金 属	174943677	341256129	95.1
其 他	137655075	229713692	66.9
总 计	22424689277	24972402568	11.4

资料来源：美国期货业协会，http://www.futuresindustry.org。

（一）股指期货

股票指数期货（以下简称股指期货）是一种以股票价格指数为标的物的金融期货合约。1896 年 5 月，Charles Dow 先生创立全球第一个股票指数——道琼斯指数（Dow Index），而近一百年后，股指期货产品才第一次出现。同其他期货交易品种一样，股指期货也是适应市场规避价格风险的需求而产生的。

"二战"以后，以美国为代表的发达市场经济国家的股票市场取得飞速发展，上市股票数量不断增加，股票市值迅速膨胀。以信托投资基金、养老基金、共同基金为代表的机构投资者取得快速发展，它们在股票市场中占有越来越大的比例，并逐步居于主导地位。机构投资者通过分散的投资组合降低风险，然而进行组合投资的风险管理只能降低和消除股票价格的非系统性风险，而不能消除系统性风险。随着机构投资者持有股票的不断增多，其规避系统性价格风险的要求也越来越强烈。

股票交易方式也在不断地发展进步。随着程序交易（Program Trading）的出现，股票交易也不再是只能对单个股票进行交易，而是可以对多种股票进行"打包"，用一个交易指令同时进行多种股票的买卖即进行程序交易。伴随着程序交易的发展，股票管理者很快就开始了"指数化投资组合"交易和管理的尝试，"指数化投资组合"的特点就是股票的组成与比例都与股票指数完全相同，因而其价格的变化与股票指数的变化完全一致，所以其价格风险就是纯粹的系统性风险。在"指数化投资组合"交易的实践基础上，为适应规避股票价格系统性风险的需要而开发股票指数期货合约，就成为一件顺理成章的事情了。

看到了市场的需求，堪萨斯城市交易所在经过深入的研究、分析之后，在1977年10月向美国商品期货交易委员会提交了开展股票指数期货交易的报告。但由于商品期货交易委员会与证券交易委员会关于股票指数期货交易管辖权存在争执，另外交易所也未能就使用道琼斯股票指数达成协议，该报告迟迟未获通过。直到1981年，新任商品期货交易委员会主席和新任证券交易委员会主席明确规定股指期货合约的管辖权属于商品期货交易委员会，才为股指期货的上市扫清了障碍。

到1982年2月16日，堪萨斯城市交易所开展股指期货的报告终于获准通过，24日，该交易所推出了价值线（Value Line）指数期货合约的交易①。紧接着当年4月，芝加哥商品交易所（CME）以S&P 500指数为基础，推出S&P 500指数期货，该指数一经推出即受到全球市场热捧，其第一天交易量就已经高居全球期货交易量排名第二的位置。随着各国资本市场开放，金融市场竞争加剧，股指期货产品在全球很快扩展（见表2-7）。

---

① 由于交易量低迷，价值线指数期货和期权已于2010年10月4日退市，http://www.kcbt.com/vl_intro.html。

表 2 - 7　各国主要股指期货上市交易时间

指数名称	挂牌交易所	开始交易时间	备　注
Value Line Index	KCBT	1982.02.24	全球第一个股指期货
S&P 500 Index	CME	1982.04.21	
Nikkei 225 Index	SGX	1984.01.04	新加坡交易所抢先推出日经225指数，并使用日元交易
FTSE 100 Index（LIFFE）	EURONEXT	1984.04.02	
CAC 40 Index -（MATIF）	EURONEXT	1988.08.18	
Nikkei 225 Index	OSE	1988.09.03	
Dax Index	EUREX	1990.11.23	
KOSPI 200 Index	KRX	1996.05.03	
Hang Seng Index（HKFE）	HKEX	1986.05.06	
沪深 300 指数	CFFE	2010.04.16	

资料来源：http://www.csidata.com。

自堪萨斯期货交易所推出价值线综合指数期货至今，股指衍生品在金融市场获得了巨大的成功，当前大部分国家或经济体都有股指期货或期权上市交易。邢精平（2007）对全球股指衍生品的发展历史作了很好的总结与回顾[①]。

1. 1982～1985 年作为投资组合替代方式与套利工具

自堪萨斯期货交易所推出价值线综合指数期货之后三年，投资者除改变以往进出股市的传统方式——挑选某个股票或某组股票之外，最重要的运用包括：第一，复合式指数基金（Synthetic Index Fund）诞生，即投资者可以通过同时买进股票指数期货及国债的方式，达到买进成分指数股票投资组合的效果；第二，运用指数套利（Return Enhancement），获取几乎无风险的利润。由于股票指数期货开始交易的最初几年，市场效率较低，常常出现现货与期货价格之间基差较大的现象，交易技术较高的专业投资者，可通过同时交易股票和股票期货的方式获取几乎没有风险的利润。

---

① 邢精平：《股指期货：方案设计与运作分析》，中国财政经济出版社，2007。

2. 1986~1989 年作为动态交易工具

股指期货经过几年的交易后市场效率逐步提高，运作较为正常，逐渐演变为实施动态交易策略得心应手的工具，主要包括以下两个方面。第一，通过动态套期保值（Dynamic Hedging）技术，实现投资组合保险（Portfolio Insurance），即利用股票指数期货来保护股票投资组合的跌价风险；第二，进行策略性资产分配（Asset Allocation）、期货市场具有流动性高、交易成本低、市场效率高的特征，恰好符合全球金融国际化、自由化的客观需求，尤其是过去 10 年来，受到资讯与资金快速流动、电脑与通信技术进步的冲击。如何迅速调整资产组合已成为世界各国新兴企业和投资基金必须面对的课题，股票指数期货和其他创新金融工具提供了解决这一难题的一条途径。

3. 1988~1990 年股票指数期货的停滞期

1987 年 10 月 19 日美国华尔街股市一天暴跌近 25%，即著名的"黑色星期五"。股票指数期货一度被认为是"元凶"之一，因此，为防范股票市场价格的大幅下跌，各证券交易所和期货交易所均采取了多项限制措施。如纽约证券交易所规定道琼斯 30 种工业指数涨跌 50 点以上时，即限制程式交易（Program Trading）的正式进行。期货交易所则制定出股票指数期货合约的涨跌停盘限制，借以冷却市场发生异常时的恐慌或过热情绪。这些措施在 1989 年 10 月纽约证券交易所的价格"小幅崩盘"时发挥了异常重要的作用，指数期货自此再无不良记录，也奠定了 1990 年代股票指数期货更为繁荣的基础。

4. 自 1990 年代至今蓬勃发展阶段

进入 1990 年代之后，股票指数期货应用的争议性逐渐消失，投资者的投资行为更为明智、发达国家和部分发展中国家相继推出股票指数期货交易，配合全球金融市场的国际化程度的提高，股指期货的运用更为普遍。

股指期货的发展还引起了其他各种非股票的指数期货品种的创新，如以消费者物价指数为标的的商品价格指数期货合约，以空中二氧化硫排放量为标的的大气污染期货合约，以及以电力价格为标的的电力期货合约等。

（二）股指期权

虽然期权的发展是近些年的事情，但是它确实在很久之前就已经产生了，尽管那些早期包含了期权因素的合约很难说是真正的期权。大量期权合约的初次使用应该是在 17 世纪荷兰郁金香球茎交易的狂热时期，由于当时没有任何机制保障合约双方的权益，在 1636 年郁金香狂热结束后，期权市场就宣告瓦解了。当时最主要的违约类型是当卖权的买方要将郁金香以履约价格出售给卖权的卖方时，卖方拒绝交割，因为郁金香的市价已经跌到跌无可跌的低价位了。

18、19 世纪，美国及欧洲相继出现了有组织的期权交易，标的物以农产品为主，而且都是以海外市场的交易方式呈现。19 世纪，美国出现了以股票为标的物的期权交易，然而当时的市场状况一片混乱。19 世纪 60 年代，美式商品的买权及卖权开始在华尔街场外市场交易。当时最大的铁路投机商人 Russell Sage，被公认为"期权之父"，他所发展的买权及卖权交易策略，如转向操作及反转向操作，现在仍然被交易者使用。早期的期货市场没有相关的法律规范，市场交易者的信用状况比较差，产生了很多诈骗和违约的事件，期权被批评得一无是处，甚至与赌博画上等号。

由于期权的操作类似赌博，到了 20 世纪初期，各国政府大多严格禁止期权的发展，到了 1934 年，才开始纳入美国证券法中，一直到 1973 年，全世界第一个期权集中交易所芝加哥期权交易所（CBOE）才成立[①]。

1973 年 4 月 26 日开始有 16 只股票看涨期权开始交易。1977 年引入看跌期权。CBOE 一个最重要的创新就是制定了标准履约价格和到期日，这使得期权交易的流动性大增，从而推动了二级市场的发展。此后，CBOE 逐步推出了固定收益证券、货币、股指以及其他各种各样产品的期权。美国证券交易所（AMEX）和费城证券交易所（PHLX）从

---

① 陈威光：《衍生性金融商品——选择权，期货与交换》，贝塔/智胜出版社，2001。

1975 年开始期权交易，太平洋证券交易所（PCX）从 1976 年开始期权交易。到了 20 世纪 80 年代初期，期权交易规模越来越大，每日卖出的期权合约规定的标的股票总数超过了纽约股票交易所的日交易量。

　　股指期权出现的时间稍晚，股价指数期权或股指期权（股指选择权）（stock index options）指以股价指数为资产标的选择权，通过权利金来衡量未来时点买进或卖出一个约定履约价格股价指数契约的权利。

　　与其他金融创新产品类似，全球第一只股指期权产品出现在美国市场，1983 年 3 月 11 日，CBOE 推出了 CBOE - 100（后来更名为 S&P 100）指数期权（主要股指期权上市交易时间见表 2 - 8）。1983 年 7 月 1 日，又推出 S&P 500 指数期权。纽约证券交易所及费城股票交易所分别于 1983 年及 1985 年推出纽约综合指数期权及价值链综合指数期权。

表 2 - 8　各国主要股指期权上市交易时间

指数名称	挂牌交易所	开始交易时间	备　注
S&P 100 Index CBOE	CBOE	1983 年 3 月 22 日	全球第一个股指期权
Nikkei 225 Index	OSE	1989 年 9 月 25 日	
Value Line Index（Mini）	KCBT	1992 年 7 月 1 日	全球第一个 mini 指数期权
Nasdaq 100 Index（Floor + Electronic Combined）	CME	1996 年 4 月 10 日	
NASDAQ 100 Index CBOE	CBOE	1996 年 6 月 4 日	
KOSPI 200 Index	KRX	1997 年 7 月 7 日	
S&P 500 Index - E - mini	CME	1997 年 9 月 9 日	
Dow Jones Industrial Index（Floor + Electronic Combined）	CBT	1997 年 10 月 6 日	
Hang Seng Index - Mini（HKFE）	HKEX	2008 年 8 月 29 日	
Hang SengChina Enterprises Index（HKFE）	HKEX	2008 年 8 月 29 日	

　　资料来源：http://www.csidata.com。

在欧洲市场，伦敦国际金融期货交易所（LIFFE）于 1984 年推出英国百种股指期权；法国期权交易所于 1988 年推出 CAC 40 股指期权；德国期货交易所（DTB）则于 1990 年推出了 DAX 30 股指期权。

欧美交易所股指期权的成功激发了包括其他各国交易所推出包括股指期权在内的金融衍生品的热情，纷纷推出类似产品（见表2 –9）。亚洲市场的指数期货，最早的是日本大阪证券交易所于 1989 年推出的日经 225 股指期权；中国的香港期货交易所于 1993 年推出恒生股指期权；韩国证券交易所在 1997 年推出了闻名全球的 KOSPI 200 指数期权，该指数的推出取得了巨大的成功，已连续多年位居全球衍生品交易量排名第一的位置。此外，中国的台湾期货交易所于 2001 年正式推出台湾证券交易所股价指数期权。虽然中国内地市场 2010 年开始股指期货——沪深 300 指数期货交易，还没有股指期权产品，但与其他国家金融衍生品发展一样，股指期权、个股期权的推出是迟早的事①。

表 2 – 9　全球主要金融市场金融衍生品概况

证券交易所	股指期权	股票期权	股指期货	股票期货	短期利率期权、期货	长期利率期权、期货
纽　　　约					√	√
纳 斯 达 克						
东　　　京	√	√	√			√
欧　　　洲	√	√	√	√	√	√
伦　　　敦					√	
大　　　阪	√		√			
德　　　国					√	
多 伦 多						
瑞士交易所					√	
西 班 牙	√	√	√	√		
中 国 香 港	√	√	√	√	√	√
意 大 利	√	√	√			
澳 大 利 亚	√	√	√			√
中 国 内 地			√			

资料来源：收集于各交易所。

---

① 个股期权交易有望七八月试点，http：//money. 163. com/12/0622/01/84INDKRE00253B0H. html。

　　虽然同属股指类衍生品，但股指期货与股指期权间也有一定区别（见表 2 - 10）。从投资角度看，股指期货可以卖出（看空）或者买入（看多），而期权参与模式则更加复杂，投资者可以买入看涨期权（看多）或卖出看跌期权（看多）、买入看跌期权（看空）或卖出看涨期权（看空）等。另外，股指期权与股票现货结合，可以产生很多套利或投资组合模式。

表 2 - 10　股指期权与股指期货的联系与区别

	股指期权	股指期货
标的资产	指数	指数
交割（履约）价格	由交易所制定	根据市场交易结果决定
保证金	卖方缴纳	买方、卖方缴纳
权利主体	买方	—
义务主体	卖方	买卖双方只有义务没有权利
发行人	交易所	交易所
发行条款	标准化，由交易所制定	标准化，由交易所制定
发行数量	无发行量限制，流通性较好	无发行量限制，流通性较好
发行价格	无，仅公布上市参考价	无，仅公布上市参考价
产品系列	每个月份的合约都有多个履约价格的期权供投资者选择	仅有不同到期月份的区别
价格风险	买方的最大风险为权利金，卖方的风险则极大	买卖双方均有相同的价格风险
可以参与模式	买入或卖出看涨期权、买入或卖出看跌期权	买入或卖出指数
履约形态	欧式、美式	无
结算方式	现金结算	现金结算

　　资料来源：于延超：《股指期权合约设计与运作模式》，中国财政经济出版社，2007。

二　股指衍生品的功能

（一）避险功能

　　不论是商品衍生品还是股指等金融衍生品，其被市场参与者接受并能够持续在市场上生存的第一个内在原因是其避险功能。因此，股指衍生品的第一个也是最重要的功能之一就是避险。对于风险，可以分为系统风险和非系统风险。非系统风险能够通过深入研究借助投资组合进行规避，而系统风险则无法通过投资组合进行规避，只能通过期货期权等衍生品工具转嫁给第三方。

在金融市场上，避险操作又可以称为套期保值，具体可分为两种情况。一种是多头避险，即某投资者想买入某只股票，由于不能确认何时开始上涨因此不想当前买入，但又担心上涨后失去机会；又或者直接买入股票成本过高，而通过衍生品的信用交易能够解决资金不足问题。此时他可以买入股指期货合约或股指期权看涨合约，当将来股票上涨时，股指衍生品价格也会上涨，此时他在股指衍生品合约上的利润可以弥补他买入股票现货时因价格上涨增加的成本。另一种情况是空头避险，指市场参与者持有股票现货多头，暂时不想卖出，但又担心价格下跌带来损失。此时他可以卖出股指期货合约或买入股指期权看跌合约（或卖出看涨合约），如果股票现货市场价格下跌，股票现货会遭受损失，但股指衍生品的空头会产生利润，以弥补股票现货的损失。

（二）价格发现功能

根据有效市场理论，如果市场是有效率的，并且投资者是理性的，那么市场中的所有金融产品价格应该同时迅速地反映新的信息。

但在现实中，因为交易限制、交易成本、非同步交易等因素，金融衍生品市场和其标的市场，在对新信息的反应速度上存在一定差异，导致两类市场之间存在着领先落后的信息反应关系。从学术界的研究看，特别是最近的一些新进展，大部分研究认为金融衍生品市场因交易成本较低、杠杆交易及信息完全揭露等特性，其价格能更加迅速地反映在市场上，因此金融衍生品市场被认为应该领先于其现货市场，即股指期货等衍生品具有价格发现的功能。

Stoll & Whaley （1990）[①]；Lihara，Kato Tokunaga （1996）[②] 及 Fleming，Ostdiek & Whaley （1996）[③] 等学者认为，由于现货市场存在卖空限制及监管机构的监管等因素，投机型投资者有更强的动机在衍生品市场中交易。同时在资本金要求方面，金融衍生品具有很大的杠杆效应，资金不很充分或对投资有充足信心的投资者往往会选择衍生品。许多市场还有股票的买空卖空交易限制，这些限制使得投资者只有通过金融衍生品市场进行交易，这种参与者的参与冲动，造成了金融衍生品市场在信息反映上更加快速，在统计上显著领先于现货市场。

（三）投机功能

在商品衍生品和股指等金融衍生品市场上，除了套期保值参与者以外，另一个重要市场参与者就是投机者（Speculator）。投机者一般根据对股指衍生品价格的上涨下跌预测，而持有衍生品合约的多头或空头，以期通过指数的上涨下跌获利。从股指衍生品合约的可持续角度看，正是投机者的加入，才使得套期保值一方能够将其风险转移给投机者，使得市场更加活跃。

（四）增加投资渠道，吸纳热钱

除了在衍生品市场进行纯粹投机交易以外，股指衍生品的出现还为市场带来了新的投资机会。一方面，股指衍生品的推出，改变了股票单边市场仅能通过价格上涨获利的局面，部分本来不愿意参与市场者会将股指期货作为对冲工具，同时加入股票现货和股指衍生品市场进行套利交易。数据显示，当一个市场推出股指期货等股指衍生品后，股票现货

---

① Stoll, H. R. and R. E. Whaley, （1990）, "The Dynamics of Stock Index and Stock Index Futures Returns," *Journal of Financial and Quantitative Analysis*, Vol. 25, No. 4, pp. 441 – 468.

② Lihara, Y., Kato, K., & Tokunaga, T. （1996）, Intraday Return Dynamics between the Cash and the Futures Markets in Japan, *Journal of Futures Markets*, 16（2）, pp. 147 – 162.

③ Fleming, J., Ostdiek, B., and Whaley, R. E. （1996）, "Trading costs and the relative rates of price discovery in stock, futures, and options markets," *Journal of Futures Markets*, 16, pp. 353 – 387.

交易量也会增加（见表2-11）。另一方面，不同股指衍生品之间的套利交易也已经成为成熟金融衍生品的市场的常见交易模式。

表 2-11　股指期货推出前后股票现货市场成交额对比

国别或地区	标的指数	推出时间	推出前	推出时	推出后
美　　　国	S&P 500	1982.4.21	118.55	164.56	215.83
中国香港地区	HSI	1986.5.6	758.21	1231.28	3714.06
日　　　本	NIKKEI 225	1988.9.3	250.74	285.52	332.62
韩　　　国	KOSPI 200	1996.5.3	—	68.65	74.19
中国台湾地区	台湾加权指数	1998.7.21	3767	2976.39	2943.71
印　　　度	S&P CNX NIFTY	2000.6.12	3.21	5.26	3.72

　　注：①推出前、推出时与推出后分别指推出前一年、推出当年以及推出后一年；②美国、中国香港地区、日本、韩国、中国台湾地区与印度股票现货市场成交额的单位依次为亿美元、亿港元、万亿日元、万亿韩元、亿台币以及万亿卢比。

　　资料来源：姚亚伟《股指期货与股票现货市场竞争关系研究——来自中国的经验证据》，《证券市场导报》2011年第9期。

　　随着全球各国经济的发展和滥发货币导致的通货膨胀，热钱（Hot Money）的金额越来越大。特别的，在一些资本市场未开放的经济体中，由于投资品种偏少，这些本土热钱无处可去，只能参与国内现有品种投资，导致金融或商品市场大涨大跌，从而诱发金融甚至经济危机。而股指衍生品的出现为这些热钱提供了新渠道，能够从一定程度上缓解其他商品市场压力。

第四节　各国股指衍生品发展历史

一　美国股指衍生品发展过程

　　美国作为交易所衍生品的发源地以及当今世界规模最大、创新最为活跃的衍生品市场，引领着世界各地衍生品的发展趋势。各主要的衍生品种都诞生于美国（见表2-12），可以说交易所衍生品的发展和创新绝大部分都是由美国交易所衍生品的发展史所构成的。

表 2-12　美国衍生品推出历程

年　份	市场大事记
1982	KCBT 推出全球第一个股指期货——Value Line Index
1982	CBOE 推出 S&P 500 指数期货
1983	CBOE 推出全球第一个股指期权——S&P 100 Index
1992	KCBT 推出全球第一个 mini 指数期货 Value Line Index（Mini）

经过 30 多年的发展，美国衍生品获得了巨大的成功，虽然对单个交易所而言，韩国交易所交易量最大，但美国数个交易所的交易总量远超其他金融市场（见表 2-13）同时，其交易所自律规则、监管法规也为各国所借鉴。

表 2-13　2011 年全球衍生品交易量居前交易所

单位：单向手数,%

2011 年排名	交易所	2011 年交易量	同比增长
1	韩国交易所 KRX	3927956666	4.8
2	芝加哥商业交易所集团	3386986678	9.9
3	欧洲期货交易所	2821502018	6.8
4	纽约—泛欧交易所集团	2283472810	6.0
5	印度国民证券交易所	2200366650	36.2
6	巴西证券期货交易所	1500444003	6.1
7	纳斯达克—OMX 集团	1295641151	17.8
8	芝加哥期权交易所	1216922087	8.3
9	印度大宗商品交易所	1196322051	10.6
10	俄罗斯交易系统	1082559225	73.5
11	郑州商品交易所	406390664	-18.1
12	洲际交易所	381097787	15.9
13	印度联合证券交易所	352318350	181
14	上海期货交易所	308239140	-50.4
15	大连商品交易所	289047000	-28.3

资料来源：美国期货业协会，http://www.futuresindustry.org。

二 日本股指衍生品发展过程

日本股指期货市场的发展经历了较为明显的三个阶段（见表 2 – 14）。

表 2 – 14　日本衍生品推出历程

时　间	市场大事记
1950 年	推出日经 225
1987 年 6 月 9 日	大阪推出了 SF 50 指数期货合约
1988 年 9 月	大阪推出了 Nikkei 225 指数期货合约
1988 年 9 月	东京推出了 Topix 指数期货合约
2006 年 7 月	大阪推出迷你型 Nikkei 225 指数期货

资料来源：收集于日本各交易所与网络媒体报道。

第一阶段：1980 年代初期到 1987 年，股指期货在外界因素的推动下从无到有的初步试验阶段。日本于 1980 年代初期即已开放了其证券市场，允许境外投资者投资境内股市。但是，其股指期货合约却首先出现在海外，1986 年 9 月 3 日，日经 225 指数期货在新加坡金融期货交易所（SIMEX）交易。按照日本当时的证券交易法，证券投资者从事期货交易被禁止。所以，当时的日本证券市场并不具备推出股指期货交易的法律条件。而且，按照当时的证券交易法，日本国内的基金是被禁止投资 SIMEX 的日经 225 指数的，只有美国和欧洲的机构投资者利用 SIMEX 的日经 225 股指期货合约对其投资于日本的股票进行套期保值。本国的机构投资者明显处于不利位置。基于这样的原因，1987 年 6 月 9 日，日本大阪证券交易所（OSE）推出了第一只股票指数期货合约——SF50 指数期货，受当时证券交易法禁止现金交割的限制，50 种股票期货合约采取现货交割方式，以股票指数所代表的一篮子股票作为交割标的。由于交割规则不合理，该合约未获得成功，1992 年 3 月停止交易。

第二阶段：1988 年到 1992 年，逐步完善的过渡阶段。这一阶段，通过修改和制定法律，国内股指期货市场逐步走上正轨。1988 年日本金融市场管理当局批准了大阪证券交易所关于进行日经指数期货交易的申请。1988 年 5 月，日本修改证券交易法，允许股票指数和期权进行现金交割，当年 9 月大阪证券交易所开始了日经 225 指数期货交易，开始与新加坡交易所的同类指数竞争。

第三阶段：对股票指数进行修改，股指期货市场走向成熟。为提高竞争力，大阪证券交易所开发出了日经 300 指数期货以取代日经 225，并于 1994 年 2 月 14 日起开始交易。为了进一步增加流动性，大阪证券交易所早于 2006 年 7 月推出了迷你型 Nikkei 225 指数期货。

三　韩国股指衍生品发展过程

由于没有像日本市场那样遭遇新加坡等金融市场的竞争威胁，韩国股指期货、期权的推出较为从容，在法律法规、投资者教育、交易系统以及指数设计等方面的准备也更充分，因此一经推出就获得了巨大成功，在衍生品市场上，KOSIP 200 期权连续 8 年全球交易量第一。

1981 年，韩国宣布了资本市场国际化计划，使得投资全球化资金快速上升，市场迫切需要股指衍生品作为避险工具。1987 年 11 月，在全球股市经历了"黑色星期一"的暴跌之后不久，韩国修改了证券交易法，授权韩国证券交易所建立期货市场。1992 年 4 月至 1993 年 4 月，韩国证券交易所开展了对机构投资者指导和教育工作，为股指期货与期权开展交易铺路。1996 年 6 月，韩国证券交易所开始对外发布 KOSPI 200 指数。1995 年 6 月至 1996 年 8 月，经过 15 个月模拟交易后，1995 年 12 月正式建立 KOSPI 200 指数期货市场。1996 年 5 月 3 日，韩国证券交易所正式开展了 KOSPI 200 指数期货交易。1997 年 7 月 7 日，韩国证券交易所推出 KOSPI 200 指数期权交易（见表 2 - 15）。

表 2 - 15　韩国衍生品推出历程

时　间	市场大事记
1987 年 3 月	韩国期货市场建立
1992 年	韩国股票交易所 KSE 推出 KOSPI 200 股价指数期货
1995 年 12 月 29 日	韩国的期货交易法颁布
1996 年 5 月 3 日	KOSPI 200 指数期货上市
1997 年 7 月 7 日	推出了 KOSPI 200 指数期权
1999 年 4 月	韩国期货交易所成立
2004 年 1 月 1 日	KOSPI 200 指数期货和期权移至韩国期货交易所

资料来源：根据韩国证券市场资料整理。

四　新加坡股指衍生品发展过程

新加坡衍生品市场的发展经历了先期货后期权，先发展利率期货后发展股票指数期货的道路。新加坡衍生品的发展过程有一个较为明显的特点，即指数的"跨市场"挂牌交易，交易所选择上市别国的股票指数为期货交易标的的衍生产品，此发展取得了很大的成功。不过也因此导致了国家间纠纷，如抢先开发日经 225 指数期货和新华 A50 指数期货等（见表 2 - 16）。

表 2 - 16　新加坡衍生品推出历程

时　间	大事记
1973 年 5 月	新加坡股票交易所（SES）成立
1977 年 2 月	开始进行买方期权交易
1984 年	新加坡国际金融交易所（SIMEX）成立
1986 年	SIMEX 开始交易日经 255 指数（Nikkei 255 Stock Average）期货合约
1987 年 2 月	推出新加坡股票交易所自动报价系统（SESDAQ）
1993 年 3 月	开始部分证券的卖方及买方期权交易
1996 年 10 月	推出商业时报新加坡区域指数（BT - SRI）
1997 年 1 月	推出台股期货
2006 年 9 月 5 日	推出新华富时 A50 指数期货

资料来源：根据新加坡证券市场资料整理。

五　中国台湾地区股指衍生品发展历史

我国台湾期货市场的产生分为两个阶段：先是开放岛内投资者从事岛外的股指期货交易，然后再建立岛内的股指期货市场。从产品角度看，台湾走出了一条先互换后期货期权，先外币利率交换后台币利率交换、先有岛外期指后有台股期指，没有发展商品期货的道路。

第一阶段：岛外股指期货对内开放。由于认识到境外机构投资者可以利用岛内没有开设的股指期货进行套利交易，而岛内机构却缺乏相应的避险机制，台湾于 1992 年放开了对岛内券商从事境外股指期货交易的限制。1993 年底台湾核准了 14 家岛内和 9 家外国期货经纪商设立的申请，1994 年 4 月 1 日，岛内第一家期货经纪商成立，岛内居民可以通过岛内期货经纪商的交易通道从事外国（地区）的股指期货交易。

第二阶段：岛内股指期货市场的准备阶段。在境外股指期货交易对内开放的同时，台湾当局即开始着手准备岛内的股指期货交易市场。其准备过程大致分为两个方面。一是相关"立法"工作提前展开。自 1994 年初开始，台湾"证管会"邀请专家学者起草期货交易法，历时两年多，1996 年经台湾"行政院"会议通过，1997 年由台湾"立法院"完成"三读"程序，1997 年 6 月 1 日正式公布实施。二是组织机制、指数合约的准备，台湾证券及期货委员会于 1995 年成立了"期货市场推动委员会"，下设期货交易、结算、行政工作小组。1996 年该委员会陆续完成了台湾股指期货交易、结算及相关制度的规划设计以及电脑系统的试验评估等事项，为股指期货市场的开设做了充分的准备。

第三阶段：受外界因素刺激的加速发展阶段。1997 年台湾当局加快了岛内股指期货开发的步伐，原先规划同时设立期货交易所和结算所两个机构，使得其相互配合、相互制衡，更有利于风险控制，但是，由于时间紧迫，台湾决定在股指期货市场建立初期不另外成立结算所，结算工作由期交所结算部负责。期交所筹备处在 1997 年也加紧了期货交易所的设立登记工作，于 1997 年正式设立登记，1998 年 7 月 21 日正式推出了第一个期货品种——台湾股价指数期货。2001 年 12 月，推出了台湾证券交易所股价指数期权（见表 2 – 17）。

表 2 – 17　台湾股指衍生品推出历程

时　间	市场大事记
1961 年 10 月 23 日	台湾证券交易所成立
1998 年 7 月 21 日	推出第一个期货品种——台湾证券交易所股价指数期货
1999 年 7 月 21 日	推出了电子类金融类股价指数期货
2001 年 4 月 9 日	小型台指期货上市
2001 年 12 月 24 日	推出台湾证券交易所股价指数期权合约
2002 年 3 月	台湾证券交易所股价指数期权上市

资料来源：根据台湾证券交易所资料整理，http：//www.tse.com.tw。

六　中国香港地区股指衍生品发展历史

香港衍生品市场的发展经历了一个从商品期货到金融期货及期权、从股权类到货币类再到利率类衍生品的过程，其发展主要经历了商品期货交易阶段、筹备金融期货阶段、推出恒生指数以及后来的金融类期货期权合约等阶段。

1986 年 5 月，香港期货交易所在亚洲率先推出恒生指数期货，并获得了成功，随后其逐步推出了系列股指期货和期权（见表 2 – 18）。

表 2 – 18　香港股指衍生品推出历程

年　份	市场大事记
1982	设立金融期货筹备委员会
1985	香港期货交易所有限公司成立，由原来的香港商品交易所易名成立
1986	香港期货交易所 HKFE 推出香港恒生指数期货合约
1993	恒生指数期权合约
1997	HKFE 推出恒生香港中资企业指数（红筹股指数）期货合约
2001	推出国际股票期货及国际股票期权

资料来源：根据香港联交所等网站整理。

第三章

股指衍生品创新与争论

第二次世界大战后，随着布雷顿森林体系的解体，20 世纪 70 年代初国际经济形势发生急剧变化，固定汇率制被浮动汇率制取代，利率管制等金融管制政策逐渐取消，汇率、利率频繁剧烈波动。为了迎合投资者规避汇率风险的需求，1972 年 5 月芝加哥商业交易所（CME）创新推出全球第一个汇率期货品种。金融衍生品的出现，彻底改变了投资市场的发展格局，并且对整个世界经济产生了深远的影响。

但是，对于包括股指期货、期权在内的金融创新的批评和质疑从来没有消失过，特别是当发生金融危机的时候。随之而来的是对金融创新的批评以及严厉监管，20 世纪以来影响较为深远的案例是 1929 年美国金融危机以后对创新交易方式——卖空（short selling）的限制。在 2007 年次贷危机导致的金融危机中，卖空和与资产证券化产品相关的金融创新产品再一次被推到了风口浪尖上，而投资者则对金融创新产品避之不及。

既然众多媒体、监管机构和投资者都认为金融创新导致了银行破产、股票下跌，使得经济和金融危机最终出现，那么有必要对有关金融创新对经济波动和对银行风险，以及对股票市场波动的影响的代表性文献进行研究与梳理，以为监管者和投资者提供一个对金融创新更为公正与辩证的评价。

第一节　金融创新的触发因素及类型

一　促进金融创新的因素

促进金融创新的因素很多，主要包括全球化、市场波动加剧，规避监管和税收、降低交易成本，以及 IT 科技以及智力技术的进步等。

（一）全球化趋势和市场波动加剧

随着全球化趋势的继续，公司、投资者甚至政府面临的汇率、政治等风险越来越大，而金融创新可以规避这些风险。同时，全球化的投资也激发一些机构为适应部分特殊民族或团体而开发创新金融产品，典型的如适应信仰伊斯兰教投资者而开发的伊斯兰债券[①]。

汇率、利率、商品价格的波动也是金融创新的主要动力之一[Smith，Smithson & Wilford（1990）[②]]，具体的产品如期货。期权、互换、远期合约等。随着金融产品价格波动加剧，近年来各国相继上市直接将资产价格波动率作为标的的波动率指数（VIX，Volatility Index），如 CBOE 2004 年推出第一个波动性期货 VIX Futures，2006 年，VIX 的期权开始在芝加哥期权交易所交易。

（二）监管和税收

关于税收和监管与金融创新之间的关系，Miller（1986）的观点经常被引用："在过去 20 年来，关于成功创新的主要动力，我不得不悲哀地说，来源于监管和税收"[③]。

除 Miller（1986）外，有很多学者研究了税收对金融创新的影响。

---

① 回教律法（Shariah）禁止缴付或征收利息，因此设计者将伊斯兰债券的定期收益，设计成租赁收入或利润分成，以满足伊斯兰法律的要求。见 Ali Arsalan Tariq，MANAGING FINANCIAL RISKS OF SUKUK STRUCTURES，http：//www. sbp. org. pk/departments/ibd/sukuk – risks. pdf。

② Smith，C.，C. Smithson and D. Wilford（1990），*Managing Financial Risk*（Harper Business，New York）.

③ Miller，Merton H.（1986），"Financial Innovation：The last Twenty Years and the Next."*Journal of Financial and Quantitative Analysis*，21（December），pp. 459 – 471.

如 Knoll（1997）[1] 等。具体的产品涉及零息债券、股票类结构化产品等。税收导致金融创新的一个典型例子是欧洲债券。由于美国资金不断外流，1963 年 7 月美国政府开始征收"利息平衡税"，规定美国居民购买外国在美发行的政权，所得利息一律要付税。1965 年，美国政府又颁布条例，要求银行和其他金融机构限制对国外借款人的贷款数额。这两项措施使外国借款者很难在美国发行美元债券或获得美元贷款。另一方面，在 1960 年代，许多国家有大量盈余美元需要投入借贷市场获取利息，于是一些欧洲国家开始创新地在美国境外发行美元债券，即欧洲债券。资本债券（Capital notes）和合规的优先股可以作为银行资本金是早期银行为了逃避监管者对资本金的要求而进行创新的典型案例，欧洲美元存单也是在类似背景下创新而来。

（三）降低交易成本

为了降低交易和管理成本，自动柜员机被发明；证券的网上交易和发行逐渐成为主流等；在金融产品方面，美林发现很多散户买入低风险证券的同时会大量买入看涨期权。于是 1985 年美林公司开发了流动收益期权票据（LYONs，Liquid Yield Option Notes），该产品可以复制投资者上述投资组合的收益，并且同时对在一年四次之内对期权进行展期时的佣金进行免除。加上扣税款的特点，该产品随后受到投资者追捧。

（四）技术进步

Frame & White（2002）对 IT 科技以及智力技术（intellectual technologies）对金融创新的驱动进行了较为完整的分析[2]。

IT 技术使得网上交易，网络 IPO 等成为可能，同时也大幅度提高了数据分析处理的能力，使金融产品间及时对冲与套利成为可能；Torres（1991）将金融衍生品的发展归功于复杂的金融数学定价理论[3]；

---

[1]　Knoll, M. S.（1997），"Financial innovation, tax arbitrage and retrospective taxation: The problem with passive government lending", *Tax Law Review* 52（4），pp. 199 – 224.

[2]　Frame, W. S., and White, L. J.（2002），"Empirical Studies of Financial Innovation: Lots of Talk, Little Action?" Federal Reserve Bank of Atlanta Working Paper, 2002 – 12.

[3]　Torres, C.（18 June 1991），"How Financial Squeeze Was Narrowly Avoided in 'Derivatives' Trade." *Wall Street Journal*, p. Al.

新的智力技术使得金融市场参与者能够进行风险衡量与管理，整体提高投资管理效率。如资本资产定价模型（CAPM）不仅提供了评价收益—风险相互转换特征的可运作框架，也为投资组合分析、基金绩效评价提供了重要的理论基础。Lack – Scholes 期权定价模型则是 20 世纪 90 年代以来金融衍生创新品得以大规模发展的主要动力，如果缺乏期权定价模型，可以预计很多期权类产品不可能出现在市场中。

二　金融创新的类型

Santomero & Trester （1998）[①]、Frame & White （2002）[②] 等学者对金融创新的类型有不同的划分，可以归结为以下三种情况。

（一）新金融商品

如四种基本金融衍生品，期货、期权、远期和互换；基金产品、ETF、通货膨胀挂钩产品等；资产证券化产品，如本次金融危机饱受争议的资产支持证券 ABS、担保贷款凭证（CLO）、信用违约互换（CDS）等产品；其他的创新产品如气候期货、巨灾衍生品等。

（二）新金融组织和服务

如随着金融创新出现的金融中介机构；适应投资全球化、产品多元化而出现的金融研究机构；私募、公募基金、商品交易顾问基金（Commodity Trading Advisors，CTA）等。金融服务方面，IT 技术的进步使得金融机构逐步提供新的服务，如证券网络交易，网络 IPO，以及网络银行。

（三）新生产和管理流程

主要包括自动柜员机的出现、证券所有权的无纸化电子化凭证等 [Saloner & Shepherd （1995）[③]]。

[①] Santomero, Anthony M. and Trester, Jeffrey J. （1998）, "Financial innovation and bank risk taking." *Journal of Economic Behavior & Organization*, Vol. 35, pp. 25 – 37.

[②] Frame, W. S. , and White, L. J. （2002）, "Empirical Studies of Financial Innovation: Lots of Talk, Little Action?" Federal Reserve Bank of Atlanta Working Paper, 2002 – 12.

[③] Saloner, G. and A. Shepard （1995）, "Adoption of technologies with network effects: An empirical examination of the adoption of automated teller machines", *Rand Journal of Economics* 26 （Autumn）: pp. 479 – 501.

第二节　金融创新与经济波动间关系

对于金融创新与经济间的关系，很多研究都是从金融创新对经济增长影响角度进行的，如 Merton（1992）[①]、BERGER A. N.（2002）[②]、P. K. Mishra（2008）[③] 等。他们的观点可以归结为：金融创新通过增加市场效率、降低交易成本、分散风险、创造需求、增加就业等功能促进了整体或区域经济的发展，是经济发展的"引擎"。

对于过去的 20 年，尤其是 1980 年代中期至 1990 年代初期开始，美国经济增长波动下降趋势十分明显的现象，研究文献主要从三个角度对经济波动下降的可能原因进行了解释：经济冲击变得缓和、货币政策变化，以及库存管理手段的优化等 ［Kim & Nelson（1999）[④]；Cecchetti, Flores-Lagunes & Krause（2006）[⑤]；Dynan, Elmendorf & Sichel（2006）][⑥]。但有关金融创新可能是导致经济波动减缓因素的相关研究却较为少见。早期 Miller（1986）通过回顾美国 20 世纪 60 年代中期以来的金融创新，认为金融创新有利于整体金融稳定和安全，严重的金融动荡将因金融创新而平息（subsiding）[⑦]；接着，他驳斥了"金融创新

[①]　Merton, R. C.（1992），"Financial innovation and economic performance"，*Journal of Applied Corporate Finance* 4（4）：pp. 12 – 22.

[②]　Berger, Allen, W. Scott Frame, and Nathan Miller,（2002）. "Credit Scoring and the Availability, Price and Risk of Small Business Credit." Federal Reserve Bank of Atlanta Working Paper 2002 – 6.

[③]　Mishra, P. K., Financial Innovation and Economic Growth – A Theoretical Approach（September 3, 2008），Available at SSRN：http：//ssrn. com/abstract = 1262658.

[④]　Kim, C. – J., Nelson, C.,（1999），"Has the U. S. economy become more stable? A Bayesian approach based on a Markov-switching model of the business cycle." *The Review of Economics and Statistics* 81（4），pp. 608 – 616.

[⑤]　Cecchetti, S., Flores-Lagunes, A., & Krause, S.（2006），"Assessing the Sources of Changes in the Volatility of Real Growth." NBER Working Paper Series # 11946.

[⑥]　Dynan, K. E., Elmendorf D. W. and Sichel D. E.（2006），"Can Financial Innovation Help to Explain the Reduced Volatility of Economic Activity?" *Journal of Monetary Economics*，53（1），pp. 123 – 150.

[⑦]　Miller, Merton H.（1986）. "Financial Innovation：The last Twenty Years and the Next." *Journal of Financial and Quantitative Analysis*，21（December），pp. 459 – 471.

加大整体经济的波动"的观点。上述研究未进行实证，对此，Lerner（2002）认为，金融创新实证少的主要原因是对金融创新进行量化较为困难[①]。

实证金融创新减缓经济波动较具代表性的文献为 Dynan et al. （2006）[②] 与 Jermann & Quadrini（2006）[③]，两位学者研究了金融创新在总体中所扮演的角色，提出了不同于以往研究者对于经济波动下降的新解释。以下分别对上述两文献进行探讨。

Dynan et al.（2006）的研究思路是 Q 条例（Regulation Q）的终止（1985 年 5 月 Regulation Q 被废除）对经济波动的影响[④]。因此，他们首先对金融创新进行了较为广泛的定义。如信用评级制度的建立、资产证券化、垃圾债券等市场的发展，以及政府解除或放宽相关的金融法规限制，废止在 1980 年代早期所制定的 Q 条例等都被视为金融创新。基于以上定义，Dynan et al.（2006）为了了解该金融创新是否会减缓或加剧经济波动，通过使用消费支出、住宅投资与企业固定投资等 GDP 组成部分的数据，研究金融创新能否降低经济波动和其解释程度。其研究结果发现，消费支出对同期所得变化敏感性下降、住宅投资对于利率的反应趋缓，以及企业固定投资对于金融市场的摩擦敏感度下降，这些改变都和金融创新稳定经济波动具有一致性，因此消费支出与住宅投资为经济波动性降低的主要贡献因素。Dynan et al.（2006）认为金融创新对长期经济波动下降确实有所贡献，但并不表示金融创新是降低经济波动的唯一根源。

Jermann & Quadrini（2006）的研究构想是美国证监会（SEC）分别

---

① Lerner, Josh, (2002), "Where Does State Street Lead? A First Look at Finance Patents, 1971 - 2000," *Journal of Finance*, 57, pp. 901 - 930.

② Dynan, K. E., Elmendorf D. W. and Sichel D. E. (2006), "Can Financial Innovation Help to Explain the Reduced Volatility of Economic Activity?" *Journal of Monetary Economics*, 53 (1), pp. 123 - 50.

③ Jermann, Urban and Quadrini, Vincenzo (2006), "Financial Innovations and Macroeconomic Volatility." NBER Working Paper Series # 12308.

④ Regulation Q 主要内容为美联储理事会对其会员银行利息率制定最高限，并规定商业银行不准对活期存款支付利息。

在 1982 年采用 Rule 10b - 1811①，以及 1983 年推出 Rule 415 中的"橱柜登记（shelf registration）"② 制度对经济增长波动的影响。基于此，他们将研究期间分为两个部分，分别是 1952～1983 年和 1984～2005 年。他们的研究结果显示，经济波动在近 20 年来有下降趋势；美国 SEC 采用 Rule 10b - 1811、Rule 415 制度，降低了企业购回和发行股票的成本，减小了市场摩擦程度，因而增加企业融资的弹性；由于金融创新缩小了市场不完全和摩擦的程度，因此能够抑制与减轻经济受到的冲击，从而降低总体经济的波动性。

综合上述两篇文献研究结果，可以发现金融创新确实显著降低了美国 1980 年代中后期的经济波动，因此可以视金融创新为经济波动减缓的解释变量。

但另一方面，一些学者对金融创新有利于降低经济波动有不同的看法。Tufano（1989）认为 Miller（1986）对金融创新有利于金融稳定的简单判断可能过于乐观，金融创新对金融安全的宏观影响没有得到足够的重视③；另外，Jermann & Quadrini（2006）的研究也显示，因为创新让企业发债能力及融资弹性加大，而使得在总体经济波动性降低的同时，企业的财务结构波动性增加。

第三节　金融创新对银行风险的影响

银行在整个金融经济体系中扮演着重要的角色，作为社会资源配置的中介和重要渠道，一旦银行风险增加，甚至有破产风险，将加剧金融

---

① Rule 10b - 18 法规保证在某些情况下，SEC 将不会对公司在公开市场上进行股票购回时，进行价格操纵起诉。因此可以降低企业股票回购成本，增加企业融资弹性。

② Rule 415 中的"橱柜登记"（shelf regmtration）制度规定，符合特定条件的主体，可以为今后 2 年拟发行的证券，预先向 SEC 注册登记，待时机成熟时可以最佳价格发行证券而不需重新进行注册登记，该规则能降低新发行成本。

③ Tufano, P.（1989），"Financial innovation and first mover advantages", *Journal of Financial Economics* 25：pp. 213 - 240.

和经济的波动。在本次金融经济危机中，创新衍生产品被很多投资者、媒体，甚至监管机构认为是危机的罪魁祸首，特别是关于房地产市场贷款的各种创新产品，如抵押债务权益（CDO）、抵押贷款权益（CLO）、抵押债券权益（CBO）等。金融创新产品被认为是导致贝尔斯登、雷曼兄弟，以及花旗、汇丰、皇家苏格兰等一系列银行机构破产或被收购的主要原因。但在学术上，金融创新产品对银行风险的影响是有争议的。

Duffee & Zhou（2001）[①] 以信用违约互换（credit-default swaps）为研究对象，实证结果发现信用创新衍生工具能够转移放款风险以降低银行本身财务风险，并且在风险转移上，比起其他传统金融工具更具有弹性。早期 Elijah，Bernadette A. & James T（2000）的研究也得到了类似的结果，银行使用金融衍生品分散投资组合风险，因此参与衍生品表外业务降低了银行总体风险[②]。

另一些学者的研究则显示银行参与金融创新产品会增加其风险。Joseph F. & Carter（2000）研究发现当用 12 个月的利率期限缺口来衡量时，银行使用金融衍生品和利率风险之间成正向关系；即银行使用利率金融衍生品会增加银行的利率风险[③]。早期，Beverly J. Hirtle（1997）对金融控股公司的研究也发现了类似结论：金融控股公司使用利率金融衍生品，也会导致其利率风险 β 值的上升[④]。

另外，一些研究显示金融产品的创新对银行的影响有好有坏。如 Alan & Shyu（2003）实证结果发现使用期货，只有在美国银行中会增

---

① Duffee, G. R. and Zhou, C.（2001），"Credit derivatives in banking: Useful tools for managing risk?" *Journal of Monetary Economics*, Vol. 48, pp. 25 – 54.

② Elliot, G., Rothenberg, Thomas J., and Stock, James H.（1996）. "Efficient Tests for An Autoregressive Unit Root," *Journal of Econometric*, Vol. 64, pp. 813 – 836.

③ Joseph F. Sinkey, Jr., & David A. Carter（2000），"Evidence on the financial characteristics of banks that do and do not use derivatives", *The Quarterly Review of Economics and Finance*, 40, pp. 431 ~ 449.

④ Beverly Hirtle,（1997），"Derivatives, Portfolio Composition, and Bank Holding Company Interest Rate Risk Exposure," *Journal of Financial Services Research*, Springer, Vol. 12（2）, pp. 243 – 266, October.

加市场风险和修正后风险值；在欧洲银行中会降低货币风险和修正后风险值；而日本银行中则没有显著影响。而使用期权，在美国、欧洲和日本的银行中，会增加其利率风险的 β 值；Instefjord，Norvald（2005）[①]发现：金融衍生创新产品有两种效果，一是增强了分散了银行的风险，但另一方面，因为衍生工具的存在，转移风险更加容易，这使银行对未来风险购入（acquisition of risk）产生更大的吸引力，导致更大的风险。具体而言，他们认为，信用市场价格弹性大，创新衍生工具就会威胁到银行的稳定性；如市场价格弹性小，则信用创新衍生工具市场的发展反而会增加银行的稳定性。

综合上述相关文献可发现，金融创新产品对银行业是否具有稳定作用，至今学者们仍抱不同看法。本次金融危机产生后，相信会有更多的文献对此进行讨论。

第四节　金融创新对股票现货市场波动的影响

股市是经济晴雨表，股票市场对建立现代企业制度，优化资源配置，完善金融市场功能，促进经济发展和提升国家的综合实力具有重要的意义。历史上数次金融危机都与股市快速大幅度下跌有关，在检讨股市下跌的原因时，"金融创新导致了历史上数次股市崩盘"经常被媒体和监管机构作为加强金融创新产品监管的绝佳借口（卖空导致 1929 年美国股市崩溃；投资组合导致 1987 年美国股市崩盘；2007 年开始的金融危机是次级债衍生品导致的；等等）。而 Miller（1991）[②] 对"金融创新加大金融市场，甚至整体经济的波动"的观点进行了驳斥，他认为试图管制金融创新是反生产力（counterproductive）的，也是无效的，就

[①]　Instefjord，Norvald（2005），Risk and hedging：Do credit derivatives increase bank risk？N. *Journal of Banking & Finance*，2005，Vol. 29，issue 2，pp. 333 - 345.

[②]　Miller，M. H.（1991），*Financial Innovation and Market Volatility*，（Blackwell，Cambridge，MA）.

像克努特国王（King Canute）想控制大海[①]。2009 年 4 月中旬，美联储主席贝南克也为金融创新的"双面刃"作用作出了辩护，并表示监管不应该阻止创新，但应该确保创新产品有足够的透明度和可理解性，以使消费者的选择对市场产生积极影响。

一　金融创新产品对股票市场波动的影响

金融创新产品对证券市场影响的研究文献关注比较多的话题是关于金融衍生品是否提高了现货市场效率。大部分研究认为金融衍生品市场因交易成本较低、杠杆交易及信息完全揭露等特性，其价格能更加迅速地反映在市场上，因此创新金融衍生品市场被认为在信息方面领先于其股票现货市场。

对于股票创新衍生产品对股票现货波动的影响，研究结论主要分为两派，一派认为权证、期货、期权市场提供了更多投资与避险的途径，有助于分散风险及稳定现货价格，使现货的波动性降低。Bessembinder & Seguin（1992）研究了 1982 年 4 月～1989 年 3 月 S&P 500 股价指数期货的日资料，结果显示，由于期货交易的存在，股票价格波动率下降，反驳了期货市场提供更多投机机会导致股票现货市场更加不稳定的假设。作者解释这可能是期货的交易成本较低，拥有信息的交易者会较愿意到期货市场中交易，导致现货市场的交易量部分移转至期货市场，现货市场的交易量减少，导致波动度降低[②]；Park，Switzer & Bedrossian

---

① 丹麦国王克努特（King Canute）的大臣们阿谀他说，世上的一切都在他的掌握之中。为了训诫他们，克努特国王带着他的大臣们来到海边。在大臣面前，克努特国王朝着大海大声喝令，但大海毫无反应。最早的股票做空交易是 1609 年荷兰交易员 Isaac Le Maire 对荷兰联合东印度公司（VOC）进行的。见 Oscar Gelderblom & Joost Jonker：Completing a Financial Revolution：The Finance of the Dutch East India Trade & the Rise of the Amsterdam Capital Market，1595 – 1612，The Journal of Economic History. 64（2004），03（September），pp. 641 – 672。在正常的卖空活动中，投资者认定某只股票会下跌，通过卖出他们已经借入的股票，寄望稍后以较低的价格重新买入，并归还他人，从中赚取差价。而在"裸卖空"活动中，投资者仅仅"卖空"股票，但却从未借入任何股票。

② Bessembinder, H., Seguin, P. J., (1992), Futures-trading activity and stock price volatility. *Journal of Finance* 47, pp. 2015 – 2034.

（1999）研究了 1991 年在 CBOE 交易所上市交易最活跃的 45 只个股期权，研究结果发现个股期权市场的交易活动并不会系统性地引起现货市场的价格不稳定。此外，研究还显示期权未平仓量与股价波动度为负相关关系，即期权市场增加了现货市场的稳定性[1]。此结论与 Antoniou，Holmes & Priestley（1998）对美国 S&P 500、英国 FTSE - 100、瑞士 SWISS MI、德国 DAX 100、日本 NIKKEI 225 与西班牙 IBEX 35 等六个国家股价指数期货交易对现货市场波动性影响的结果相似[2]。Sahlstrom（2001）研究在芬兰赫尔辛基证券交易所（HSE）发行的十三只股票个股期权标的股票是否会因对应期权的上市，股价波动有所变化。实证说明股票个股期权的上市，使得标的股票的波动性及买卖价差均有下降的情况，因此他们认为股票个股期权市场会增加现货市场效率性[3]。

另一派认为，如投资人行为趋于一致或者不理性时，将会产生杠杆作用，而使得现货价格的波动加大；或者因为衍生品的交易，使得投资者抽离原有现货市场的资本至衍生品市场，因而降低现货市场的流动性，而使得现货市场的波动性增加。Maberly（1987）以 1963 年 1 月 1 日到 1987 年 10 月 26 日为期，研究 1982 年 4 月 20 日开始交易的 S&P 500 指数期货是否会对现货市场产生波动性影响，实证显示 S&P 500 期货的引入，使得现货的波动性大于引进期货前[4]；Edwards（1988）以 S&P 500 指数与 Value Line 股价指数为研究目标，发现短期内确实使股价波动性增加。而其认为期货交易之所以会增加现货的波动性，是由于期货和现货

---

[1]　Park, Tae H., Switzer, Lorne N., and Bedrossian R. The Interactions Between Trading Volume and Volatility: Evidence from the Equity Options Markets. *Applied Financial Economics*, 1999 9.

[2]　Antoniou, A., Holmes, P., Priestley, R., (1998), The effects of stock index futures trading on stock index volatility: an analysis of the asymmetric response of volatility to news. *Journal of Futures Markets* 18 (2), pp. 151 – 166.

[3]　Sahlstrom (2001), Impact of Stock Option Listings on Return and Risk Characteristics in Finland. *International Review of Financial Analysis*, 10: 1, pp. 19 – 36.

[4]　Maberly, E. D. (1987), "An Analysis Of Trading And Nontrading Period Returns For The Value Line Composite Index: Spot Versus Futures," *Journal of Futures Markets*, 7, pp. 497 – 500.

之间的投机交易策略，当现货价和期货价不正常偏离时会引起短线的投机活动，导致现货市场的报酬率波动加剧。此外，市场参与在期货契约到期日时，对未平仓的部位进行结算，而使得现货市场出现买卖单不均衡的情况，也可能导致现货市场的波动性短期加剧，此即所谓的到期效果（expiration effect）[1]；Antoniou & Holmes（1995）认为先前众多学者的研究忽略了在投机市场内，股票报酬具有时间序列的特性，也就是符合异质条件变异性。因此他们使用 GARCH 模型进行研究，发现 FTSE - 100 股价指数期货上市后，造成股价波动性增加。他们认为股票价格波动性的增加，是由于期货的交易增加了资讯传播到市场的渠道[2]。

另外，还有研究者认为期货、期权对股票现货市场的波动没有产生影响。如 Premalata（2003）对印度市场探讨期货与期权上市对印度现货市场波动性的影响，实证结果显示，其期货与期权上市，对现货市场波动性并无显著影响[3]；Mazouz（2004）研究 CBOE 内所有拥有股票个股期权交易的标的个股，其实证结果说明，期权的交易，既不会影响到个股的波动性，也不使股价面对新信息的调整速度产生改变，因此认为，期权的引入，对个股股票的波动性是中立的[4]。上述研究结果与早期 Allan & Nicholls（1991）[5]、Pericli & Koutmos（1997）[6] 等研究结果类似。

---

[1] Edward, F. R, (1988a), Does futures trading increase stock market volatility? *Financial Analysts Journal* 44, pp. 63 - 69.

[2] Antoniou, A., Holmes, P., (1995), Futures trading, information and spot price volatility evidence for the FTSE - 100 stock index futures contract using GARCH. *Journal of Banking and Finance* 19, pp. 117 - 129.

[3] Premalata, S., (2003), "Do Futures and Options Trading Increase Stock Market Volatility?" *NSE NEWS*, Jan., pp. 1 - 8.

[4] Mazouz, K., (2004), "The effect of CBOE option listing on the volatility of NYSE traded stocks: a time-varying variance approach," *Journal of Empirical Finance* 11, pp. 695 - 708.

[5] Allen, H., and Nicholls, D. (1991), "The Impact of Index Futures Markets on Australian Sharemarket Volatility," *Journal of Business Finance and Accounting*, 18 (2), pp. 267 - 280.

[6] Pericli, A., and Koutmos, G. (1997), "Index Futures and Options and Stock Market Volatility," *Journal of Futures Markets*, 17, pp. 957 - 974.

二 创新交易模式——卖空对股票市场波动的影响

作为证券交易的一种创新，卖空已经有 400 多年的历史[1]。卖空第一次被公众关注是在 1929 年，监管机构认为正是卖空规则的存在才使得美国股市崩盘。为防止看跌投资者联手给股市施加更大的下行压力，于是"报升规则（UPTICK RULE）"在 1929 年股市崩盘之后建立。

早期的研究显示，卖空对股票价格会产生影响，但如何影响以及影响程度多大他们并没有给出合理的解释〔McDonald & Baron（1973）、Figlewski（1981）、Reilly & Whitford（1983）、Bowlin & Rozeff（1987）〕。近年来，很多研究者从市场质量的角度进行了研究，研究结果表明，报升规则不管在价格下跌还是上升时都降低了市场质量，与 SEC 的政策目标相反，或者对市场的动荡并没有影响〔Gordon J. Alex & e & Mark A. Peterson（1997）、Kwangsoo Ko & Taejin Lim（2006）、Eran Haruvy & Charles N. Noussair（2006）等〕。Kwangsoo Ko & Taejin Lim（2006）研究了卖空对日本股票市场的影响，实证发现，卖空并不是市场的非稳定因素，在缺乏做市商的情况下是一种可接受的交易形式；同时，卖空信息并不能作为预测股市走势的指标；Eran Haruvy & Charles N. Noussair（2006）认为，公司管理层和监管机构都想方设法限制投资者对股票进行卖空，而卖空可能仅仅使股票价格回到正常水平。由此，他们采用了 Nasdaq 可以区分交易者身份的数据，以区别做市商和普通投资者的卖空行为。他们的实证结果发现，股票日内回报与投机者卖空行为之间的关系依赖于卖空的水平，当卖空水平达 10% 以上后，日内回报明显是负数。低于这个水平的卖空则对日内收益不影响[2]。基于研

---

① 最早的股票做空交易是 1609 年荷兰交易员 Isaac Le Maire 对荷兰联合东印度公司（VOC）进行的。具体见：Oscar Gelderblom & Joost Jonker；Completing a Financial Revolution：The Finance of the Dutch East India Trade & the Rise of the Amsterdam Capital Market，pp. 1595 – 1612, *The Journal of Economic History*. 64（2004），03（September），pp. 641 – 672。

② Ernan Haruvy and Charles N. Noussair（2006），The Effect of Short Selling on Bubbles and Crashes in Experimental Spot Asset Markets，The Journal of Finance，Vol. LXI，No. 3. Juen 2006。

究者的结论和平均各国卖空水平为 5% 的事实，美国证交会在 2007 年废除了"报升规则"。

在本次次贷危机中，美国股市大幅度下跌，特别是银行金融类股票跌幅惊人，为重建投资者对市场的信心，2008 年 7 月 15 日，美国证交会宣布紧急措施，禁止针对 799 只金融股的"裸卖空"[①] 操作，并在短时间内数次修改规则，导致市场和学术界对美国证交会的激烈批评。Arturo Bris（2008）随后对此政策效果进行了研究，结果发现公司新发行股票，尤其是可转换债券诱发了卖空行为；虽然在研究期间，样本公司的股票表现明显比对照样本公司股票差，但其负收益并不是卖空导致的。另外，将卖空作为控制变量后，样本公司股票表现仍然比对照公司差[②]；在 2008 年 7 月 15 限制"裸卖空"之前，G19 股票市场质量比对照的美国金融股票差，这种差距并不是卖空导致的；"裸卖空"禁令开始实施以后，G19 股票日内收益率波动率下降，价差明显放大，这表明"裸卖空"禁令恶化了市场质量。

第五节　股指衍生品等金融创新的法律纠纷研究

在金融产业中，只要有公司创造出新的产品或服务方法，很快就会被同行业公开地复制或改进后使用，这种抄袭对于原创公司似乎并不会造成太大的困扰，因为客户群足够庞大，原创公司仍能获得不错的报酬，因此金融行业一直存在一种复制文化［Aaron Lucchetti（2000）[③]］。典型的如期货、期权等衍生品种的创新，当其他交易所发现这些交易产品能够为交易所带来大量收益时，便模仿或直接引入类似交易，唯一的

---

① 在正常的卖空活动中，投资者认定某只股票会下跌，通过卖出他们已经借入的股票，寄望稍后以较低的价格重新买入，并归还他人，从中赚取差价。而在"裸卖空"活动中，投资者仅仅"卖空"股票，但却从未借入任何股票。

② Arturo Bris（2008）, Short Selling Activity in Financial Stocks and the SEC July 15th Emergency Order, www.nccr-finrisk. uzh. ch/media/pdf/FS_ fall08_ Bris. pdf.

③ Aaron Lucchetti, Patent Poses Problem for Amex Exchange-Traded Funds, WALL ST. J., Sep. 20, 2000.

差别仅仅是交易时间、交易地点或交易货币。但是，随着金融全球化趋势带来的竞争加剧，许多公司发现长久以来共享金融创新产品和方法的业界习惯，不但已经成为他们申请专利的障碍，具有创新活力的小公司也可能因为金融创新未得到很好的保护而逐渐失去生存空间。因此，近年来，全球各国与金融创新相关的法律纠纷层出不穷，各国都尝试在不打击行业创新积极性的同时，保护好金融创新。随着国内经济的发展，虽然数量不多，但近年来国内机构的金融创新也正在逐步增长。2002年，"花旗银行在华抢注 19 项专利"事件在中国被报道后，震惊了中国金融业界，触发了国内商业银行对金融专利的重视。

一 金融创新法律纠纷案例研究

1889 年 1 月，IBM 公司创始人 Herman Hollerith 向美国专利局申请的三个关于统计数据和商业数据制作和处理方法的专利，是美国历史上与金融相关的第一个专利。在随后的 100 年内，美国的金融专利申请发展缓慢，这种局面一直持续到 20 世纪 90 年代后期。1998 年 7 月，State Street Bank and Trust v. Signature Financial Group 一案的判决对美国金融业产生了巨大的震撼，该案判决以后，美国金融产品专利申请及授权数量迅速增加。

美国专利局 USPTO 的数据显示，2002 年至 2008 年间，金融专利的申请数量以 11% 的速度增长，而批准量则以 34% 的速度增长。随之而来的是金融专利纠纷急剧上升，金融机构正日益受到专利诉讼的困扰。

（一）美国证券交易所 V. 摩根斯坦利

1993 年 1 月 29 日，美国证券交易所（以下简称 AMEX）首先在市场推出金融创新产品——标准普尔指数股票型基金（ETF – SPDRs）。该产品一上市即受到投资者追捧，数据显示，当时全球的资产管理总值为八亿一千一百万美元，而 ETF – SPDRs 资产管理规模总值高达四亿六千万美元。1994 年，摩根斯坦利向美国证监会申请发行一个全球股指标杆基金（World Equity Benchmarks 简称为 WEBs Funds），标的为其子公司摩根斯坦利资本国际公司编制的外国股价指数。根据美国 1940 年

《投资公司法》的规定，公司在发行产品前必须提供详细的产品说明，并在三天内向公众公开。1998 年，摩根斯坦利的创始人 Kenneth Kiron 和 Kevin Bander 就上述基金组合方法申请的 685 号专利得到了专利局认可①。1999 年，两位创始人声称美国证券交易所 AMEX 侵害了其 685 专利权，要求 AMEX 购买产品使用许可证，涉及的 ETFs 产品有 iShare funds、SPDR funds、streetTRACKS funds，以及 VIPERS funds。

1999 年 8 月，AMEX 起诉摩根斯坦利，要求法院判决 685 专利无效。AMEX 认为摩根斯坦利的 685 号专利内容早前已经因为 WEBs fund 产品向证管会申请文件的公开，而成为被先前抢占的技术（prior antici-pating art），专利产品不具新颖（novel）性。摩根斯坦利反驳了 AMEX 的观点，并把包括芝加哥股票交易所在内的另外 11 个涉及 ETFs 产品的交易所告上法庭。

2003 年 2 月，纽约南区地方法院判决 685 专利无效。判决认为，专利法 §102 规定的印刷刊物（printed publication）指有兴趣而具有该领域一般技术的人能够以合理方式取得的，是否为印刷物由司法个案决定，如果连在德国大学图书馆中的一份博士论文复印件都可以在 In re Hall 案中被认定为公众可获得的（publicly accessible），那在证监会（网站中）资料参考室的申请文件一样也是②。

（二）电子交易技术公司 eSpeed V. 全球主要期货交易所

eSpeed 是研发和销售金融软件的电子技术公司，公司高层认为公司严重依赖知识产权法律以获得业务的可持续发展。2001 年 4 月，eSpeed 支付 300 万美元从金融公司 ETS 处获得 No. 4903201 专利（简称 201 号专利），该专利是关于期货在线交易的方法。由于之前 ETS 起诉美国三大商品期货交易所（CME，NYMEX，CMT）和一些交易公司侵犯了其 201 专利权，因此，eSpeed 买入该专利后继续了上述法律诉讼，要求上

---

① 专利名为 Open End Mutual Fund Securitization Process，见 Press Release，Am. Stock Exch.，American Stock Exchange Celebrates 10 Years of the SPDR （Jan. 29, 2003），http：//www. amex. com/atamex/news/press/sn_ SPDR_ 012903. htm。

② AMEX v. MOPEX，supra note 268 at 328。

述进行期货电子交易的侵权机构支付专利费。

eSpeed 对交易所的诉讼在金融业引起了巨大的震动，因为数据显示，在 2001 年 1 月至 2001 年 10 月期间，美国 16% 的商品期货都是通过电子交易进行的，并且该比例还在持续扩大。如果 eSpeed 胜诉，则意味着交易所以后要对每一笔电子交易付费，这将导致期货的电子交易成本非常高昂。另外，其他期货交易所如巴黎泛欧交易所，洲际交易所，伦敦国际原油交易所等也将成为被告。很快，洲际交易所决定与 eSpeed 和解，支付 200 万美元购买了 5 年的专利使用权，并在该专利 2007 年到期前，对每一笔交易支付不等数额的版权税。随后，截至 2003 年 10 月，CBOT，CME，NYMEX 等美国国内交易所纷纷与 eSpeed 达成和解协议。

在上述诉讼和解之后，有人发现芝加哥气候交易所（Chicago Climate Exchange）创办人、金融期货之父——Richard Sandor 于 1969 年写的一篇论文中，早已提出了期货网络在线交易，而 1970 年《金融时报》的一篇文章中还讨论了他发明的期货网络在线交易细节，其中的细节足以挑战 201 专利的有效性[①]。

（三）金融创新专利纠纷增加的原因分析

1. 专利钓饵（patent troll）的出现

从上述 2 个案例以及其他相关案例可以看到，通过金融工程和计算机处理技术创造的新金融产品和创新交易方式都能够成为专利客体，受到专利法规保护。但目前各国金融行业面临的问题是，在 20 世纪 70 年代以后大量出现的金融创新，发明者由于缺乏专利保护意识并没有申请专利。正如美国证券交易所 V. 摩根斯坦利的案例中，虽然 AMEX 全球第一个推出金融创新产品 ETFs，但因为没有主动申请专利，导致摩根斯坦利捷足先登。

上文提及，1998 年 7 月，State Street Bank and Trust v. Signature Fi-

---

① "Sandor's Document May Challenge eSpeed's Wagner Patent," Securities Week, Vol. 29, No. 36（September 9, 2002）.

nancial Group 一案的判决以后，美国金融产品专利申请及授权数量迅速
增加。与此同时，关于金融专利的纠纷也随之增加，余翔、张玉蓉
（2008）认为这其中部分的原因是"专利钓饵（patent troll）"的出现[①]。
Elizebeth D. Ferrill（2005）引用 Intel 法律顾问 Peter Detkin 对其的定义：
某人或公司设法通过专利获取大量收入，但他们并没有从事与该专利相
关的业务，也没有从事与该专利相关业务的打算，并且基本上从未从事
任何相关业务。即一些个人或公司利用以前专利发展的制度漏洞申请专
利，然后起诉正在从事相关金融业务的公司[②]。Lerner（2006）对美国
1976 年至 2005 年间发生的金融专利诉讼研究显示，金融行业遭受专利
诉讼的可能性是非金融专利的 27 倍左右。在已经发生的金融专利诉讼
案件中，大多数原告方是小规模公司和私人公司，而被告多是知名金融
机构和金融或商品交易所。这些个人和私人公司利用专利制度的不完
善，来获得并非高质量的金融专利，并利用这些专利进行诉讼和获取
暴利[③]。

2. 新颖性审查的困难

虽然各国法规、司法或实务中对新颖性已经有明确的判断标准，
但在审查过程中，新颖性的判断仍然面临诸多实际困难。专利授权审
查过程中受到专利审查员的素质、专利审查的时间、专利文献的有限
性等因素的限制，导致了专利授权质量不高的问题，专利过多过滥，
有的明显无效，有的保护范围过宽，那些属于公有领域的公知技术也
成了专利保护的对象。如在电子交易技术公司 eSpeed V. 全球主要期货
交易所的案例中，以前非电子化资料的存储问题，使得不一定具有相关
领域专业知识的专利审查人员在搜索资料时常有疏漏，导致不具新颖性

---

① 余翔、张玉蓉：《金融专利新战略："专利钓饵"及其防范》，《研究与发展管理》，2008，Vol. 20，No. 3，pp. 100 – 105。
② Elizebeth D. Ferrill, Patent investment trusts: Let s build a PIT to catch the patent trolls. *North Carolina Journal of Law& Technology*，2005（6）：367 – 382.
③ Lerner, J.（2006）. "Trolls on State Street? The Litigation of Financial Patents, 1976 – 2005." Boston, MA: Harvard Business School, manuscript. www. people. hbs. edu/jlerner/Trolls. pdf.

的专利被许可。

一些国家为了解决新颖性审查的难题，已经采取了一些措施，如与其他国家就资料库进行联网与合作，要求审查人员扩大资料审查范围，引进行业专家进行评估等模式。

二　关于金融创新纠纷的思考

众多的研究者从不同产业角度进行的研究显示，专利能够促使企业进行研发，而在新知识经济时代，研发投入与技术创新对于国家发展有显著的重要性，不断的创新能使经济不断增长。不过，专利是一个双面刃，BH. Hall（2009）认为，专利虽然能够为研发带来动力，为资源有限的小公司带来发展机遇，以及能够形成促进智力资本的市场化等，但另一方面，专利会给社会带来成本：阻碍新思想和发明整合、提高交易成本，导致短期垄断等。特别的，如果金融创新专利持有人是非金融公司的话，则更会给整个金融行业带来负面影响[1]。Hall，Thoma & Torrisi（2009）研究发现，与美国情况类似，在欧洲，绝大部分金融创新专利的持有者是金融部门的大机构，此局面不利于全球金融创新与发展[2]。

如果 Fischer Black 和 Myron Scholes 将 1973 年发明的布兰克－斯科尔斯期权定价模型申请专利的话，虽然他们可能已经获取巨额专利使用费，但全球衍生品市场可能就不会有今天这样发达了。正是因为有 Fischer Black 和 Myron Scholes 等发明人无私的奉献，才促进了全球金融产品的多样化和持续快速增长的交易量。

从金融创新历史看，新金融产品的互相抄袭并没有阻碍全球金融业的蓬勃发展。一个新金融产品如果能够获得投资者青睐，金融发行机构很快就能够以产生的交易中获得的佣金、手续费等收入抵补研发成本。

---

[1]　Bronwyn H. Hall, Business and Financial Method Patents, Innovation, and Policy, http: //www. nber. org/papers/w14868.

[2]　Hall, Bronwyn H. , Thoma, Grid and Torrisi（2009）, Salvatore, Financial Patenting in Europe. *European Management Review*, Vol. 6, Issue 1, pp. 45 – 63, 2009.

另外，金融业提供的产品和服务与一般制造业有很大差异，如何促进交易、产生足够的流动性是金融行业考虑的首要问题。一旦创新金融产品专利申请成为潮流，则投资者需要支付的手续费、管理费等交易成本增加，明显会影响投资者选择，进而可能导致交易不足，则该商品的创新可能并不算成功。更为严重的是，如果是类似于布兰克—斯科尔斯期权定价模型这种基础金融工程技术，则可能对全球的金融创新与发展都会产生较大的负面影响。因此，如何平衡金融创新的法律保护与金融业整体发展值得各国立法者进一步思考。

第六节　小结

20 世纪 70 年代以来，金融创新使全球金融业发生了翻天覆地的变化。一方面，金融创新增加了市场效率、促进了整体或区域经济的发展，是经济增长的引擎。但另一方面，金融创新的作用却并不总是积极的，金融创新有可能传染和累积风险，尤其是在新兴市场，金融创新有可能带来金融危机 [Allen & Carletti（2006）[①]]。

在经济和金融稳定发展期，投资者和监管者都急于希望交易所或做市商推出各种创新金融产品，以增加投资渠道，活跃市场。但当发生金融危机时，金融创新往往成为导致危机的替罪羊 [Grellan O'Kelly（2008）[②]]，由此导致监管者对相关金融创新产品的严厉监管。但金融创新势不可挡，美国专利局 USPTO 的数据显示，2002 年至 2008 年间，金融专利的申请数量以 11% 的速度增长，而批准量则以 34% 的速度增长。同时，以股指期货为首的衍生品交易不管是增长速度还是交易量都远超现货投资品种。

Kane（1986）提出了"管制辩证过程"（regulatory dialectic），即监

[①] Allen, F. and E. Carletti. (2006), "Credit Risk Transfer and Contagion." *Journal of Monetary Economics* 53 (1): pp. 89 – 111.

[②] http://www.accountancyireland.ie/Archive/2008/December – 2008/Financial – Derivatives – Villain – or – Scapegoat/.

管—创新—再监管—再创新的动态博弈。虽然监管者力争通过监管将总体金融风险降到最低，但当监管者制定管理措施来规范被管制者行为时，被管制者则会寻求创新以规避监管。特别是处在金融监管视线范围之外的 OTC 交易和相关衍生品表外业务，只有风险出现以后才被监管者察觉，在投资全球化的今天潜伏着加剧金融风险的危险。2004 年中海油期权巨额亏损事件以及 2009 年中信泰富的澳元累计期权亏损案例就是最好的证明。因此，如何在不打击金融创新正面作用的同时，强化对表外业务和 OTC 市场的金融监管是下一步各国预防金融危机及其风险扩散的重要任务。

第四章

股指衍生品发展的国际经验

第一节　股指衍生品的成功失败经验

不论是商品衍生品，还是股指衍生品，从全球衍生品市场看，衍生品合约因交易量低迷而下市并非罕见之事。近年来，全球各国交易所为了增加竞争力，纷纷推出各类衍生品种以吸引交易者。但由于各种原因，这些衍生品不一定成功，交易所最后不得不让其退市或者进行合约修改，如新加坡交易所因新华富时 A50 指数期货交易量低迷修改合约规模，以及 2008 年 12 月香港交易所退市的恒生中国 H 股金融行业指数期货及新华富时中国 25 指数期货、期权等（见表 4 - 1）。

早前，Silber（1981）的研究也指出，有 2/3 ~ 3/4 新上市的期货合约，因为无法获得足够的交易量最终导致期货合约的失败[1]；Corkish et al.（1997）对 LIFFE 交易所 1982 ~ 1994 年新上市的 25 个金融衍生品合约的研究发现，有 12 个合约在这期间退市，新衍生品合约失败率高达 48%[2]。

衍生品合约的设计、测试、审批、促销需要耗费大量的人力物力，

---

[1] Silber, W. L. (1981), "Innovation, Competition, and New Contract Design in Futures Markets", *Journal of Futures Markets*, Vol. 1, pp. 123 - 155.

[2] Corkish, J., A. Holland and A. F. Vila (1997), "The Determinants of Successful Financial Innovation: An Empirical Analysis of Futures Innovation on LIFFE", Bank of England Working Papers, no. 70, pp. 1 - 35.

如果交易所开发的衍生品合约不能成功的话，不仅浪费了大量成本，同时也会影响其竞争力。

一　衍生品成功与失败的定义

什么是成功的衍生品合约？研究者从不同的角度对衍生品的成功进行了定义，他们关注的角度主要包括成交量、持仓量或避险效率。

如 Sandor（1973）把每年能否成交 1000 手作为合约是否成功的分界点[①]。Silber（1981）认为，从交易所角度看，产品成功的标准就是这个合约能不能为交易所赚钱，而从整个社会的角度则需要考虑成本和收益问题。具体的，他认为，一个合约如果能够长期在市场上交易，合约在上市后第三年起每年要有 10000 手以上的交易量。对于为什么选择 10000 手作为标准，他认为这是一个合约不太可能被交易所下市的交易量；Dew（1981）对 Silber（1981）的研究进行了商榷，他以长期国债和黄金每天高达 10000 手的交易量为例，认为 Silber（1981）的成功定义要求太低，他认为每天交易量至少在 10000 以上才能被认为是成功的。同时，新合约在推出 3 年后就判定是否成功时间过短，并以芝加哥商品交易所的活牛合约为例反证；随着衍生品市场的活跃，交易量越来越大，对成功合约的交易量要求也越来越高[②]。Holder et al.（1999）以 1997 年 7 月~1998 年 7 月为期间，研究不同国家 28 种的金融期货时，将一个月有 10000 手以上交易量的合约定义为成功的期货合约[③]。

另一些学者则认为除了考虑交易量以外，持仓量也需要同时考虑。如，Black（1986）将华尔街日报是否将合约成交细节每天公布在金融栏目上作为该合约是否成功的标准。而华尔街在其版面公布合约的标准

---

① Sandor, R. L. （1973）, "Innovation by an Exchange: A Case study of the Development of the Plywood Futures Contract," *Journal of Law and Economics*, 16, pp. 119 – 136.

② Dew, J. K. , 1981, "Comments on" Innovation, competition, and new contract design in futures markets, *The Journal of Futures Markets*, Vol. 1, pp. 161 – 167.

③ Holder, M. E. , M. J. Tomas and R. I. Webb（1999）, "Winners and losers: recent competition among futures exchanges for equivalent financial contract markets", Derivatives Quarterly, Vol. 6, pp. 19 – 27.

是：每天持仓量超过 5000 手，交易量超过 1000 手[①]；另外，虽然没有给出具体的资料，但 Brorsen & Fofana （2001） 认为一个成功的合约必须维持高成交量与高持仓量[②]。

近 10 年来，随着经济和投资的全球化，全球衍生品交易量以平均每年 20% 的速度上升。以全球股指期货期权为例，美国期货业协会 FIA 的最新年报数据显示，2008 年排名第 20 的产品 CAC 40 指数期货虽然与排名第一的 Kospi 200 期权 （交易量 2766474404 手） 相比仅 49242000 手，但以 250 个交易日计算，每天交易量也高达 196968 手。因此，早期研究者提出的将每年、每月或每天 10000 手交易量作为成功合约的标准已经脱离市场实际。

而对于衍生品合约的失败，研究者并没有一个统一的定义，但明显的事实是，如果一个合约如果退市或下市的话，则可以认为该合约是失败的。另一种情况则是：如果一个合约上市后交易量很低，交易所不得不修改合约重新挂牌交易，则我们可以认为低交易量的合约和未修改前的合约是失败的 （如表 4 - 1）[③]。

表 4 - 1　近年来部分不成功股指衍生品合约统计

合约名称	所属交易所	上市时间	退市/合约修改时间	处理方法
FVSX/FVDX/FVSM 等三个波动率指数期货	欧洲期货与期权交易所	2005 年 9 月 19 日	2009 年 7 月 1 日	退　市

---

① Black, D. G. （1986）, "Success and Failure of Futures Contracts: Theory and Empirical Evidence", Monograph No. 1986 - 1, Monograph Series in Finance and Economics, Salomon Brothers Center for the Study of Financial Institutions, Graduate School of Business Administration, New York University.

② B. Wade Brorsen and N' Zue F. Fofana （2001）, "Success and Failure of Agricultural Futures Contracts", *Journal of Agribusiness* 19, 2 （Fall 2001）: 129S145.

③ 某合约新增迷你型合约与对原合约规模进行缩减有本质的不同。一般而言，某合约本身已有一定的影响，但为了吸引小资金投资者而新增迷你型合约，但原合约仍继续交易，如 S&P500 指数期货及其迷你合约；但因为交易量原因对原合约规模进行缩减后，原合约不再交易。如 COMEX 的银期货以及新加坡交易所的新华富时 A50 指数期货。因此，本研究将进行过规模缩减的原合约视为不成功。

合约名称	所属交易所	上市时间	退市/合约修改时间	处理方法
恒生中国 H 股金融行业指数期货	香港期货交易所 HKEX	2007 年 4 月 16 日	2008 年 12 月 23 日	退市
新华富时中国 25 指数期货\期权	香港期货交易所 HKEX	2005 年 5 月 23 日	2008 年 12 月 23 日	退市
Russell 2000 股指期货/期权及 mini-Russell 2000 期货/期权电子盘	芝加哥商品交易所 CME	标准合约：1993 年 2 月 4 日　Mini 合约：2006 年 6 月 16 日	2008 年 9 月 21 日	退市
新华富时 A50 指数期货	新加坡交易所 SGX	2006 年 9 月 5 日	2007 年 11 月 19 日	缩小合约规模
US dollar/Canadian dollar 等 12 个外汇期货期权	洲际交易所 ICE	NA	2007 年 10 月 10 日	退市

资料来源：自行收集整理于各交易所公告。

二　影响衍生品合约成功的因素

Black （1986）[①]、Barclay & Noll （1992）、Pennings （1998）[②]、Brorsen & Fofana （2001）[③] 等学者从不同角度对影响衍生品成功的因素进行了研究。Barclay & Noll （1992）考察了期货、期权等衍生品的成功因素。首先给出了他们的"成功"定义：一个国家中交易所交易的权益衍生品交易量高出该国基础权益市场的交易量。他们认为有三种成功因素，但是他们并没有给出任何数据。第一个因素是交易衍生品相对于

---

① Black，D. G. （1986），"Success and Failure of Futures Contracts：Theory and Empirical Evidence"，Monograph No. 1986 – 1，Monograph Series in Finance and Economics，Salomon Brothers Center for the Study of Financial Institutions，Graduate School of Business Administration，New York University.

② Pennings，J. M. E. and R. M. Leuthold （2001），"Introducing New Futures Contracts：Reinforcement Versus Cannibalism"，*Journal of International Money and Finance*，Vol. 20，pp. 659 – 675.

③ B. Wade Brorsen and N' Zue F. Fofana （2001），"Success and Failure of Agricultural Futures Contracts"，*Journal of Agribusiness* 19，2 （Fall 2001）：129S145.

交易基础股票的成本。如果衍生品提供了以较低成本交易股票的途径，衍生品市场就有可能成功。第二个因素是外国交易者在现货市场的参与程度。外国投资者更愿意使用衍生品来实施其全球投资战略。第三个因素是现货市场的价格波动性。现货市场的价格越发波动，衍生品就更加受到欢迎。

以上三种因素在很大程度上都是在市场控制之外的。其中第一个因素可以用现货交易额与现货市值比率来表示。该比率越高，对衍生品的潜在需求也越高。第二个因素可以考虑现货市值。对衍生品的需求必须达到一定的规模才能弥补创建衍生品交易所的固定成本。最后一个因素就是现货市值占 GDP 比率的增长率。假设 GDP 不降低，该比率的快速增长预示着现货市场的规模在增长，这也将扩大对包括衍生品等的风险管理工具的需求。

他们还研究了总体上市场可以控制的三种因素。这三种因素促进了现货和衍生品市场间的套利，从而保证市场相互之间是合理定价的。他们同时也与权益衍生品市场的成功相关联。其中第一个因素是现货市场的透明度。现货市场的透明度越高，交易者就更容易获得信息，市场间的联系度就更紧密。第一个因素是衍生品最终结算价格的计算。如果结算价是某一时点的市场价格，而不是时间段的平均价，这就使套利部位可以准确按照结算价平仓了结，从而降低套利交易的风险。最后一个因素是当能够交易篮子股票、沽空股票和在衍生品和现货市场之间实施交叉保证金（Cross Margin），则可以方便套利行为的发生。最后，研究发现一个有成功的衍生品市场的国家往往也同时建立了的期货和期权市场。

不过总体而言，可以归结为三个大的角度：①现货标的本身的特点；②合约本身特点；③其他因素。以下分别进行讨论。

（一）标的现货的特征

1. 现货规模

期货等衍生品产生的本质原因是现货需要避险工具。因此，现货规模越大，利用对应的期货等衍生品进行避险、套利以及投机的潜在交易量就越大。另外，一定规模的现货使做市商能够低风险和低价差地吸纳订单，吸引投资者参与市场交易。故此，标的现货的规模一定程度决定了其衍生品的成功。

很多学者对现货规模与衍生品交易量之间的关系进行了实证研究。早期，Carlton（1984）认为，现货市场上参与者越多，则对应的期货交易量越大；同时，生产商贸易商等持有的现货的价值越大，则他们参与期货市场保值的动机越强，因此标的现货市场总成交值较大，期货的交易量也会相对较大[①]；Kolb（1997）以股指期货的交易量持仓持续上升为例说明，一个期货合约成功的必要条件是其现货标的市场的规模足够大[②]；随后，Corkish et al.（1997）[③] 和 Brorsen & Fofana（2001）等通过数量经济模型进行的实证研究也显示，现货市场规模与期货的成交量和未平仓量之间成显著的正相关关系[④]。

2. 现货的波动情况

汇率、利率，以及商品等现货价格的波动本身就是期货、期权等金融创新产品出现的主要动力 [Smith，Smithson，& Wilford（1990）[⑤]]。第二次世界大战后随着布雷顿森林体系的解体，20 世纪 70 年代初国际经济形势发生急剧变化，固定汇率制被浮动汇率制取代，利率管制等金融管制政策逐渐取消，汇率、利率频繁剧烈波动。为了迎合投资者规避汇率风险的需求，1972 年 5 月芝加哥商业交易所（CME）创新推出全球第一个汇率期货品种，开始了全球金融衍生

---

① Carlton, D. W., (1984), "Futures Markets: Their Purpose, Their History, Their Growth, Their Successes and Failures", *Journal of Futures Markets*, Vol. 4, pp. 237 - 271.

② Kolb, R. W. (1997), Understanding Futures Markets, 5ᵗʰ rd edition. Cambridge, MA Blackwell Publishers.

③ Corkish, J., A. Holland and A. F. Vila (1997), "The Determinants of Successful Financial Innovation: An Empirical Analysis of Futures Innovation on LIFFE", Bank of England Working Papers, no. 70, pp. 1 - 35.

④ B. Wade Brorsen and N' Zue F. Fofana (2001), "Success and Failure of Agricultural Futures Contracts", *Journal of Agribusiness* 19, 2 (Fall 2001): 129S145.

⑤ Smith, C., C. Smithson and D. Wilford (1990), Managing Financial Risk (Harper Business, New York).

品的创新之路。

关于现货价格波动与相关衍生品交易量之间关系的研究，早期，Telser（1981）利用成本利润理论研究标的商品价格波动情况与期货交易量之间的关系，发现标的价格波动性下降会导致避险需求减少，从而降低避险交易量；进一步的，低的期货交易量会增加价差，减少市场流动性，导致交易成本上升，进一步恶化期货交易量，并最终导致期货市场没有交易量[①]；Kolb（1997）以美国经济期货交易所 1984 年推出的 CPI 指数期货为例，说明当时美国正好由 80 年代初原油危机导致的高通货膨胀进入了低通货膨胀时期，加上 CPI 指数本身的波动率很低，导致该合约两年后退市。因此，他认为，如果现货市场没有足够的波动性，则期货市场对于要通过该合约避险的潜在交易者吸引不足[②]。

Niclas Hagelin（2000）对 OMX 指数期权交易量与其现货波动之间的关系研究发现，OMX 现货指数波动增加以后，其对应的指数期权交易量明显增加[③]。JIAN YANG et al.（2005）研究发现，当现货市场波动增加后，期货市场的交易量和持仓量都会增加[④]。Ki Yool Ohk et al.（2008）对全球交易量最大的金融衍生品——韩国 KOPSI 200 指数期权的研究发现，标的股票市场的波动幅度是决定指数期权交易量的关键因素，标的股票市场的波动与期权的交易量成显著的正相关关系[⑤]。

① Telser, L. G., (1981), "Why There are Organized Futures Markets", *Journal of Law and Economics*, Vol. 24, pp. 1 – 22.

② Kolb, R. W. (1997), Understanding Futures Markets, 5th rd edition. Cambridge, MA Blackwell Publishers.

③ Niclas Hagelin (2000), Index Option Market Activity and Cash Market Volatility under Different Market Conditions: An Empirical Study from Sweden," *Applied Financial Economics*, *Taylor and Francis Journals*, Vol. 10 (6), pp. 597 – 613, December.

④ JIAN YANG, R. BRIAN BALYEAT AND DAVID J. LEATHAM (2005), Futures Trading Activity and Commodity Cash Price Volatility, *Journal of Business Finance & Accounting*, 32 (1) & (2), January/March 2005.

⑤ Ki Yool Ohka, Woo Ae Jangb, and Yong H. Kimc (2008), "Option-Trading Activity and Stock Price Volatility: A Regime-Switching GARCH Model", www. korfin. org/data/p _ journal/2008 – N20. pdf.

（二）合约本身的特征

1. 先行者优势（First-Mover Advantage）

最早进行某项新技术研发者、最早开发出某产品者、最早对某国进行直接投资者等都被称为"先行者"。随着产业组织经济学和博弈论的兴起，其概念也广泛应用于战略管理、市场营销和经济学领域。而先行者优势指领先于其他公司推出的产品相对容易获得成功。Lieberman & Montgmery（1988）认为，先行者可以实现规模经济（economy of scale）与范围经济（economy of scope），在顾客中建立领导者声誉，获取最好的感性认知和分销管道。并将优势的来源分为三个方面：资源先取（preemption of resources）、技术领导者（technological leadership）和顾客转换成本（buyer switching costs）[1]。

先行者优势较为知名的案例是关于日经指数期货合约的竞争：新加坡国际金融交易所（SIMEX）1986 年先行推出日经 225 指数期货交易，而日本国内 1988 年以后才推出日经 225 股指期货交易，1990 年，美国的芝加哥商业交易所（CME）也推出日经 225 指数期货交易，形成三家共同交易日经 225 指数的局面。由于新加坡推出较早，具有先行者优势，因此在影响力和交易量方面一直保持领先地位。

对衍生品合约而言，先行者为后来者制造的障碍主要是流动性障碍。如 Black（1986）[2]、Economides & Siow（1985）[3] 早期的研究指出，对于一个新期货合约，如市场上已存在避险或套利的方式，则新合约将很难在市场中竞争，即使在理论上新合约的避险更好；Cuny（1993）认为先行者优势的存在使得后来者不能获得关键的市场交易量份额，除非市场

---

[1]　Lieberman, M. B. & Montgomery, D. B. (1988), *First Mover Advantages. Strategic Management Journal*, 9, pp. 41 – 58.

[2]　Black, D. G., (1986), "Success and Failure of Futures Contracts: Theory and Empirical Evidence", Monograph No. 1986 – 1, Monograph Series in Finance and Economics, Salomon Brothers Center for the Study of Financial Institutions, Graduate School of Business Administration, New York University.

[3]　Economides, N. and A. Siow, (1985), "Liquidity and the Success of Futures Markets", Working Paper Series #CSFM – 118, Columbia University, September.

是分割的或市场结构和监管不同。如果后来者获得成功的话，则可能通过延长交易时间和提供了两个合约间的套利机会对先行者提供利益[1]。

随后，Corkish et al. （1997）对先行者优势进行了统计研究，发现 LIFFE 交易所 1982～1994 年开发的 25 个合约中，11 个先行者合约中有 8 个到了 1994 年仍有交易，比率高达 73%，而非先行者的 14 个合约中仅有 5 个还在交易，其余都已经退市，因此，认为先行者优势确实是存在的[2]。

Euna Shim （2006）则认为，由于市场参与者担心合约的流动性问题，因此不太愿意从一个已经在交易的合约转向同类的另一个新开发合约。因此，先行者优势导致的结果就是：开发新合约很少可能成功；或介绍新的交易系统不被参与者所接受。上述观点与早前 Silber （1981）的观点一致，Silber （1981）在分析期货交易所间竞争时认为，先行者优势会导致后来者因不能吸引到足够的市场参与者而出现流动性障碍。为了竞争，一些后来者在开发同类期货合约时会缩减合约大小增加吸引力（即后来统称的迷你合约）。

2. 交易成本

金融产品的交易成本主要包括两个方面：交易费用和流动性成本，交易费用包括交易税和经纪公司收取的手续费等，而流动性成本指买卖合约时的价差。很多实证显示，增加投资者的交易成本，会降低投资者进场意愿，从而降低市场流动性，并最终导致相关衍生品品种的国际竞争力。比如，Ki Yool Ohk et al. （2008）在对韩国 KOPSI 200 指数期权交易量与现货市场波动间关系的研究过程中发现，由于期权市场的杠杆交易和更低的交易成本，知情交易者更愿意选择期权而不是现货市场[3]。

---

[1] Cuny, C. J., (1993), "The Role of Liquidity in Futures Market Innovations", *Review of Financial Studies*, Vol. 6, pp. 57 – 78.

[2] Corkish, J., A. Holland and A. F. Vila, (1997), "The Determinants of Successful Financial Innovation: An Empirical Analysis of Futures Innovation on LIFFE", Bank of England Working Papers, no. 70, pp. 1 – 35.

[3] Ki Yool Ohka、Woo Ae Jangb, and Yong H. Kimc (2008), "Option-Trading Activity and Stock Price Volatility: A Regime-Switching GARCH Model", www. korfin. org/data/p_journal/2008 – N20. pdf.

Pravakar Sahoo et al.（2008）对铜、原油、豆油等期货产品的研究发现，交易成本与价格波动有显著的正相关关系，与交易量有显著的负相关关系[①]。

（1）交易费用

交易费用包括交易税和经纪公司收取的手续费，目前除中国台湾地区和芬兰期货交易所外，全球大部分地区都取消了交易税。实证研究显示，增加交易税一般会导致交易量下降，增加价差，并最终导致该品种竞争力下降。如 Schwert & Seguin（1993）[②]、Edwards（1993）[③]、Wang & Yau（2000）[④] 等。近年来，随着投资全球化，各国交易所之间竞争加剧，交易所纷纷采取降低税收等措施吸引投资者进场交易。

Nikkei 225 股指期货同时在 OSE、SGX 和 CME 三个交易所交易，Ito & Lin（2001）研究了其竞争情况及结果，发现1990年时，Nikkei 225 超过95%的交易量产生在 OSE，但1991年时，OSE 三次调升保证金，而 SIMEX 两次调降保证金。因此到了1994年，SIMEX 的 Nikkei 225 期货交易量上升至 OSE 的一半。他们随即利用 GARCH 模型进行分析，发现在期货市场中，降低保证金需求（或者交易所的手续费）能够明显增加交易量。正因为如此，从1991到1993年，OSE 和 SIMEX 调整保证金需求的方向相反，造成了 OSE 成交量下降和 SIMEX 成交量上升[⑤]。

Chou & Lee（2001）对比研究了同样有台湾股指期货上市的 SGX 和 TAIFEX 两家不同交易所，发现 TAIFEX 在1990年5月1日将期货交

---

① Pravakar Sahoo, Rajiv Kumar（2008）, Impact of Proposed Commodity Transaction Tax on Futures Trading in India." http://ideas. repec. org/p/ess/wpaper/id1593. html.

② Schwert, G. W. and P. J. Seguin,（1993）, "Securities Transaction Taxes: An Overview of Costs, Benefits and Unresolved Questions", *Financial Analysts Journal*, Vol. 49, pp. 27 – 35.

③ Edward, F. R, 1988a. Does Futures Trading Increase Stock Market Volatility? *Financial Analysts Journal* 44, 63 – 69.

④ Wang, G. H. K. and J. Yau,（2000）, "Trading Volume, Bid – ask Spread, and Price Volatility in Futures Markets", *Journal of Futures Markets*, Vol. 20, pp. 943 – 970.

⑤ Ito T, Lin W L. Race to the Center: Competition for the Nikkei 225 Futures Trade. Journal of Empirical Finance, 2001, 8（3）: pp. 219 – 242.

易税由万分之 5 降至万分之 2.5 后，TAIFEX 的期货交易量成倍数增长，同时，与 SGX 相比，下调交易税后在交易量与市场效率方面都有所改善[①]。

为了增加政府收入，1993 年、2002 年和 2006 年美国政府多次向国会提交征收期货及衍生品交易税计划，但都引起了各大交易所的强烈反弹，导致计划未能获得通过。而 Chou & Wang（2006）的实证也显示美国政府上述政策是不明智之举。他们研究了台湾加权股指期货，结果显示，在期货交易税下调后，交易量会增加且买卖价差会减少，对价差拆解后分析发现，订单处理成本与交易价差皆会下降；另外，在交易税调降 50% 至万分之 2.5 后一年，政府部门交易税收收入只下降 13%，而且在交易税调降后第二年及第三年，交易税的收入甚至比调降前还高，也就是说，调降交易税对政府税收的影响在短期的确会减少，但长期看，交易量上升后导致总体税收上升[②]。

（2）流动性成本

衍生品合约的流动性成本较高也会阻碍投资者入市交易。Black（1986）认为当交叉避险市场有较高流动性时，会造成直接避险市场交易量不足，导致较高的流动性成本，因此一个成功的新合约必须有较低的流动性成本，流动性成本对期货的交易量与持仓量都会产生影响[③]。Tashjian & Weissman（1995）也认为成功的合约必须有较高的流动性，即较低的流动性成本[④]。Wang & Yau（2000）对台湾股

① Chou, R. K. and J. H. Lee (2002), "The Relative Efficiencies of Price Execution Between the Singapore Exchange and Taiwan Futures Exchange", *The Journal of Futures Markets*, Vol. 22: 173 – 196.

② Chou, R. K. and G. H. K. Wang (2006), "Transaction Tax and Market Quality of the Taiwan Stock Index Futures", *Journal of Futures Markets*, Vol. 6, pp. 1195 – 1216.

③ Black, D. G., (1986), "Success and Failure of Futures Contracts: Theory and Empirical Evidence", Monograph No. 1986 – 1, Monograph Series in Finance and Economics, Salomon Brothers Center for the Study of Financial Institutions, Graduate School of Business Administration, New York University.

④ Tashjian, E. and M. Weissman, (1995), "Advantages to Competing with Yourself: Why An Exchange Might Design Futures Contracts with Correlated Payoffs", *Journal of Financial Intermediation*, Vol. 4, pp. 133 – 157.

指期货市场的实证研究也发现，交易量与买卖价差则存在着反向关系①。

不过，一些学者认为流动性是合约成功的结果而不是原因。如Corkish et al. （1997） 通过对 1982 ~ 1994 年 LIFFE 期交所上市的期货商品买卖价差与期货交易量间的相关性进行研究，发现它们之间的相关性并不大，并解释导致该结果的原因可能是当交易的活跃程度超过某一个临界水平后，才会使得买卖价差缩小，因此，他们认为流动性成本降低是衍生品合约成功的结果而不是合约成功的原因②。上述结果与 Holland & Vila （1997） 的看法类似③。

3. 避险效率

期货的参与者一般可以分为两个大的类别：套期保值者和投机者。如果期货避险效率不高的话，则保值参与者较少，而仅有投机者参与的市场最终会因交易量不大而失败。因此，Ederington （1979）④ 和 Silber（1981）⑤ 认为如果期货合约能够反应套期保值者的需求，使避险风险相关性最大化，或避险绩效最大化，则合约成功可能性较大。随后，Tashjian & McConnell （1989） 等学者进行了进一步的研究，他们认为，避险效率非常重要，会影响期货的交易量和持仓量，是一个成功期货合约的必要条件⑥。

Chamber & Carter （1990） 认为，对保值者而言，能够提供有效保

---

① Wang, G. H. K. and J. Yau, (2000), "Trading Volume, Bid-ask Spread, and Price Volatility in Futures Markets", *Journal of Futures Markets*, Vol. 20, pp. 943 – 970.

② Corkish, J., A. Holland and A. F. Vila (1997), "The Determinants of Successful Financial Innovation: An Empirical Analysis of Futures Innovation on LIFFE", Bank of England Working Papers, no. 70, pp. 1 – 35.

③ Holland, A. and A. F. Vila (1997), "Features of a Successful Contract: Financial Futures on LIFFE", Bank of England Quarterly Bulletin, Vol. 37, pp. 181 – 186.

④ Ederington, L. H., 1979, "The Hedging Performance of the New Futures Markets", *Journal of Finance*, Vol. 34, pp. 157 – 170.

⑤ Silber, W. L. (1981), "Innovation, Competition, and New Contract Design in Futures Markets", *Journal of Futures Markets*, Vol. 1, pp. 123 – 155.

⑥ Tashjian, E. and J. J. McConnell, 1989, "Requiem for a Market: An Analysis of the Rise and Fall of a Financial Futures Contract", *Review of Financial Studies*, Vol. 2, pp. 1 – 23.

值策略的产品就是一个成功的期货产品；对投机者而言，能够"观察"
到足够的投机机会，则这个市场就是成功的①。Ahmet Karagozoglu
（1999）则从期货合约竞争的角度进行了研究，他认为，对于一个缺
乏先行者优势的新合约而言，成功的一个必要而非充分条件是对该
合约而言，要有足够的避险需求。如果该合约有足够的避险需求，
并且其交易成本方面的附加值超过其竞争合约，则其成功的可能性
很大②。

4. 合约规模大小

在 1997 年芝加哥交易所推出迷你 S&P 500 指数期货前，期货合约
都以传统规模进行交易。迷你 S&P 500 指数期货得到了投资组合的青
睐，随后，各交易所都纷纷模仿芝加哥交易所，对原期货合约进行迷你
化。Huang & Stoll （1998）认为更小的期货合约可以吸引因为资金规
模、担心风险等各种原因不能参与传统规模期货合约交易的投资者。过
大的合约规模（400 盎司）阻碍了小资金投机者参与市场，是导致芝加
哥交易所黄金期货失败的主要原因③。

Hasbrouck （2003）对 S&P 500 和 Nasdaq 100 指数期货的研究发现，
由于上述迷你电子（E – mini）合约的价差和比传统合约小，投资者持
仓兴趣开始向迷你电子合约转移④。类似的，Yiuman Tse et al. （2005）
发现迷你合约因为价差小，所以容易受到投资者青睐⑤。

Lars Nordén （2006）则研究了迷你期货产品的市场效率，他对
OMX 指数期货的实证研究发现，当该指数缩小 1/4 以后，其交易量和

① Chambers, S. and C. Carter （1990）, "U. S. Futures Exchanges as Nonprofit Entities", *The Journal of Futures Market*, 10：1 February，pp. 79 – 88.
② Karagozoglu, A. K. , Martell, T. F. , 1999. Changing the Size of a Futures Contract：Liquidity and Microstructure Effects. *Financial Review* 34，75 – 94.
③ Huang & Stoll （1998）, Is it Time to Split the S&P 500 Futures Contract? Financial Analysts Journal. January-February，pp. 23 – 35.
④ Hasbrouck, J. （2003）, "Intraday Price Formation in US Equity Index Market. Journal of Finance"，2003，58 （6），pp. 2375 – 2399.
⑤ Yiuman Tse, Ju Xiang （2005）, "Market Quality and Price Discovery：Introduction of the E – mini Energy Futures", *Global Finance Journal*, 16 pp. 164 – 179.

避险效率都有所上升，但交易成本没有变化①。

合约规模小容易得到投资者青睐，在实务界有很好的案例。韩国开发股指期权产品仅有 10 年左右时间，但其股指期权产品交易量已连续六年排在全球第一的位置，其成功的一个重要因素就是合约规模小，使得个人投资者的成交量占整个期权成交量的 60% 左右。

另一个案例是新加坡交易所的新华富时 A50 指数期货，该指数 2006年 9 月 5 日上市交易，但由于交易量低迷，2007 年 11 月 19 日新加坡交易所不得不对合约规模进行缩减以吸引投资者。合约规模减小后，短期内新华富时 A50 指数期货的交易量和持仓量有明显增加（见图 4 - 1）。

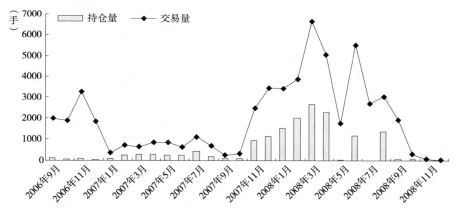

图 4 - 1　新加坡交易所新华富时 A50 指数期货交易量和持仓量
（2006 年 9 月 ~ 2008 年 12 月）

不过也有反其道而行之者，为满足更大规模的、电子化的交易产品的需要，2006 年 2 月 13 日，美国芝加哥期货交易所（CBOT）宣布，它将上市一个新的道琼斯指数期货品种，即"大"型道指期货合约（Big Dow ＄25 DJIA Index Futures），该合约已于 2006 年 3 月 20 日正式交易②。

---

① Lars Nordén (2006), "Does an Index Futures Split Enhance Trading Activity and Hedging Effectiveness of the Futures Contract?" *Journal of Futures Markets*, Volume 26 Issue 12 (2006), Pages 1169 – 1194.

② 见，http://www.cmegroup.com/trading/equity-index/us-index/big-dow-djia.html。

（三）其他影响因素

1. 交易方式

在证券市场和期货市场主要有两种交易模式：人工喊价（open out-cry trading）和电子交易（electronic trading）。近年来，随着 IT 技术的发展和交易所间的竞争，一些多年来采用传统人工交易的交易所也不得不顺应历史趋势，开始引入电子交易方式。典型的如成立 200 多年来的纽约证券交易所一直采用人工交易，但为了增加竞争力，2006 年开始引入电子交易；基于类似的理由，2001 年 2 月，伦敦商品交易所（LME）开始使用电子交易系统，允许 LME 的 1 类和 2 类会员交易 LME 期货和期权。Stephen Braverman（2004）研究指出，电子交易正在成为美国期货市场的主流交易方式，数据显示，1999 年美国市场仅有 5% 的交易通过电子交易达成，2003 年则已经高达 42%[①]。

与人工交易相比，实证研究发现电子交易能够增加衍生品交易的流动性，降低交易成本，电子交易已经主宰了众多衍生品市场价格的发现过程。Joseph Fung et al.（2003）对比了 2000 年 6 月恒生指数期货由人工喊价转变为电子交易后的变化，研究结果发现：采用电子交易方式后，恒生指数期货流动性增加，同时，由于交易的匿名性和交易速度的加快，吸引了知情交易者的参与提升了信息的流动性[②]。上述结果与 Guorong Jiang et al.（2002）早前的研究类似[③]；Luke Gareth B.（2004）对悉尼期货交易所的研究显示，交易所从场内的人工交易方式改革为电子交易后，做市商的交易成本有明显下降，同时，流动性有所改善。Domowitz（2002）的研究也发现，电子交易降低了做市商的操作和交易

---

① Stephen Braverman（2005），"Surveillance of Electronic Trading, Commodity Futures Trading Commission report"，www.cftc.gov.

② Johnston, and McConnell, "Requiem for a Market: An Analysis of the Rise and Fall of a Financial Futures Contract", *Rewei of Financial Studies*, 1989, Vol. 2, No. 1, 1 – 23.

③ Guorong Jiang & Nancy Tang & Eve Law, 2002. "Electronic Trading in Hong Kong and Its Impact on Market Functioning," BIS Papers Chapters, in: Bank for International Settlements (ed.), Market Functioning and Central Bank Policy, volume 12, pages 124 – 137 Bank for International Settlements.

系统成本，并且电子交易不会发生错单，而在人工交易时错单较为常见，增加了交易成本；AITKEN & HILL et al.（2004）研究了伦敦国际金融期货、悉尼期货交易所以及香港期货交易所由人工交易转换为电子交易后的市场质量，发现上述三个市场在引入电子交易后，流动性明显增加，交易成本明显下降[①]；Aysegul Ates & George H. K. Wang（2005）研究了芝加哥商品交易所 CME 采用混合交易方式（既可以电子交易，也可以人工交易）的日元、英镑和欧元期货，发现研究，电子交易主宰了价格发现（price discovery）过程，同时发现研究期间，上述衍生品合约交易量和持仓量都有显著增加[②]。呼应了 Hasbrouck（2003）早期对 S&P 500 迷你指数期货和 Nasdaq 100 指数衍生品市场的研究[③]。

2. 衍生品合约与现货标的地理位置关系

一些研究者实证发现，如果衍生品挂牌交易所与现货交易处于同一经济体或国家，则衍生品合约成功的可能性增加。Holder et al.（1999）以德国债券及其期货、欧洲美元期货及其标的产品为例，认为现货与其衍生品合约处于同一国家是衍生品合约成功的关键因素之一。他们通过模型实证后发现，衍生品交易所相对于标的现货市场的位置，确实是决定期交所之间竞争结果的重要因素[④]。Yu Chuan Huang（2004）对比研究了新加坡衍生品交易有限公司（Singapore Exchange Derivatives Trading Limited）和台湾期货交易所分别挂牌交易的台湾股票指数期货。新加坡

---

① Aitken，M.，A. Frino，A. Hill，E. Jarnecic. The Impact of Electronic Trading on Bid-ask Spreads：Evidence from Futures Markets in Hong Kong，London and Sydney//*Journal of Futures Markets*，2004. 24. pp. 675 – 696.

② Ates，Aysegul and Wang，George H. K.，Liquidity and the Evolution of Price Discovery on Floor versus Screen-Based Trading Systems：An Analysis of the Foreign Exchange Futures Markets（May 2005）. Available at SSRN：http：//ssrn. com/abstract = 754946 or http：//d x. doi. org/10. 2139/ssrn. 754946.

③ Hasbrouck，J.（2003），"Intraday Price Formation in US Equity Index Market"，*Journal of Finance*，2003，58（6），2375 – 2399.

④ Holder，M. E.，M. J. Tomas and R. I. Webb（1999），"Winners and Losers：Recent Competition Among Futures Exchanges for Equivalent Financial Contract Markets"，Derivatives Quarterly，Vol. 6，pp. 19 – 27.

交易所的交易开始于 1997 年 1 月 9 日，台湾期货交易所开始于 1998 年 7 月。早期，新加坡的先行者优势使得其交易量大于台湾期货交易所，但 2001 年开始，交易量逐渐向台湾期货交易所转移。说明现货标的与其衍生品合约处于同一地区确实能够影响其交易量[①]。

不过，值得一提的是关于指数衍生品异地上市其信息效率的研究结果，Booth et al. （1996）[②] 对大阪证券交易所 （OSE）、新加坡交易所 （SGX） 和芝加哥商品交易所 （CME） 上市交易的日 225 指数的相关研究表明，指数期货异地上市并没有影响其信息效率。

3. 其他角度

一些学者还从期货交易所相对规模、不同品种间套利机会，以及合约是否容易被操纵等角度对取得成功的合约进行分析。如，Carlton （1984） 认为规模较大的交易所拥有较多的资源进行新合约的设计与宣传，因此交易所的规模，可能也是新期货合约成功的一个重要因素[③]；Kolb （1997） 认为如果市场存在一个类似但不完全相同的衍生品合约的话，则新合约成功的可能性比较大，因为上述不同合约的潜在套利机会可以增加交易量[④]；Corkish et al. （1997） 则指出不同的衍生品工具能够产生相互促进的作用，如期权的出现能够促进期货与期权间的保值、套利交易，增加潜在交易量[⑤]。部分学者则认为，成功的合约意味着其不容易被利益集团或机构操纵。

---

① Yu Chuan Huang （2004），"The Market Microstructure and Relative Performance of Taiwan stock Index Futures：A Comparison of the Singapore Exchange and the Taiwan Futures Exchange"，Journal of Financial Markets 7 （2004） 335 – 350.

② BOOTH G G，T H LEE，YIUMAN T. 1996. International Linkages in the Nikkei Stock Index Futures Markets. *Pacific Basin Finance Journal*，4：59 – 76.

③ Carlton，D. W.，（1984），"Futures Markets：Their Purpose，Their History，Their Growth，Their Successes and Failures"，Journal of Futures Markets，Vol. 4，pp. 237 – 271.

④ Kolb，R. W. （1997），Understanding Futures Markets，5th rd edition. Cambridge，MA Blackwell Publishers.

⑤ Corkish，J.，A. Holland and A. F. Vila （1997），"The Determinants of Successful Financial Innovation：An Empirical Analysis of Futures Innovation on LIFFE"，Bank of England Working Papers，no. 70，pp. 1 – 35.

　　上述研究者的研究结果显示，现货市场的规模、现货价格的波动情况、合约是否具有先行者优势、交易成本、避险效率高低，以及是否采用电子化交易、衍生品合约与现货标的是否在相同地理位置等因素是决定衍生品合约能否成功的重要因素。如果一个新衍生品合约具备上述条件，则成功的可能性较大。

　　不过 Brorsen and Fofana（2001）等学者对成功衍生品合约进行的实证都没有考虑总体经济状况、法律环境、投资者保护现状等因素对衍生品合约成功的影响[1]。而在证券市场上，Harris（1997）[2]，Levine & Zervos（1998）[3] 等学者的研究显示，在正常情况下，收入水平越高，公众参与金融投资的程度也应该越高。LLSV（1998）[4]、Lombardo & Pagano（2002）[5]、Hail & Leuz（2006）[6]、Wissam Abdallahetc（2008）的研究指出法律环境的改善、法律对外部投资者有较好的保护，往往伴随着较大规模、较高价值、较好流动性的资本市场，以及成功的证券交易所等[7]。而内地市场绿豆期货，以及香港交易所的恒生中国 H 股金融行业指数期货及新华富时中国 25 指数期货、期权等退市案例说明，在衍生品市场，经济基础与法律环境对衍生品的成功与失败值得我们进一步研究。

---

① B. Wade Brorsen and N' Zue F. Fofana（2001），"Success and Failure of Agricultural Futures Contracts"，*Journal of Agribusiness* 19，2（Fall 2001）：129S145.

② Harris，Richard D. F.，（1997），"Stock Markets and Development：A Re-assessment"，*European Economic Review*，41（1，January）：pp. 139 – 146.

③ Levine，Ross，Sara Zervos，（1998），"Stock Markets，Banks，and Economic Growth"，*The American Economic Review*，88：3，pp. 537 – 558.

④ La Porta，R.，Lopez-de-Silanes，F.，Shleifer，A.，Vishny，R.，1998. Law and finance. *Journal of Political Economy* 106，pp. 1113 – 1155.

⑤ Lombardo，D.，Pagano，Marco，"Law and Equity Markets：A simple model，" published in corporate governance regimes：convergence and diversity，oxford university press，pp. 343 – 362.，2002.

⑥ Hail and Leuz，（2006），International Differences in Cost of Capital：Do Legal Institutions and Securities Regulation Matter? *Journal of Accounting Research* 44，pp. 485 – 531.

⑦ Wissam Abdallah，Marc Goergen（2008），Does Corporate Control Determine the Cross-listing Location? Journal of Corporate Finance 14，pp. 183 – 199.

第二节 股指衍生品创新的深化：VIX 指数衍生品

一 VIX 的起源

波动性是全球金融资产的风险主要来源之一，在金融衍生品的定价、交易策略以及风险控制中扮演着相当重要的角色。可以说没有波动性就没有金融市场，但如果市场波动过大，投资者担心风险而放弃交易，则缺乏流动性使市场失去吸引力。

1987 年 10 月中旬，纽约股市带头掀起了一场遍及全球的股灾，受纽约股票市场影响，伦敦、巴黎、东京、中国香港等世界主要股票市场股价全面下跌，事后投资者对大波动性留下了很负面的印象。为稳定股市与保护投资者，纽约证券交易所（NYSE）引进断路器（Circuit-breakers），即当股价发生异常变动时，暂时停止交易，试图降低市场的波动性来恢复投资者的信心。断路器措施于 1990 年开始施行，在第一年中曾经使用 23 次，到了 1998 年道琼斯工业指数已上涨了三倍，一年中断路器使用频率高达 366 次，其后 NYSE 将断路器的使用准则由原先的固定点改变为上下 2% 变动范围（collar），但断路器机制并未使市场的波动率降低，NYSE 为增加 collar 的有效性采用更为合理的方法，以市场波动率来代表 collar 的大小。当断路器的使用次数增加时，代表市场波动率增加，但这并不是实行断路器措施的最初意图，断路器的设计本意是限制市场的波动幅度可能过大。因此，在 NYSE 采用断路器来解决市场波动率过大的问题不久，芝加哥期权交易所紧跟其后编制市场波动率指数（Market Volatility Index，后文简称 VIX）以衡量市场的波动率。

CBOE 在 1973 年 4 月开始股票期权交易后，就有一个通过期权价格来创造波动率指数的构想，以反映真实的市场波动程度。其间有学者陆续提出不同的计算方法，1993 年 Whaley（1993）提出市场波动率指数（Market Volatility Index，VIX），作为衡量未来股票市场价格波动程度的方法①。同年，CBOE 开始编制 VIX 指数，选择 S&P 100 指数期权的隐含波动率为编制基础，同时计算买权与卖权的隐含波动率，以考虑交易者使用买权或卖权的偏好。

VIX 表达期权投资者对未来股票市场波动性的预期，指数越高时，显示投资者预期未来股价指数的波动性越剧烈，反映出投资者不安的心理状态；当 VIX 指数降低时，代表投资者认为未来的股价波动将趋于缓和。由于该指数可反映投资者对未来股价波动的预期性，并且可以观察参与者心理表现，故又被称为"投资者情绪指标（The investor fear gauge）"。十多年过去了，VIX 指数逐渐得到市场认同，2001 年又推出以 NASDAQ 100 指数为标的的波动性指标（VXN），2003 年 9 月 22 日 CBOE 重新基于 volatility and variance swaps 的观念，以 S&P 500 指数为标的计算 VIX 指数，使指数更贴近市场实际。随后，2004 年 3 月 26 日推出第一个波动性期货 Volatility Index Futures，即 VIX Futures，成立 CBOE 期货交易所（CFE），推出第一个 VIX 期货，不久以后，2004 年 5 月 18 日推出第二个将波动性商品化的期货，即变异数期货（Variance Futures），标的为三个月期的 S&P 500 指数的真实变异数（Realized Variance）。2006 年 2 月 24 日，VIX 指数的期权在芝加哥期权交易所开始交易②。

二　VIX 的编制原理

（一）隐含波动率

计算 VIX 需要的核心数据是隐含波动率，隐含波动率由期权市场上最新的交易价格算出，可以反映市场投资者对于未来行情的预期。其概念类似于债券的到期收益率（Yield To Maturity）；即随着市场价格变动，利用适当的利率将债券的本金和票息贴现，当债券现值等于市场价格时的贴现率即为债券的到期收益率，也就是债券的隐含报酬率。在计

---

① Whaley, R., E., (1993), "Derivatives on Market Volatility: Hedging Tools Long Overdue", *Journal of Derivatives*, 1, pp. 71 – 84.

② http://www.cboe.com/micro/vix/introduction.aspx.

算过程中利用债券评价模型，通过使用市场价格可反推出到期收益率，这一收益率即为隐含的到期收益率。

估计隐含波动率的方法众多，计算期权的隐含波动率时，必须先确定期权的评价模型、所需的其他参数值和当时所观察到的期权市场价格。例如在 Black-Scholes（1973）期权定价模型中，标的物价格、履约价格、无风险利率、到期时间和股价报酬的波动率等数据带入公式后，可得到期权的理论价格。若标的物与期权的市场是有效率的，其价格已充分反映其真实价值，且定价模型也正确无误，则可在市场上观察到期权的价格，利用反函数概念，通过期权的市场价格和 Black-Scholes 期权模型，就可反推出隐含波动率。由于隐含波动性代表投资者对未来市场价格变化预期，所以将其称为隐含波动率。估计隐含波动率参数的方法众多，通常以牛顿法采递归的方式求解来求得隐含波动率[①]。

（二）VIX 指数的理论基础

CBOE 1993 年推出最早的 VIX 指数（代号为 VXO – 旧的 VIX 指数），其计算基础是基于著名诺贝尔经济学家 Black-Scholes（1973）和 Merton（1973）[②] 提出的期权模型，除了波动率外，所需参数还包括目前的股价水平、期权价格、履约价格、存续期、无风险利率和存续期间预期发放的现金股息时间和金额，但由于 CBOE 所推出的 S&P 100 期权为美式期权，并且为了考虑标的成分股发放现金股息的情况，CBOE 在计算 VIX 指数时，使用 Cox，Ross & Rubinstein（1979）提出的二项式模型计算期权的隐含波动率[③]。

在期权定价模型中，以 S&P 100 指数水平为现货价格，无风险利率则采用债券市场上存续期最接近期权到期日且存续期在 30 日以上的国库券，并取买/卖报价的平均值作为有效利率，若期权的存续期小于三

---

① Black, F., and M., Scholes, (1973), The Pricing of Options and Corporate Liabilities, *Journal of Political Economy*, Vol. 81, pp. 637 – 659.

② MERTON, ROBERT C., (1973), The Theory of Rational Option Pricing. *Bell Journal of Economics* 4 (Spring): pp. 141 – 83.

③ Cox, J. C., and M., Rubinstein, (1995), Options Markets, Englewood Cliffs, NJ: Prentice-Hall.

十日，则以存续期间为三十日的国库券为替代；现金股息则以连续发放的形式来估计 S&P 100 指数的预期现金股息率，由于 VIX 指数是以存续期为三十个日历日为基础，并且假设标的股票的现金股利均已事先得知，这些参数的估计值通常误差不大。

在计算隐含波动率时需要用到当时市场上的期权报价，但由于使用实际的交易价格时，期权的价格会在买价与卖价之间跳动，这将引起隐含波动率的变动产生负的一阶自我相关，因此选取买卖报价的中间值作为期权的市价，此外，采用实时的期权买卖报价相对于使用上一笔成交价更能真实迅速地反映市场信息的瞬息变化。

此外，VIX 的隐含波动率在计算上还有另一个独特之处，即期权存续期是以"调整后的交易日"为计算基础，而非以日历日来衡量。因为 VIX 应该以交易日为基准，但我们一般反推出的隐含波动率是以日历天数为基准，也就是说，当反推星期一的隐含波动率，实际上与前一交易日只相差一天，但由于以日历天数为基准，所以形成与前一交易日相差三天，这种情况可能导致 VIX 偏低，所以隐含波动率应须经过调整，基于此，以日历日为基础计算的隐含波动率应调整为以交易日为计算基础，以正确表达每日的波动程度：

$$N_t = N_c - 2 \times \text{int}(N_c/7)$$

其中 N_c 为存续期的日历日天数，N_t 则为修正后的交易日数，使用修正后的交易日来计算隐含波动率有别于使用交易日来评价期权，因期权的存续期不但会通过隐含波动率，也会通过标的指数的预期上涨幅度和期权报酬的贴现期长度的计算来影响期权的评价，因此考虑以修正后的交易日为存续期的估计更为适当与正确。

明显的，以修正后交易日为计算基础的隐含波动率应该是以日历日为计算基础的隐含波动率乘上两者天数平方根的比值，即

$$\sigma_t = \sigma_c \left(\frac{\sqrt{N_c}}{\sqrt{N_t}} \right)$$

其中，σ_t 为修正交易日后计算的隐含波动率，σ_c 为以日历日为基础

的计算隐含波动率。

搜集上述所需的参数值资料，通过 Black-Scholes 期权定价模型，即可反推出期权的隐含波动率。

（三）VIX 指数的编制方法

1. CBOE 1993 年推出的 VIX 指数（代号为 VXO - 旧的 VIX 指数）

CBOE 于 2003 年 9 月 22 日推出新编 VIX 波动率指数，旧指数仍然持续公布，为区分新、旧 VIX 指数，将旧 VIX 指数更名为 VXO 指数。

VXO 基于 S&P 100 期权，由八个近月（Nearby）与次近月（Second-nearby）且最接近平价的期权序列的隐含波动率构成，在八个期权序列中，分别有四个买权与四个卖权，按照到期月份分为近月序列与次近月序列，履约价格则选取最接近平价（Near - the - money）的两个序列，分别为低于现货指数（S）的履约价格 X_l，高于现货的履约价格 X_u，如当时标的现货的价格恰巧等于某平价序列的履约价格时，则选取平价和略低于现货的履约价格两个序列（见表 4 - 2）。

表 4 - 2   CBOE 波动率指数（VXO）期权序列选取表

履约价格	近月合约		次近月合约	
	Call	Put	Call	Put
$X_l (< S)$	$\sigma_{c,t1}^{X_l}$	$\sigma_{p,t1}^{X_l}$	$\sigma_{c,t2}^{X_l}$	$\sigma_{p,t2}^{X_l}$
$X_u (\geq S)$	$\sigma_{c,t1}^{X_u}$	$\sigma_{p,t1}^{X_u}$	$\sigma_{c,t2}^{X_u}$	$\sigma_{p,t2}^{X_u}$

注：X_l 为低于现货价格的履约价，X_u 为高于现货价格的履约价；t_1、t_2 分别代表近月及次近月，其中 $t_1 < 30 < t_2$，t_1 须大于 8 日；c、p 分别代表买权及卖权。

VIX 的隐含波动率加权平均有三个主要步骤：

首先将相同履约价格与到期月份的买权与卖权的隐含波动率经过加权平均，可得到四个波动率：

$$\sigma_{t1}^{X_l} = (\sigma_{c,t1}^{X_l} + \sigma_{p,t1}^{X_l}) \qquad \sigma_{t1}^{X_u} = (\sigma_{c,t1}^{X_u} + \sigma_{p,t1}^{X_u})$$

$$\sigma_{t2}^{X_l} = (\sigma_{c,t2}^{X_l} + \sigma_{p,t2}^{X_l}) \qquad \sigma_{t2}^{X_u} = (\sigma_{c,t2}^{X_u} + \sigma_{p,t2}^{X_u})$$

其次，分别将同一月份不同履约价的期权波动率加权平均，权数为履约价与现货价格的差距，计算后可得到两个不同月份的期权波动率。

$$\sigma_{t1} = \sigma_{t1}^{x_l}\left(\frac{X_u - S}{X_u - X_l}\right) + \sigma_{t1}^{x_u}\left(\frac{S - X_l}{X_u - X_l}\right)$$

$$\sigma_{t2} = \sigma_{t2}^{x_l}\left(\frac{X_u - S}{X_u - X_l}\right) + \sigma_{t2}^{x_u}\left(\frac{S - X_l}{X_u - X_l}\right)$$

最后再以期权距到期期间为权数，加权平均期权近月与次近月合约的隐含波动度，即计算出一个平价且距到期时间尚有 22 个交易日（或 30 个日历日）的隐含波动度，即为 VXO 波动率指数。N_{t1} 为近月合约距到期日的交易天数，N_{t2} 为次近月合约距到期的交易天数。

$$VXO = \sigma_{t1}\left(\frac{N_{t2} - 22}{N_{t2} - N_{t1}}\right) + \sigma_{t2}\left(\frac{22 - N_{t1}}{N_{t2} - N_{t1}}\right)$$

2. CBOE 2003 年推出的 VIX 指数（代号为 VIX）

由于有接近 1 万亿美元的资产与 S&P 500 指数连动，并且 S&P 500 期权的交易规模也大于 S&P 100 期权，因此 CBOE 在 2003 年 9 月 22 日推出新编的 VIX 波动率指数，计算基准改为 S&P 500 期权，同时在算法上也有改进，指数更接近市场实际情况。

CBOE 以 variance & volatility swaps 的方法更新计算公式，同时，旧指数 VXO 只包含平价附近的期权合约，新指数 VIX 则加权平均计算所有价外的买权和卖权，比旧指数更能体现整体市场动态，其公式如下，限于篇幅，详细推导见 VIX 产品白皮书[①]。

$$VIX = \sigma \times 100$$

$$\sigma^2 = \frac{2}{T}\sum_i \frac{\Delta K_i}{K_i^2}e^{RT}Q(K_i) - \frac{1}{T}\left[\frac{F}{K_0} - 1\right]^2$$

其中，

T：距到期时间（分）

F：远期指数水平

K_i：第 i 个价外期权的履约价

---

① Vix whitepaper：http：//www.cboe.com/micro/vix/vixwhite.pdf.

$$\Delta K_i = \frac{K_{i+1} - K_{i-1}}{2}$$

K_0：低于远期指数水平的第一个履约价

R：无风险利率

$Q（K_i）$：履约价 K_i 契约的买卖价中间值

F 的算法需要先计算出同履约价的买权价格和卖权价格，再代入下式：

$$F = \text{Strike Price} + e^{RT} \times （\text{Call Price-Put Price}）$$

CBOE 先后使用上述两者方法来计算交易日内每分钟的 VIX 指数，以真实时间（real-time）为基础，每 60 秒更新一次，给投资者提供最新的预期未来市场波动率信息。由于 S&P 100/500 股票市场是 am. 8：30 ~ pm. 3：00 之间交易，为避免现货指数与期权的报价时间不一致的问题，VIX 通常于 am. 9：00 后开始计算至 pm. 3：00 为止。

（四）VIX 指数新旧编制方法比较

通过上一节对 1993 年、2003 年指数计算方法的描述，可以发现新旧指数主要有几个方面存在不同：

指数标的不同：旧指数采用 S&P 100，新指数则采用 S&P 500；

计算的期权合约不同：旧指数采用近月（Nearby）与次近月（Second-nearby）且最接近平价的期权来计算，而新方法加权平均计算所有价外的买权和卖权；

计算的方法不同：旧指数采用二项式模型计算期权的隐含波动率，新指数则采用 variance & volatility swaps 方法计算；

另外，Mark Hulbert（2003）① 研究指出，CBOE 1993 年和 2003 年推出的新、旧 VIX 指数不同编制法的差异主要有：①差别最大的时期是 1997 年 10 月，旧编制法比编制法指数高 28% 以上；②平均而言，新指数比旧指数低了 3.8%；③新指数高于旧指数的交易日，占 1990 年以来

---

① Mark Hulbert，（2003），"Chicago Board Options Exchange，VIX Introductio，"http：//www. cboe. com/micro/vix/index. asp.

交易日总数的 28%；④新旧两种指数在出现高指数时，都能较好地预示通常会在反弹开始阶段看到的过分悲观情绪；⑤在识别股市反弹前的普遍悲观情绪方面，VIX 改用新的计算公式后，并没有成为更好的分析工具，但也没有更坏。

虽然有以上不同，但新旧 VIX 指标的核心设计理念仍然相同，就是随时体现投资者的市场情绪，依旧是最具投资者关注的"投资者情绪指标"。直观而言，新旧 VIX 指标的走势都与大盘相反，即大盘上扬，VIX 下跌，大盘下跌，VIX 上扬。

三　VIX 市场表现和有效性研究文献

VIX 推出后，成为全球投资者评估美国股票市场风险的主要依据之一，2004 年 3 月 26 日推出全球第一个波动性期货 VIX Futures 后，受到全球投资者的追捧，特别是 2005 年以来，全球金融资产波动性急剧增加以后，VIX 的交易量更是屡创新高。VIX 不仅在市场中给投资者提供有效的参考，众多学者的学术研究结果也表明 VIX 指数能够有效地预测股指走向。

（一）VIX 在市场中的表现

VIX 指数受到投资者青睐和其近年来的表现有关，2001 年美国发生"9·11"恐怖事件后，股市在 9 月 17 日重新开盘时一路下跌，到 9 月 21 日道琼斯工业指数跌至 8235.8 点，S&P 100 指数也跌至 491.7 点，VIX 则升达 48.27 的高点，隔天（9 月 24 日），股市即出现 368 点的大幅反弹，反弹幅度约 4%，之后美股多头走势一直持续到 2002 年第一季度。2002 年 3 月 19 日，美股上涨至 10635.3 高点，S&P 100 指数也达 592.09 点，此时 VIX 处于 20.73 的低点；2002 年 7 月，美股在一连串会计报表丑闻影响下，下跌至五年来低点 7702，S&P 100 跌至 396.75，VIX 高达 50.48，隔天（7 月 24 日），股市同样出现 489 点的大反弹。由此可见，作为预测美股趋势的指标，VIX 很有参考价值。即可以从 VIX 指数看出 S&P 指数变盘征兆，VIX 到达相对高点时，表示投资者对短期未来充满恐惧，市场通常接近或已在底部；反之，则代表投资人对市场现状失去戒心，此时应注意市场随时有变盘的可能。

（二） VIX 的有效性研究

Whaley（1993）最早开始对波动性指标进行研究，他提出以 S&P 100 指数期权为基础建立波动性指标，并探讨其在避险方面的应用，其研究结果指出 VIX 指数和 S&P 100 指数成负相关关系；通过模拟波动性指标的衍生性商品的避险效果，说明波动性指标可以在不影响其他风险参数的情况下，有效规避投资组合的 vega 风险[①]。

Fleming，Ostdiek & Whaley（1995）以日数据和周数据为基础，研究认为 VIX 指数有一定程度的一阶自相关现象，同时发现 VIX 指数并无明显周内（intraweek）效应。而 VIX 指数和 S&P 100 指数报酬呈现高度负相关且有不对称的关系，即 VIX 指数在 S&P 100 指数下跌时的变化量大于 S&P 100 指数上涨时的变化量。并且 VIX 指数是 S&P 100 指数未来实际波动性的良好预估值。同样基于日和周数据，他们 1996 年的研究认为，在开盘时波动率平均偏离 10 个基准点，而后在整个交易日内的五个小时中呈现缓慢的下降趋势，但在最后一个交易小时的降幅最大，急剧下降约 25 个基准点，可能的原因是在计算隐含波动率时于整个交易日内使用相同的存续期间，但实际上期权在每个交易小时中所剩余存续期间会随着时间的流逝而不同，由于做市商无法控制时间消逝所造成的权利金损失，并且如果认为有很高的几率会继续持有原有部位过夜，可能选择在收盘前降低权利金的价格以反应隔日期权合约所剩余的存续期间，导致波动率在最后一个交易小时大幅降低[②]。

Maggie & Thomas（1999）探讨 VIX 指数和股市报酬间的关系，发现 VIX 指数可作为股市报酬的领先指标，当 VIX 指数显著上升后，则未来股市中大型股投资组合的收益表现优于小型股投资组合的收益、价值股投资组合的收益优于成长股投资组合的收益，而当 VIX 指数下降

[①] Whaley, R., E., (1993), "Derivatives on Market Volatility: Hedging Tools Long Overdue", *Journal of Derivatives*, 1, pp. 71 – 84.

[②] Fleming Jeff, Barbara Ostdiek, and Robert E. Whaley., (1995), Predicting Stock Market Volatility: A New Measure, *Journal of Futures Markets*, Vol. 15, No. 3, pp. 265 – 302.

时，则有相反的结果[1]。

Traub，Ferreira，McArdle & Antognelli（2000）从 VIX 指数的相对高低点角度研究股市和债市间的关系，认为如果 VIX 指数处于相对高点，则未来一至六个月内，股市表现将优于债市；如 VIX 指数处于相对低点，则一至六个月内，债市表现将优于股市；除美国市场外，该结果在其他国家也有效，当 VIX 指数处于相对高点时，全球股市表现优于债市[2]。

Whaley（2000）[3] 以 1995 年 1 月至 1999 年 12 月间的周数据，探讨 S&P 100 指数和 VIX 指数之间的关系，他认为市场对 VIX 指数上升所产生的反应比对 VIX 指数下降的反应要大，认为股票市场收益率和 VIX 指数变化量的关系不对称，该结果和 Fleming，Ostdiek & Whaley（1995）的研究结果类似。

James（2001）认为传统的技术分析指标用来预测价格的顶部和底部，而 VIX 指数则用来预测未来市场的波动率而非市场的变动方向比较合适，当 VIX 趋于下降时，价格变动区间预期会扩大，当 VIX 指数过高时，价格的变动范围预期会缩小；VIX 指数对整个市场而言是一个非常实用的指标，但对预测个别股票走势却不适用[4]。

Giot（2002）以 VIX 指数和纳斯达克 100 指数平价期权的波动率指数（VXN）作实证研究，认为 VIX 指数和 VXN 指数与同期标的指数报酬成高度的负相关；当 VIX 指数和 VXN 指数处于相对高位，即波动性越高时，买入指数所产生的报酬越高。他认为按照隐含波动性计算的波动性指标，相对于其他估计方法，所包含的信息最多，且对未来实际波

---

[1] Maggie M. Copeland, and Thomas E. Copeland., (1999), Market Timing: Style and Size Rotation Using the VIX, *Financial Analysts Journal*, pp. 73 – 80.

[2] Traub, Heydon, Luis Ferreira, Maria McArdle and Mauro Antognelli, (2000), "Fear and Greed in Global Asset Allocation", The Journal of Investing, Vol. 9, No. 1, Spring pp. 21 – 37.

[3] Whaley, R., E., (2000), "The Investor Fear Gauge", *Journal of Portfolio Management*, 26, pp. 12 – 17.

[4] James A. Hyerczyk, (2001), Volatility Matters: Better Position Sizing, Futures, May, pp. 34 – 36.

动性的预测能力会随时间增加而提高①。

Mark Hulbert（2003）研究指出，新旧两种指数在出现高指数时，都能较好地预示通常会在反弹开始阶段看到的过分悲观情绪；在识别股市反弹前的普遍悲观情绪方面，VIX 改用新的计算公式后，并没有成为更好的分析工具，但也没有更坏②。

四　对我国股指衍生品市场的启示

从最近全球投资市场可以看出，投资者在经历了 1998 年亚洲的金融风暴带来的全球市场的大幅震荡后，市场已重新开始重现"冒险的饥渴"，当然出发点仍是投机，最近基本金属，原油、股指，外汇等全球市场大涨大跌就是这种心态的表现。面对波动率急剧增加的市场，21 世纪的大多数投资者比 20 世纪的投资者幸运，因为期货市场的存在解决了投资者在资产下跌的走势中也可以得到正报酬的问题，而波动率指数（VIX）产品则进一步为投资者提供了基础资产大幅震荡导致交易量减小，流动性不足的情况下，交易者获利或者对冲现货风险的途径。

随着经济的发展，金融全球化成为当今世界推动经济全球化的最活跃因素，对投资者而言，一方面交易品种的持续增加提供了更多的投资机会，但另一方面全球化市场使资产的波动性也在增加。基于此，在美国成功推出 VIX 指数后，德国、法国、瑞士等国也推出与其股价指数或股市相关的波动率指数，以增加投资者的避险工具。

面对势不可当的金融全球化浪潮，近年来我国的金融衍生品市场改革步伐日益加快，如何有效防范和消除金融危机，积极维护我国的金融安全，已成为摆在我们面前的一个重大课题。我们可以学习成熟市场的经验，选择适当的时机，编制股票指数的 VIX 指数，待市场熟悉和认同之后，则可进一步开发与波动性相关的期货期权衍生品，以健全国内整

---

① Giot, P., （2002）, "Implied Volatility Indices as Leading Indicators of Stock Index Returns?", Working Paper, CORE, University of Leuvain.
② Mark Hulbert, （2003）," Chicago Board Options Exchange, VIX Introductio," （http: // www. cboe. com/micro/vix/index. asp）.

体金融市场，从而增加金融市场竞争力。

第三节　股指衍生品税收的国际经验

随着股指期货等金融衍生品的推出和商品期货品种日益增加，在给投资者提供更多投资品种的同时，也潜在地拓宽了政府获得更多税收收入的渠道。虽然目前期货市场对于个人投资者没有课税，但对于不断推陈出新的衍生品交易，自然会触及有关课税问题的讨论。

衍生品交易的课税不仅关系到交易成本、政府收入、市场效率等问题，也关系到投资环境和不同交易所竞争问题。如果不考虑衍生品交易课税效果，可能会因为课税的负面作用，而对投资和避险效果产生不利影响。因此，如果将来政府开始对衍生品课税，除了从增加收入的角度考虑外，更应该考虑课税可能导致的交易品种流动性下降和竞争力减弱等负面影响。

因此，在国内金融市场逐步开放，日渐全球化的今天，借鉴国际经验，如何制定出一套实际可行，又不影响竞争力的公平课税制度值得探讨。

一　相关文献研究

大部分的研究和市场实践都表明，对衍生品交易课税会影响流动性和交易所的竞争力。Silverstein，Kenneth（1992）认为，企业从事期货交易是为了规避风险，而不是获取利润。如果征收交易税增加了他们的避险成本，会使企业放弃期货市场，导致期货市场的流动性受到影响。更为严重的是，企业会将期货交易转移到国外不收交易税的期货交易所，美国的期货交易所会由于交易量萎缩而沦为二流交易所[1]。

---

[1] Silverstein, Kenneth (1992), Proposal to Tax Annuities, Futures Trades Draws Outcries, Corporate Cashflow, Atlanta, Volume 13, April 1992, p. 48.

Flanklin，R. E（1993）的实证研究发现，对期货市场课税提高了交易成本，从而降低了竞争优势，因此交易成本微小的变化也可以改变竞争状态，从而影响全球竞争地位。同时，课税削弱了期货市场效率和提供避险、价格发现的功能[①]。

George，H. K. Wang（1997）认为对期货交易课税会增加资金成本，降低市场流动性，降低期货交易的国际竞争力[②]。Chou and Lee（2002）针对 SGX 和 TAIFEX 研究价格执行的相对效率后认为，交易税的降低确实可以改善价格执行效率[③]。但 Jones and Seguin（1997）认为，降低衍生品交易税虽然有助于避险交易，使得现货市场趋于稳定，但是也有可能诱发投机交易，使得现货价格波动增加，降低市场效率[④]。

国内学者马蔡琛（1997）[⑤]、胡世明（1999）[⑥]、刘召（2002）[⑦]、王骏（2003）[⑧] 等对我国期货市场税收政策进行了不同角度的研究，主要的观点包括：不宜对期货交易征收流转税；适时开征期货交易行为税；对套期保值交易所得予以轻税鼓励；浮动盈亏不课征所得税等。

实践方面也说明市场和交易所对衍生品课税的抵制。为了增加政府收入，在 1993 年、2002 年和 2006 年美国政府多次向国会提交征收期货及衍生品交易税计划，但都引起了各大交易所的强烈反弹，导致计划未

① Flanklin，R. Edwards（1993），"Taxing Transaction In Future Market：Objective and Effects"，*Journal of Financial Service Research*，Volume7.
② GEORGE，H. K. WANG，JOT YAU，and TONY BAPTISTE（1997），"Trading Volume and Transaction Costs in Futures Markets"，*The Journal of Futures Markets*，Volume 17，Number 7，October 1997，pp. 757.
③ Chou，R. K. and J. H. Lee（2002），"The relative efficiencies of price execution between the Singapore exchange and Taiwan futures exchange"，*The Journal of Futures Markets*，Vol. 22：pp. 173 - 196.
④ Jones，C. M. and Seguin，P. J.（1997），"Transaction cost and price volatility：Evidence from commission deregulation"，*The American Economic Review*，Vol. 87：pp. 728 - 737.
⑤ 马蔡琛、杨晨辉：《浅谈衍生金融工具的税收政策》，《四川会计》1997 年第 5 期。
⑥ 胡世明：《我国证券和期货税收制度》，《中国投资》1999 年第 9 期。
⑦ 刘召：《关于期货交易市场增值税管理情况的调查与思考》，《税务研究》2002 年第 6 期。
⑧ 王骏：《证券期货交易中的税收筹划》，《税收征纳》2003 年第 11 期。

能获得通过。另外，新加坡 SIMEX1997 年 1 月推出台湾股价指数期货，而台湾期货交易所紧随其后在 1998 年 7 月推出台湾加权股价指数期货。同样是台湾股价指数期货，由于 SIMEX 没有交易税，台湾交易税为 0.05%，导致新加坡的台湾指数期货交易量比台湾交易所的台湾指数期货大一倍左右。为增加吸引力，台湾交易所不得不在 2000 年 5 月将期货交易税由 0.05% 降低为 0.025%。

二　各国关于衍生品的课税问题

随着金融创新的发展，衍生品的种类越来越多，各种结构化衍生品层出不穷，但一般而言，理论上把衍生品分为四种主要形式：远期合约、期货、期权、互换。远期合约和互换一般属于柜台交易，期权产品既有交易所标准合约（如韩国）也有柜台交易（西方成熟市场），而期货则以交易所标准化产品形式出现。考虑到期货和期权在衍生品中交易量最大，因此，下文主要对期货和期权这两类具有代表性的衍生品产品课税问题进行比较研究。

（一）期货

对于期货交易，大部分国家的税种主要集中在所得税，其次是交易税，部分地区和国家有营业税（如我国台湾地区）。

1. 所得税

（1）美国

全球而言，美国期货交易量最大，期货交易的税收处理非常复杂，因此本书仅对美国的课税原则进行说明：

根据是否为避险或投机交易而使用不同的课税规则；

避险交易因为和现货头寸相关，因此收益的计算使用实现原则，在平仓时才罗列损益，归为一般损益；

投机交易按市价结算原则计算交易所得，即对没有平仓的期货合约按课税年度最后营业日的结算价格计算未实现损益，并归为资本损益，其损益的 60% 为长期资本损益，40% 为短期资本损益（60/40 原则），同时，损失可以向前抵扣或向后延期。

（2）日本

不区分避险和投机交易，均采用实现原则计算损益；

营利性法人单位从事期货的损益为一般损益，损失可从一般所得扣除，并后延三年；

个人期货从业者，损益归为营利所得，损失可从一般所得扣除，非期货业者，则损益归为其他所得，损失仅在该项下扣除。

（3）法国

投机交易的损益应在年度结束时按市价结算原则计算；

避险交易有正损益时使用实现原则课税，如有损失可使用市价结算，原则归入发生的当期；

境内设立公司的交易损益属一般损益，非境内设立公司的交易损益按资本损益处理。

（4）英国

期货交易所得计算一般使用实现原则，但是银行业可申请使用市价结算原则计算；

避险交易的损益归入一般损益，投机交易的损益则按资本利得或损失课税。

（5）新加坡

期货交易所得计算使用实现原则；

在新加坡无住所的非居住者，期货交易所得免税；

新加坡国际金融交易所的会员、OBU、经核准的原油交易者、财务中心或国际贸易公司在新加坡国际金融交易所进行交易可适用优惠税率10%；

新加坡国际金融交易所选出的交易量最高前 20 名交易者，适用5%优惠税率。

（6）中国香港

期货交易所得，原则上纳入课税所得；

根据投资者身份不同，而课以不同税率。投资者如果是非公司组织或个人，期货交易所得税课征 15%；投资者如果是公司，课征 16.5%；

所得税豁免规定：通过共同基金或投资信托公司进行期货交易豁免所得税。

（7）中国台湾

使用实现原则；

期货交易所得免税；

营利性组织的期货交易损失不得从所得额中减除；

个人期货交易损失不得从综合所得额中减除。

2. 交易税

芝加哥期货交易所进行的调查表明[1]，调查的 21 个国家中只有三个国家和地区对期货未涉及实物交割的部分征收交易税，加上没有列入调查范围的中国台湾地区，全球主要交易所中，只有四个国家和地区征收交易税：

（1）中国香港：对每笔恒生指数期货交易课征 1 港元的证券和期货监督委员会费，0.5 港元的清算基金费和 0.5 港元的发展基金费，总计 2 港元。

（2）中国台湾：期货交易税交易金额的 0.025%。

（3）芬兰：对期货买卖损益金额课征印花税 0.5%。

（4）法国：法国金融期货交易所主管机关——期货及期权监管委员会（CMT），对每笔交易收取 0.05 法郎交易税，如果是一买一卖，其费用则为 0.02 法郎；

但 CMT 在每一个交易年度都制定收取交易税的预算数额，一旦预算税收目标金额完成后，该交易年度剩余时间就不再征税。

3. 营业税

对于没有涉及交割的期货交易，征收营业税的国家很少，但如果产生了实物交割，则英、德、日、新、韩等国有各自的课税规定，具体见表 4-3。

---

[1] 对期货未涉及实物交割部分不课征交易税的 18 个国家：巴西、德国、荷兰、瑞士、美国、英国、丹麦、智利、瑞典、日本（1999 年废除）、西班牙、加拿大、比利时、新西兰、爱尔兰、新加坡、澳大利亚、马来西亚。

表 4-3　部分国家衍生品交易营业税情况

	中国台湾	中国香港	新西兰	新加坡	瑞士	德国	英国	美国	日本	韩国
	不涉及交割									
营业税	免税	无	免税	免税	无	免税	无	无	免税	免税
交易税（%）	0.025	2 港元	无	无	无	无	无	无	无	无
	涉及交割									
营业税（%）	无	无	12.5	3	无	15	17.5	无	5	10

（二）期权

从全球来看，期权交易主要集中在美国。因此，这部分主要介绍美国对于期权的所得税处理。

1. 所得税部分

美国在处理期权交易的课税问题时，除了根据交易动机把交易区分为避险和投机以外，同时又根据期权类型分为权益期权和非权益期权，以及按照交易方式分为跨头寸交易和非跨头寸交易，在这些分类基础上，美国使用不同的课税规定：

（1）权利金的处理

按照规定，不管是权益证券期权或非权益证券期权；不管是交易商交易期权或非交易商交易期权；不管是避险交易或投机交易。期权买方，在权利金支付时不列入损益，期权的卖方，在权利金收取时也不列入损益。即权利金，在税法上是资产/负债科目，而不是损益科目。

（2）损益列入方式和时点

①损益实现原则：

期权买方：

期权到期末执行；进行平仓交易；执行买权，不视为课税事实发生，其权利金计入履约价格，当做购买成本；执行卖权，损益实现，其权利金从出售价格中减除。

期权卖方：

期权到期末执行；进行平仓交易；卖权被执行，损益实现，其权利金计入履约价格，当做财产的出售价格；当卖权被执行，不列入损益实现，其权利金计入履约价格，作为购买资产的成本。

②例外规定：市价结算原则

投机的非权益期权交易或交易商投机权益期权交易，在年度结束时需要按照市场公平市价计算，列入损益课税。即纳税人对于年底仍持有的未平仓期权，应将其视作在年度结束日已按公平价格出售来计算损益。

③采用市价结算法计算损益的规则

采用市价结算法计算损益的期权交易损益性质，与期货类似，其中40%列为短期资本利得，60%列为长期资本利得。

（3）买卖期权的利息和费用列入原则

投机跨头寸交易，如果不是采用市价结算法计算损益，则买卖期权的利息和费用，需要作为持有期权的成本，不可列为费用扣除。

2. 交易税

和期货类似，全球主要交易所中，只有中国香港、中国台湾、芬兰和法国等四个国家和地区征收期权交易税，征收标准与期货一致，故不再赘述。

3. 营业税

期权营业税情况见表 4 - 3。

第四节 股指衍生品保证金计算的国际经验

品种的增加以及价格波动的加大使得交易所执行的风险控制机制显得十分重要，其中对保证金制度的合理规划是影响期货市场运作和竞争力的重要因素，保证金水平过高将使投资成本上升，导致交易量减少，不利于市场的活跃与发展，但保证金不足又容易导致过度投机，增加违约风险，扩大经纪公司财务风险，严重的可能导致整体金融风险。长期以来，保证金普遍被认为是造成证券市场不稳定的关键因素。Galbraith（1954）认为信用保证金是 1929 年美国股市大崩盘的核心原因。同时，美国证券及交易委员会指出偏低的保证金是造成 1987 年大崩盘的重要原因之一。由此可见，保证金制度发挥着活跃和健全市场发展的功能，不合理的保证金则可能带来巨大的风险。

一　保证金基本原理及计算系统

期货保证金是结算会员与客户，或期货经纪公司与投资者之间作为未来合约履行的担保，同时也是市场杠杆交易最基本的风险控制措施。与股票的信用交易比，期货交易只是一种约定，承诺未来履行合约的能力，因此不包含授信成分。期货经纪公司对投资者所收的保证金为客户保证金，而客户保证金又可分为原始保证金与维持保证金，期货交易所一般对这两类保证金规定一个最低标准，期货经纪公司可根据客户信用或其他特殊原因提高对投资者的保证金标准，一般而言，不得低于期货交易所规定的最低保证金标准。

目前国际上衍生品市场采用的保证金模式多种多样，最常见的是策略性（Strategy-based）模式、风险性（risk-based）模式、百分比（Percentage-based）模式，基于 delta（delta-based）的计算模式和其他用于有限基础计算的混杂模式。就具体系统而言，目前全球各交易所普遍采用 SPAN 或 TIMS，有极少部分交易所采用自创风险管理系统进行股指衍生品等产品风险计算和控制（见表 4 - 4）。

从表中可以看到，除了韩国和中国内地使用百分比以外，其他国家的股指期货保证金收取方式都是采用绝对数的方式。实际上，目前全球90% 以上交易所都采用绝对数方式收取保证金，采用百分比收取的交易所都集中在亚洲，如国内的三家期货交易所、泰国农业期货交易所、迪拜国际金融交易所，以及日本的几家商品交易所等。究其原因，笔者认为，首先，是这些交易所大部分没有使用 SPAN 或 TIMS 保证金计算系统，导致交易所不方便按照投资者的组合头寸风险值进行保证金的计算和收取；其次，与西方市场相比，上述交易所交易品种相对比较少，交易所管理层认为没有必要采用上述系统进行管理；最后，风险管理员工的业务素质滞后也是导致采取百分比方式收取的原因。

另外，把表中的保证金水平结合指数点位，把它们换算成比例形式可知，这些知名合约的保证金水平在 2.5% 到 15% 之间。数据显示，越是发达的市场，其保证金水平越低，而新兴市场保证金水平则普遍较高。

表4－4　全球主要交易所股指期货初始保证金一览表（截至2011年12月10日）

交易所	合约名称	初始保证金水平	保证金计算和跟踪
美国芝加哥商业交易所 CME	S&P 500 指数期货	$22500	由 SPAN 系统计算调整
	小型 S&P 500 指数期货	$4500	
	S&P 400 指数期货	$16875	
	小型 S&P 400 指数期货	$3500	
	Nasdaq 100 指数期货	$16250	
	小型 Nasdaq 100 指数期货	$3250	
	小型 Russell 2000 指数期货	$3500	
	NIKKEI 225 指数期货	$5000	
美国芝加哥交易所 CBOT	DJ 股价指数	$7005	
	小型 DJ 股价指数	$3503	
伦敦金融期货交易所 LIFFE	伦敦时报指数 FFI	£3000	
法国期货交易所 MATIF	法国股价指数	¢3800	
大阪证券交易所 OSE	Nikkei 225 股价指数	JP￥780000	
	小型 225 股价指数	JP￥78000	
东京证券交易所 TSE	东证股价指数 JTI	JP￥741000	
韩国期货交易所 KOFEX	KOSPI 200 指数期货	15%	由 TIMS 系统计算调整
	KOSDAQ 50 指数期货	15%	
香港交易所 HKEX	恒生指数期货	HK$38125	由 PRiME 系统计算调整
	小型恒生指数期货	HK$7625	
	道琼斯工业平均指数期货	HK$6380	
	H 股指数期货	HK$23100	
香港期货交易所 HKF	恒生指数期货	HK$170100	
	NIKKEI 225 指数期货	JP￥468750	
新加坡交易所 SGX－DT	NIKKEI 300 指数期货	JP￥75000	由 SPAN 系统计算调整
	MSCI 台湾指数期货	US$2500	
	MSCI 日本指数期货	JP￥106250	
	MSCI 新加坡指数期货	$1500	
	台指期货	TWD111000	

台湾期货交易所 TAIFEX	电子期货	TWD 98000	由 SPAN 系统计算调整
	金融期货	TWD 68000	
	台证 50 期货	TWD 39000	
	小型台指期货	TWD 27750	
中国金融期货交易所	沪深 300 指数	15%	NA

资料来源：收集于各交易所。

二　SPAN 和 TIMS 的基本思想

由于在衍生品市场，不仅有风险呈线性状态的期货，也有风险呈非线性的期权，而且各头寸间风险存在紧密联系，因此，参与衍生品市场投资的机构不仅需要随时评估持有头寸的损益，更要了解投资组合的风险特点和持有期间的潜在风险，因此建立一套全面衡量市场风险的风险控制系统是十分重要的。有了一个总和性的风险值，不仅可以帮助投资者、银行与券商控制自己的头寸风险，同时也使央行和证监会等监管机构能有效控制金融机构风险，并对其要求保有适当的资金以应付可能出现的市场风险，有利于金融市场的稳定，增加投资者信心。

风险值（Value at Risk，VaR）就是目前被普遍采用的风险衡量指标，它是一个资产组合在特定持有期间内及特定置信度下，市场价格变化所导致的投资组合最大的可能损失。具体到风险值的计算方法，由于金融机构或投资者的资产组合除了股票之外，还可能包括权证、债券、期权或其他衍生性产品，因此基于对准确和效率的考虑，情节模拟法逐渐成为衡量风险值最好的选择。

目前全球两大通用衍生品保证金系统 SPAN（Standard Portfolio Analysis of Risk）和 TIMS（Theoretical Inter-market Margin System），就是基于情节模拟法发展出来用以衡量结算会员头寸风险的。SPAN 是 1988 年 12 月由 CME 交易所（Chicago Mercantile Exchange）启用，用以衡量结算会员总头寸的总风险，从而决定应收取的保证金金额；TIMS 则由美国的期权清算公司（The Options Clearing Corporation；OCC）在 1986 年启用。

　　虽然这两个系统在成熟的金融市场得到了广泛应用，但国内市场由于产品单一，风险控制系统还处于起步阶段，因此下文将分别对这两个系统进行初步介绍和比较研究，以供面对越来越复杂投资组合的银行、券商等投资机构和交易所、证监会等管理机构参考。

三　SPAN 系统的原理和特点分析

（一）SPAN 系统的风险值计算原理①②③④

　　SPAN 保证金系统计算风险值的假设是：不同资产组合的变化方向是独立的。因此 SPAN 先分别计算各资产组合的价格风险值、跨月价差头寸风险值、交割头寸风险值。因为假设变化方向独立，因此单一资产群的价格风险值是考虑其中所有资产组合最大损失的情况，所以要将各资产组合的价格风险值相加，但不同资产组合价格波动会有某种程度的相关性。因此 SPAN 设计了跨产品间的价差抵扣，计算持有不同资产组合的反向头寸可能有的抵扣空间，将单一资产群价格风险值扣除此资产群中不同资产组合间可以抵扣的风险值，经过抵扣后的资产群价格风险值加上各资产组合的跨月价差、交割风险值，和卖出期权最低风险值中的较大值，即为单一资产群的风险值。即：

SPAN 单一资产群风险值 = MAX ［卖出期权的最低风险，（价格风险值 +

跨月价差头寸风险值 + 交割头寸风险值 − 跨资产间的价差抵扣）］

投资组合总风险值 = Σ 各资产群的风险值

　　SPAN 算出投资组合总风险后，会进一步计算总头寸的净期权价值（Net Option Value）。净期权价值表示头寸中所有期权按照现在市价立即

---

① http：//www. cme. com/span/span. htm Chicago Mercantile Exchange, Chicago Mercantile Exchange The SPAN Pages.

② Chicago Mercantile Exchange,（1999），Using PC − SPAN Version 4 − Quick Reference Guide.

③ Chicago Mercantile Exchange,（2001），February 21, "SPAN® Technical Specification".

④ he Option Clearing Corporation,（2001），April, "OCC − TIMS User's Guide version 2".

平仓后的现金流量，正值表示现金流入，负值表示现金支出。SPAN 根据计算出的风险值，减去净期权价值金额，作为应收客户的保证金（SPAN Total Requirement）：

SPAN 总体应收保证金 = SPAN 投资组合总风险值－净期权价值

以下将分别叙述以上各个风险值的计算方式：

1. 价格风险值

SPAN 为了衡量各资产组合在一天内可能的损益，考察了所有合约标的资产价格以及波动性的可能变化。由标的资产市价为出发点，分别向上和向下预估资产组合在一个考察区间带来的投资组合价值变化，为了避免投资组合的价格风险落在极端位置上，SPAN 特别将该考察区向上和向下分成三个区间来研究。同时又针对该标的资产研究它波动性向上与向下的改变。

另外 SPAN 还考虑深度虚值（价外）期权空头头寸额外面临的一个特殊风险问题。因为在一般情况下，随着到期日的逼近，标的资产不易大幅度的波动，使期权由深度虚值（价外）变为实值（价内），但在特殊的情况下，标的资产价格有可能大幅度改变，使期权由深度虚值（价外）变成实值（价内）。此时，卖出期权的人便会遭受极大的损失（中航油原油期权巨亏的部分原因）。为了将上述情况考虑在内，SPAN 在预估风险时加入了标的资产价格极端变化的情境，将标的资产向上向下各变化 2 个全距考虑在内，由于这种价格极端变化的可能很低，因此 SPAN 只考虑这种损失的某一比率，此比率通常是 35%。

2. 跨月价差头寸风险值

（1）跨月价差头寸风险值

所谓的跨月价差头寸风险值，指同一资产组合中不同到期月份的期货合约相对于现货基差变化的风险。因 SPAN 在考虑期货价格风险时，假设所有期货合约价格和现货价格变化作等幅的同向变化，但实际上不同到期月份的期货与现货间存在基差变化风险，所以要加入跨月价差风险值。如 LME 的铜期货，2005 年 12 月，远期 3 月合约与近期的现货月合约间基差为 180 美元左右，但 2006 年 3 月初下降到 85 美元附近。因此对于资产组合中含有不同到期月份的期货合约、或以不同到期月份为标的的期货期权合约，当合约头寸反向时，将这些合约形成跨月价差配对，以一个设定值计算跨月价差风险。

（2）复合的 Delta

由于 SPAN 是采用 Delta 值为基础形成价差头寸的，因此计算复合的 Delta 值就是为了计算跨资产间价差头寸与跨月价差头寸。Delta 值代表的是标的资产价格变化一个单位，期权价格变化的幅度。由于期权 Delta 是动态的，会随标的资产价格变化而不同。为了简化，SPAN 对每个合约只采用一个复合的 Delta 值代表。复合的 Delta 值是采用加权平均法计算的，越有可能出现的价格波动情境给的权重越高，价格极端变化的情境给的权重较低。因此复合的 Delta 考虑了资产价格变化、波动性、时间值等因素。

（3）跨月价差计算方式

对跨月价差配对的方式，SPAN 以净 Delta 值作为跨月价差配对单位，资产组合中的各合约，都以复合的 Delta 乘上净头寸计算一个净 Delta 值。然后再将同一资产组合内所有月份合约正的净 Delta 值相加，同时也将所有月份合约负的净 Delta 值相加，计算出这个资产组合内，所有合约的相当于标的资产的多、空头头寸数，然后将不同月份、头寸反向的期货或期货期权合约形成跨月价差头寸，配对直到多头或空头的 Delta 值抵消为止。最后 SPAN 将形成跨月价差配对的合约以设定值计算，其余未形成跨月价差配对的合约才需要预估价格风险。

3. 交割头寸风险值

SPAN 认为当可实际交割的期货合约（如有色金属期货合约）在到期交割月份时，由于期货价格会受到到期可交割供给量的影响而导致价格波动比非到期月份剧烈，因此 SPAN 对于到期交割月份考虑一定的额外交割头寸风险值。

4. 跨资产间的价差抵扣

由于不同资产组合间的价格波动一般存在相关性，因此价格的变化方向会有一定的联动性。例如 LME 铜期货和美元指数 2001 年 1 月 ~ 2006 年 1 月间相关系数为 - 0. 73，则当投资组合中持有这两个资产的同向头寸时（如铜期货多头和美元指数期货多头），则当某日美元指数跌幅较大时，铜价可能是上涨的，因此美元指数下跌的损失可以被铜价上涨的收益部分冲销。因此 SPAN 通过不同资产组合的抵扣空间来调整计算风险值时不同资产组合波动方向独立的假设。

5. 卖出期权的最低风险

在 SPAN 的预估范围中，卖出极端虚值（价外）期权几乎是没有风险的，或者说风险非常小。但如果标的资产价格大幅变化，使得期权变为实值（价内）时，卖出期权的投资者将面临极大的损失。为了包括这种风险，SPAN 设定了卖出期权最低的风险值要求，要求对每一个标的资产的期权空头寸，计算的风险值不得低于交易所的最低风险值要求。

（二） SPAN 系统的优缺点

通过以上描述可以知道，SPAN 系统主要有以下优点：

1. SPAN 全面地考虑各种风险的来源

SPAN 考虑了绝大部分的风险来源，包括标的资产波动性的变化、期权时间价值、同标的资产跨月价差头寸风险、实物交割的风险，以及不同资产组合间的产品间价差抵扣等。因此，对于风险来源的考虑可以说是很全面的。

2. 使用 Delta 对资产间价差进行配对，使资产间价差抵扣的分析简化，增加了计算的精确性

任一投资组合依照 SPAN 的分类标准，可能包含数种资产组合，而且同一资产组合中也可能包含数种相同标的资产但执行价不同的期权或到期日不同的期货。由于可能的组合种类甚多，加上期权价格与标的股票价格之间的变化不是线性关系，若 SPAN 没有引入 Delta 的概念，将使抵扣率计算的复杂度倍增。因此，SPAN 在计算资产间价差抵扣时，引入 Delta 的概念，大幅度地降低了抵扣率计算的复杂度，使整个分析简化，并增加计算上的精确性。

3. 使用复合 Delta 作为合约 Delta，间接考虑了 Delta 可能改变的 Gamma 风险

由于期权价格与标的资产价格间的变化不是线性关系，当价格变化过大时，用 Delta 不足以衡量标的资产价格变化对期权价格的影响。况且，期权的 Delta 会随标的资产价格的不同而不同。因此，SPAN 采用复合 Delta 作为合约的 Delta，不仅具有代表性，且同时考虑了 Delta 可能改变的 Gamma 风险。

尽管 SPAN 系统已经很完善，但仍然有改进的空间。一是资产组合间的抵扣率过多，计算过于烦琐。当资产组合种类增加时，价差配对过程复杂。二是 SPAN 对同一资产群不同资产组合间进行价差抵扣时，低估了可抵扣空间。计算产品间价差抵扣时，形成价差的头寸在 Delta 抵消后，仍和其他没有形成价差的头寸存在抵扣空间，而 SPAN 没有将这个抵扣空间考虑到计算中。三是没有完全反映投资组合风险分散效果。就算投资组合中各资产组合的头寸方向相同，无法形成价差，但当投资组合中资产组合或资产群个数增加时，投资组合风险会有所分散，而 SPAN 却没有在计算中考虑。

四　TIMS 系统的原理和特点分析

（一）TIMS 系统的计算原理介绍[1][2][3]

TIMS 的假设是：不同资产组合会以相同方向变化，因而不需要像 SPAN 那样以资产组合为单位预估价格风险，而是以资产群为基础预估价格风险。在单一资产群的各种价格风险情境下，罗列不同资产组合以同方向变化时的损益，在计算风险值时如果将相同情境下的获利与损失值互相抵消，将会低收保证金，因为不同资产组合虽有一定程度的联动

---

[1]　http：//www.theocc.com，The Options Clearing Corporation，（1999），"Product & Service：Theoretical Intermarket Margin System"．

[2]　The Option Clearing Corporation，（2001），April，"OCC – TIMS User's Guide version 2"．

[3]　The Options Clearing Corporation，（1997），Dec. 18，"CM – TIMS Operator's Guide Version 2. 6"．

关系，但只有在相关系数为 1 时，才会同方向变化，所以 TIMS 设计了一个比率 0.3 为抵扣率，作为不同资产组合间获利头寸扣抵风险头寸的比率。因此，TIMS 单一资产群价格风险保证金为：相同情境下，不同资产组合头寸有获利或损失时，按照交易所规定的抵扣率来计算获利头寸可以抵扣损失头寸的金额，剩余的风险值即为特定情境的风险值。一般取 13 种价格风险情境下最大的风险值为单一资产群的价格风险保证金，最后加上各资产组合的权益净值、跨月价差风险保证金、交割风险保证金得到总保证金。即

$$TIMS 单一资产群总保证金 = 权益净值 + 价格风险保证金 +$$
$$跨月价差风险保证金 + 交割风险保证金$$

其中，权益净值代表投资组合立即平仓的清算价值，权益净值 = 合约价值（市值）× 净头寸数 × 交易单位。各种风险保证金比较复杂，需要单独说明。

1. 价格风险保证金

TIMS 为了预估资产组合在一天内可能的损益变化，考察了所有合约标的资产价格可能的变化。由标的资产的市场交割价格为出发点，分别向上与向下计算资产组合在一个价格考察区间带来的资产组合价值变化，为了避免资产组合的价格风险不是落在极端位置上，TIMS 特别将该考察区间向上与向下分成五个区间来研究。

除了考虑市场价格波动变化外，TIMS 还设定了另外三个情境，其中两个情境是计算单一资产组合中"包含未对冲空头期权必须额外考虑的特殊风险"，和 SPAN 设定的"卖出期权的最低风险值"想法相同，都是考虑卖出期权后，在特殊情况下，如果标的资产价格有大幅度变化，卖出期权的投资者面临极大的损失，为了包括这种风险，TIMS 要求对每一个标的资产的卖出期权，计算的风险值不得低于该标的资产的某个百分比，而该百分比由交易所或清算机构设定。第 13 个情境是为配合各交易所限制每手合约最小保证金的规定，确保每手合约最后收取的价格风险保证金在某水平之上。

2. 跨月价差风险保证金

这部分指投资组合中不同到期月份合约的价差风险，因为 TIMS 在考虑期货价格风险时，假设所有不同月份合约价格变化都和现货价格变化作相同幅度的同向变化。但实际上，我们知道不同到期月份期货间存在基差风险。所以要在这里加入不同月份的价差风险保证金，方法是对同一标的资产头寸反向的期货或远期合约所形成的价差头寸，收取固定金额的价差头寸保证金。

3. 交割风险保证金

对于被指定交割但未交割的头寸，要以交割头寸保证金来反映其潜在的额外交割风险。

交割风险保证金 = 单位交割保证金 × 当月交割的头寸数

（二）TIMS 系统的优缺点

和 SPAN 不同，TIMS 系统有自身的特点。

1. 全方位地考虑市场风险

TIMS 系统考虑的风险来源包括标的资产价格变化的风险、现货与期货基差变化的风险、合约到期交割的风险等。

2. 能准确衡量单一标的资产的投资风险

TIMS 能充分考虑相同标的资产内所有合约在各种情况下的损益，因而能很好地反映单一类群的价格变化风险。

3. 资产群的设计使运算简化

按照资产的相关性，TIMS 把资产分成不同的资产群，不同标的资产间的风险抵扣只考虑属于同一产品群下的标的，而不考虑与所有资产的两两关系，并且同一资产群使用单一的抵扣率，提高了运算速度，减少了待估计参数。

4. 以 CRR 模型进行期权定价，使计算更有弹性

在计算期权理论价格时，TIMS 用二项式美式期权定价模型（简称为 CRR 模型）来计算，由于这个模型可同时处理欧式和美式期权，使期权理论价格的计算更富弹性。

5. 区分近月和远月的价差风险率，更符合市场实际

TIMS 考虑期货价差头寸风险保证金，对于快到期受现货市场供需影响较大的合约，给予较大的价差风险率，这样更能反映市场真实情况。

TIMS 系统的主要不足：一是资产群内设定单一风险抵扣率不能适用于所有情况。TIMS 给予每一资产群内的所有标的资产固定的抵扣率，在投资组合中只包含少数资产时，并不能准确地描述投资组合的风险。二是计算投资组合一天的风险值忽视了一些细微的风险。时间减少一天期权的价值变化，标的资产波动性的变化没有考虑，以现货价格变化作为期货价格变化与实际有差距。三是对价差风险保证金的计算不够精确。TIMS 在计算价差风险时，只考虑期货与远期合约的价差头寸，因此，当投资组合中包含现货期权或期货期权时，它与期货形成的价差头寸会被忽略，这部分被忽略的价差风险将使投资组合的总风险被低估。

五 SPAN 和 TIMS 的综合比较

综合以上的介绍，下面将 SAPN 和 TIMS 保证金计算的差异归纳如下。

1. 预估价格风险时的考察区间不同

在预估价格风险时，SPAN 将考察区间向上和向下各分成三个区间，并考虑每种价格变化情境下波动性向上和向下的改变，以及考虑极端情况的风险值，共形成 16 种情境。而 TIMS 则将价格考察区间分成向上及向下各五个区间，没有考虑波动性的改变，加上其特殊考虑的 3 个情境，共 13 个情境。因最新版的 TIMS 系统已经考虑到波动性变化，所以 SPAN 及 TIMS 系统在价格分区及波动性分区上，都可以按照使用者要求作适当调整，因而这项差异并不大。

2. 卖出期权的最低风险

对于卖出期权的最低风险，SPAN 和 TIMS 都是按照交易所公布的值作为最低风险值，但考虑的顺序不同，这并不影响两系统的保证金计算。SPAN 以单一资产群考虑空头期权头寸数时，只有相同资产组合才

能形成有保护的期权（指有相应标的资产对冲），所以计算的空头期权头寸数和 TIMS 计算的头寸数相同。因此，只要两系统设定相同的最低风险值水平，计算出的保证金是相同的。

3. 交割风险定义不同

SPAN 和 TIMS 都考虑了资产在接近交割时，现货市场的供需会造成波动性升高的风险，而收取交割风险保证金。但 SPAN 对交割月份且为实体的合约（指实际可以交割，如基本金属）收取交割风险保证金，而 TIMS 是对被指定交割但还未交割的头寸收取交割头寸保证金。

4. 跨月价差的计算方式不同

SPAN 和 TIMS 在计算不同到期月份期货合约的风险值时，以各个月份的期货市价为出发点，采用和现货一样的价格考察区间，向上和向下估算风险值。因此，当一个资产组合包含不同到期月份的期货时，因各个月份的价格估算风险完全相同，所以一个多头和一个空头的不同到期月份合约，损益是可以完全抵消的。但实际上，虽然不同到期月份的期货合约和现货的联动性极高，但还是会有相当程度的价差，因此 SPAN 和 TIMS 分别设计了不同跨月价差计算方式。

（1）SPAN 计算跨月价差方式：所有相同标的资产不同月份的期货和期货期权合约，头寸反向时都可以形成跨月价差配对。

（2）TIMS 计算跨月价差方式：只考虑不同月份的期货与远期的跨月价差配对。

在单一资产组合内只包含不同月份的期货或远期合约资产时，只要两系统设定的价差率相同，计算的跨月价差保证金是一样的，因为期货的 Delta 是 1，所以在 SPAN 系统计算价差配对时，空头和多头的不同到期月份期货合约会以 1∶1 的比率形成配对，在 TIMS 中也是以这样的方式配对。

但是当单一资产组合内除了包含不同期货或远期合约外还包含期货期权时，用 SPAN 计算的风险值将比 TIMS 计算的风险值精确。因为 SPAN 以净 Delta 值作为期权合约对应的标的期货头寸数（如铜期权的 Delta 值是 0.6，则一手铜期权对应铜期货 0.6 手），这样可以考虑到以不同月份为标的合约跨月价差风险，但是 TIMS 没有从净 Delta 值角度考虑，因此无法考虑期货期权合约的跨月价差风险。

以下举例说明：假设一个资产组合包含买入一手深度虚值（价外）的近期六月铜看涨期权（call）（复合 Delta = 0.2），及卖出一手深度实值（价内）的远期九月铜看涨期权（call）（复合 Delta = 0.8）。

（1）SPAN 计算时会按照净 Delta 作为价差配对基础，以上头寸可形成一个 0.2 手的价差配对铜期货头寸和 0.6 手未形成价差配对的铜期货头寸，然后按照价差率计算价差配对头寸的跨月价差风险保证金，未形成价差配对的头寸则计算价格风险保证金。

（2）这两个铜期权头寸，TIMS 则分别按照六月铜期货与九月铜期货的市价为出发点，采用和现货一样的价格参考区间，分别计算出各个情况下期货的理论价格，然后通过二项式期权定价（CRR）模型，计算各个情况下六月和九月铜期权的理论价格。因为在同一资产组合内，所以两个期权合约会被视为同方向变化，在各个情况下的损益都会有相互抵扣的效果。

通过例子我们可以注意到，TIMS 的计算方式没有考虑不同月份的期权会有跨月价差风险，因此将标的为不同月份的期货期权合约当做同方向变化，并将特定情况下损益相抵扣的作法，会忽略不同月份合约在特定情境下可能有不同变化的情况。这也是目前拥有期货期权合约的交易所大多使用跨月价差计算较为精确的 SPAN 系统的原因。

5. 跨资产间价差抵扣的方式不同

对于不同的资产组合，SPAN 利用抵扣率来扣抵不同资产变化都不相关的假设下所高估的风险值。对不同资产都同方向变化的假设下低估的风险值，TIMS 则利用一个较低的抵扣率来计算赚钱头寸可以抵扣赔钱头寸的比率以调整其低估的风险值。两系统分别建立在一个重要的假设下，利用一定的调整方式，希望算出更贴近投资组合的风险值。这样就导致了当风险值被高估时，可以保障风控的安全性，但风险值被低估时，则会造成风控的失察。

六　对保证金作用的争论

不能使用何种方法计算保证金，对保证金的设置水平、管理办法一直处于争论之中。对保证金的看法主要有两类观点，一种观点认为保证金可以降低期货市场的违约风险，因此提高保证金可以降低市场波动性，因为调高保证金将会增加投资人的交易成本，提高保证金对投机者的冲击比避险者大，使得投机者退出市场，可以降低市场的波动性。

Brennan（1986）[1] 认为，当投资者因亏损而违约时，虽然经纪公司和清算所可以通过法律索赔，但耗时费力，并且不一定能完全收回损失，而保证金在弥补部分亏损的同时可以防止损失进一步扩大，因此保证金制度可以适当保护经纪公司与清算所。Bernanke（1990）[2] 认为，清算所充当了期货交易的对方，使交易者不用担心对手的违约风险，这样能够增加期货市场交易的活跃度，而保证金是清算所担任该角色所采取的自保措施。另外，清算所可以通过保证金账户了解客户的财务状况和交易活动。Hardouvelis and Theodossiou（2002）[3] 研究股市上涨和下跌的不同时期，保证金与市场波动间的不对称关系，发现保证金在牛市与熊市中有不一样的影响。认为积极的保证金准备政策应该是正周期性的，也就是在股价上升时要增加保证金准备，股价下跌时要减少保证金准备。

另一种观点则相反，认为保证金会增加品种的流动性成本，使部分市场参与者退出市场，导致市场流动性下降，增加市场波动性，并且保证金作为政策性工具其效果也很差。

---

[1]　Brennan，Michael J. （1986），"A Theory of Price Limits in Futures Markets"，*Journal of Financial Economics*，16，pp. 213 – 233.

[2]　Bernanke，B. （1990），"Clearing and Settlement During the Crash"，*Review of Financial Studies* 3，pp. 133 – 151.

[3]　Gikas A. Hardouvelis and Panayiotis Theodossiou （2002），"The Asymmetric Relation Between Initial Margin Requirements and Stock Market Volatility Across Bull and Bear Markets"，*Review of Financial Studies*，Oxford University Press for Society for Financial Studies，Vol. 15 （5），pp. 1525 – 1560.

Figlewski（1984）[①] 认为当投资者将保证金存入期货账户后，保证金的所有权仍没有改变，由于此笔资金已无法挪作他用，因而使交易者在期货交易后的流动性不如交易前，从而产生流动性成本。Hartzmark（1986）[②] 认为当保证金增加时，因流动性成本增加，会降低市场对期货交易的需求，其实证发现保证金水平与未平仓合约呈负相关关系。

另外，一些研究结果显示，无法证实保证金和市场波动性之间存在明确的相关性，因此是否作为政策性工具仍有待商榷。Anderson（1981）[③] 认为保证金可用国库券缴存，有利息收入，等于一个持有期货和债券的投资组合，保证金的变动将导致另一市场头寸的缩小而不影响期货市场；同时，由于日内交易并不受限于初始保证金，因而保证金变动对于交易量并无显著影响，保证金水平和投资者行为无关，所以无法发挥政策性功能。Schwert（1989）[④] 认为增加期货保证金会增加期货投资者的交易成本，并且导致交易者到美国以外的市场进行交易。Fishe et al.（1990）[⑤] 和 Kupiec（1993）[⑥] 的实证也发现了类似情况，因此认为保证金不适宜作为政策性工具。

虽然有上述争论，并且实证的结果也有分歧，但通过保证金交易股指衍生品成为市场主流已是不争的事实。目前全球衍生品交易量远大于现货市场交易量，据国际清算银行数据显示，2011 年全球衍生品成交

[①] Figlewski, S. (1984), "Margins and Market Integrity: Margin Setting for Stock Index Futures and Options", *Journal of Futures Markets*, 4, pp. 385 – 416.

[②] Hartzmark, M. (1986), "The Effect of Changing Margin Levels on Futures Market Activity, the Composition of Traders in the Market, and Price Performance", *Journal of Business*, 59, pp. 147 – 180.

[③] Anderson, R. (1981), "Comments on Margins and Futures Contracts", *Journal of Futures Markets*, 2, pp. 259 – 264.

[④] Schwert, G. William (1989), "Margin Requirements and Stock Volatility", *Journal of Financial Services Research*, Vol. 3, pp. 153 – 64.

[⑤] Fishe, R. P. H., L. G. Goldberg, R. F. Gosnell and S. Sinha (1990), "Margin Requirements in Futures Markets: Their Relationship to Price Volatility", *Journal of Futures Markets*, 10, pp. 541 – 554.

[⑥] Kupiec, P. (1993), "Futures Margins and Stock Price Volatility: Is There Any Link?", *Journal of Futures Markets*, 13, pp. 677 – 691.

量达到 244 亿张，较 2010 年增加 10%。因此，可以说保证金交易降低了交易成本，提高了投资者资金使用效率。

七　小结

目前全球 90% 以上的交易所以 SPAN 系统为主进行清算，这些交易所大部分是期货交易所或者有期货期权合约的交易所，如芝加哥商品交易所（CME）、新加坡交易所（Singapore Exchange）、香港期货交易所（Hong Kong Futures Exchange）等。而另外 10% 以 TIMS 系统为主，这些交易所大多有个股和个股期权，如美国的选择权清算公司（OCC）和韩国证券交易所等。

全球 90% 以上的交易所使用 SPAN 系统的主要原因除了上文提到的优点外，还有一个更重要的原因是 SPAN 系统可以跨交易所计算保证金。为了让使用者在不同交易所进行交易时只需缴纳各头寸抵扣后的部分保证金，SPAN 系统特别引入了"交易所群（Exchange Complexes）"的概念，让客户在跨交易所交易时，可以联合计算保证金。所谓交易所群，是指某些交易所中的部分合约性质相近或标的资产相同，被 SPAN 视为同一资产类别，放在一起计算保证金，则这些交易所就被视为同一交易所群。

面对金融期货、期权等产品创新热潮，国内交易所正在考虑建立自己的保证金系统和风险管理规则。SPAN 和 TIMS 这两大系统各有特色，整体而言 SPAN 更有优势，使用也更加广泛。我们在发展自己的保证金计算体系时，应该高度重视 SPAN 和 TIMS 系统的设计原理和基本思想，充分吸收它们的优点。同时，也要充分考虑中国资本市场的实际，在确保安全的前提下，使交易所和经纪公司对客户的保证金收取更公平、更有效率。

第五节　对企业投资股指等衍生品监管的国际经验

随着中国经济的崛起，中国经济的全球化程度越来越高，很多企业不再满足于本地市场，开始"走出去"，收购国外企业或到国外建厂，或到其他国家购买原材料或融资，国际化的结果使越来越多的企业暴露在全球的金融风险之下。面对国际化的价格和汇率等风险，国际化企业开始通过国际衍生品市场进行避险或套期保值，以降低国际化过程中的金融风险。Bodnar et al.（1995）[①]进行的调查发现，基础产业（农、矿）使用包括期货期权在内的金融衍生品比例占50%，制造业为40%，而服务业仅为14%。他们于1998年的调查数据显示为，基础产业（农、矿）中用户比例占68%，制造业为48%，服务业为42%，比例都有明显提高，尤其以服务业最为明显。服务业的变化幅度最大，显示近年来随着经济、金融国际化的趋势加强，因汇率、利率等风险增高，因此使用金融衍生品避险的动机更可能增强。

但是，在2007年次贷问题导致的金融危机中，中信泰富利用累积期权进行保值导致的上百亿巨额亏损使得衍生品投资的监管问题再一次被推到了风口浪尖上。随着中国企业的国际化过程加快以及国际金融资产波动的加剧，越来越多的企业会加入到衍生品市场中进行避险。因此，借鉴西方发达市场监管经验对我国避免再次发生类似于中信泰富巨额亏损的案例非常有借鉴意义。

一 企业进行衍生品投资的动机

对于企业为什么要参与到衍生品投资市场中，很多学者进行了研究，主要原因可以归结为以下几个方面：规避汇率和原材料风险、弥补投资不足、避税，以及降低信息暴露程度等。

（一）规避汇率和原材料风险

期货、期权等衍生品出现在市场上，其最初的基本目的就是为了规避标的物的价格风险。因此，企业进行衍生品投资的最重要目的还是为了规避越来越频繁的原材料价格以及汇率波动。

---

① Bodnar, G. M., Hayt, G. S., Marston, R. C. and Smithson, C. W.（1995），"Wharton Survey of Derivatives Usage by US Non-financial Firms", *Financial Management*, 24（2），pp. 104 – 114.

Geczy et al. （1997）[1] 研究认为，公司在进行全球化运营时，面临的汇率风险越大，则使用汇率相关衍生品进行避险的需求越大。类似的，Markar and Huffaman （1997）[2] 发现汇率风险暴露程度会影响公司对金融衍生品的使用程度，当公司从事国际贸易或在海外有业务时，公司会受到原材料和汇率波动的影响，为了降低价值的波动性，公司有动机去进行避险活动。Howton and Perfect （1998）[3] 研究美国跨国企业发现，纺织业及皮革业由于面临严重的原材料价格波动风险，因此使用金融衍生品的比例较高。

（二）弥补投资不足

Myers （1977）[4] 把公司潜在投资机会视为期权，当股东不能从执行该投资机会中得到好处而债权人得到大部分好处时，股东将可能放弃该有净现值的投资机会，即产生了投资不足的问题（Under-investment Problem），由于股东可能采取投机的行为，也使债权人不敢借钱给公司。如采用金融衍生品避险，将公司现金流量过多部分分配到资金不足部分以减少投资不足问题，并降低债权人的疑虑。因此，当外部资本市场效率过低造成融资成本过高时，公司会增加金融衍生品的使用，以防止投资计划所需现金流量短缺造成投资不足的问题。

Gay and Nam （1998）[5] 以 Business Week 1000 大企业中的 486 家公司为研究对象，探讨投资不足问题对公司避险决策的影响，实证结果发现：当公司负债比率越高、管理者持股价值越低、投资机会越多、投资

---

① Geczy C. , Minton, B. A. and Schrand, C. （1997）, "Why Firm Use Currency Derivatives", *The Journal of Finance*, 52 （4）, pp. 1323 – 1353.

② Markar, S. D. and Huffman, S. P. （1997）, "Foreign Currency Risk Management Practices in U. S. Multinationals", *Journal of Applied Business Research*, 13 （2）, pp. 73 – 86.

③ Howton, S. D. and Perfect, S. B. （1998）, "Managerial Compensation and Firm Derivative Usage: An Empirical Analysis", *Journal of Derivatives*, 6 （2）, pp. 53 – 64.

④ Myers, S. （1977）, "Determinants of Corporate Hedging Policy", *Journal of Financial and Quantitative Analysis*, 31 （3）, pp. 419 – 437.

⑤ Gay, G. D. and Nam, J. （1998）, "The Underinvestment Problem and Corporate Derivatives Use", *Financial Management*, 27 （4）, pp. 53 – 69.

不足问题越严重时，企业参与金融衍生品市场的程度越高。Guay
(1999)[1] 随后进行的研究也证实了上述观点。

（三） 避税

Mayers and Smith （1982）[2]，Smith and Stulz （1985）[3] 等认为，企
业税前所得的波动将会增加税收负担，因此有进行避险以降低税前所得
波动从而降低整体税收的动机。当公司应赋税所得处于税收函数凸性区
域时，使用衍生品进行避险的整体效果越好。Nance et al. （1993）[4] 认
为规模较小的公司，其应赋税所得处于税收函数凸性区域的可能性较
大，因此小公司较倾向于避险。

另外，一些学者从避险工具间互相替代的角度研究企业参与衍生品
市场的动机。如在现货避险与衍生品避险之间选择时，由于衍生品是保
证金交易，降低了企业避险的资金要求，因此现金流不足的企业愿意选
择衍生品进行避险，如 Nance et al. （1993）[5]，Geczy et al. （1997）[6]，
等等。

二 投资衍生品对企业风险的影响

一般而言，公司通过衍生品进行避险会降低公司整体财务风险。
但如果公司的衍生品头寸太大，将保值避险变为投机，则可能增加
公司财务风险。2004 年发生的中航油原油巨额亏损事件就是很好的
案例。

① Guay, W. R. （1999）, "The Impact of Derivatives on Firm Risk: An Empirical Examination of New Derivative Users", *Journal of Accounting and Economics*, 26 （1 - 3）, pp. 319 - 351.

② Mayers, D. and Smith, C. W. Jr. （1982）, "On the Corporate Demand for Insurance", *Journal of Business*, 55 （2）, pp. 73 - 86.

③ Smith, C. W. and Stulz, R. M. （1985）, "The Determinants of Firm Hedging Policies", *Journal of Financial and Quantitative Analysis*, 20 （4）, pp. 391 - 405.

④ Nance, D. R., Smith, C. W. Jr. and Smithson, C. W. （1993）, "On the Determinants of Corporate Hedging", *The Journal of Finance*, 48 （1）, pp. 267 - 284.

⑤ Nance, D. R., Smith, C. W. Jr. and Smithson, C. W. （1993）, "On the Determinants of Corporate Hedging", *The Journal of Finance*, 48 （1）, pp. 267 - 284.

⑥ Geczy C., Minton, B. A. and Schrand, C. （1997）, "Why Firm Use Currency Derivatives", *The Journal of Finance*, 52 （4）, pp. 1323 - 1353.

Guay（1999）[①] 利用 335 家上市公司财务数据研究企业使用金融衍生品对公司风险的影响，实证结果发现：使用金融衍生品避险会降低公司风险；当公司增长性投资机会增加时，使用金融衍生品避险程度与公司风险变动呈显著的负相关。

Hentschel and Kothari（2001）[②] 比较使用以及没有使用金融衍生品的公司所面临的汇率风险暴露是否不同，实证结果发现：金融衍生品能够在一定程度上降低财务公司的汇率风险。

但是有学者认为，企业使用金融衍生品具有投机效果，金融衍生品的使用将会增加而非降低公司风险。Dolde（1993）[③] 与 Bodnar et al.（1995）[④] 的研究指出，企业在选择是否要使用金融衍生品时，有时也会观察市场活动来决定金融衍生品的组合，也就是观测未来市场走势。这意味着公司相信自己对于未来市场走势的判断，从而采取不同的避险比率。换言之，企业使用金融衍生品具有投机性质。

抛开衍生品对参与企业风险影响的学术争论，在实际中，特别是 2008 年金融危机中，确实有不少国内企业因为参与了衍生品交易导致巨亏。因此，借鉴发达市场监管经验对国内企业仍具现实意义。

三　国外的相关信息披露监管经验

衍生品具有高杠杆交易、高风险的特点。如果风险控制不力或疏于管理将给公司带来很大的财务负担，甚至灭顶之灾。因此，加强投资衍生品的市场财务信息监管与披露显得非常重要，各国会计界和国际会计组织纷纷加入衍生金融工具会计实务研究的行列中，制定了一系列的准

[①] Guay, W. R. (1999), "The Impact of Derivatives on Firm Risk: An Empirical Examination of new Derivative Users", *Journal of Accounting and Economics*, 26 (1 – 3), pp. 319 – 351.

[②] Hentschel, L. and S. P. Kothari (2001), "Are Corporations Reducing or Taking Risks with Derivatives?", *Journal of Financial and Quantitative Analysis*, 36, pp. 93 – 118.

[③] Dolde, W. (1993), "The Trajectory of Corporate Financial Risk Management", *Journal of Applied Corporate Finance*, 6, pp. 33 – 41.

[④] Bodnar, G. M., Hayt, G. S., Marston, R. C. and Smithson, C. W. (1995), "Wharton Survey of Derivatives Usage by US Non-financial Firms", *Financial Management*, 24 (2), pp. 104 – 114.

则公告。其中，国际会计准则委员会（IASC）和美国财务会计准则委员会（FASB）公布的规则影响最大。

（一）国际会计准则中的相关规范

国际会计准则委员会（IASC）自 1973 年成立以来一直致力于制定和推广国际会计准则 IAS。1995 年 IAS No. 32 公布，重点描述金融产品的信息披露与规范。1998 年 12 月公布 IAS No. 39，其规范已从 IAS No. 32 的信息披露层面，提升至衡量与认列层次。另外，IASC 分别在 2008 年和 2009 年对 No. 32 和 No. 39 相关规则进行了修改。

IASC 在 IAS No. 32 中对衍生金融工具的信息披露作了详细规定，它要求披露的内容主要有：衍生品合约的票面金额、持续期、约定的利率、汇率，以及关于利率、信用、现金流风险等信息。

2008 年次贷危机后，IASC 对 IAS No. 32 中有关可回售金融产品的信息披露进行了修改，主要内容有：当持有人要求赎回/回售时，发行公司此赎回义务的目标、政策及程序；金融产品赎回/回售时预计现金流出量及预计现金流量计算的相关信息。

IAS No. 39 则对上述披露进行了补充和修订，披露的信息有：利用衍生品避险的方式，如公平价值还是现金流避险、重要类别的保证金水平；初次披露后，衍生资产因公允价值变动形成的损益是否在当期计入，或直接在权益中确认，直到这些衍生金融资产被处置；关于套期保值的披露，等等。

（二）美国财务会计准则公报第 105 号、第 107 号及第 119 号

由于早期的会计准则仅包含了远期合约和期货合约，没有涵盖所有衍生品种，很多企业在交易衍生品时没有进行适当披露，导致了财务报表难以比较或无法出具相关财务报表，甚至出现了风险事件。因此，FASB 陆续开始研究相关会计处理准则，先后发布了第 105 号、第 107 号及第 119 号共三个财务会计准则公报。

尽管美国财务会计准则委员会已经对金融衍生品的会计处理发布了许多准则公报，但仍存在不少问题，基于投资者压力，FASB 于 1998 年 6 月发布 SFAS No. 133 "金融衍生性商品会计处理与避险活动"，结束

了金融衍生品会计信息处理长达十多年的争议，为所有金融衍生品提供了一套完整且一致的会计信息处理指引。

①基本披露信息：包括持有或发行衍生品的目的及相关背景资料；②额外披露信息：包括不同避险方法的损益、超出避险范围的损益及其在报表上的表达方法、预期避险最长时间等；③鼓励揭露事项：包括参与金融衍生品的目的与策略。

很多学者对国际会计准则和美国财务会计准则公报的作用进行了研究，总体而言认为，这些规则有助于投资者决策时进行参考，增加了信息的透明度。Gordon and Partners（2002）[1] 的研究结果显示，IAS No. 39 新准则的制定，提高了企业风险暴露的透明程度，有利于降低企业和整体经济风险。Anwer，Emre and Gerald（2006）[2] 指出，美国在实施 SFAS No. 133 公报后，可以提高银行参与金融衍生工具的风险透明度。

四　对国内监管的借鉴

目前国内对企业参与衍生品市场的主要信息披露规范包括《上市公司信息披露管理办法》《国有企业境外期货套期保值业务管理办法》《沪、深交易所股票上市规则》等。

但上述监管规范在及时掌握企业利用衍生品避险的相关信息方面仍然比较滞后。如《上市公司信息披露管理办法》和《沪、深交易所股票上市规则》都要求上市公司必须披露与其证券本身及其衍生品相关的重大敏感信息，但未明确规定上市公司投资的衍生品必须披露。在中信泰富巨额亏损的案例中可以看到，其中一个重要原因就是他们隐瞒了大量持有澳元衍生品的事实，而监管部门事后才得知。因此，严格相关信息披露，及时处理能够降低企业风险。作为监管者可以从以下角度考虑。

---

[1]　Gordon，C. and P. Partners（2002），"IAS 39 Compliance：Ensuring Transparency and Credibility"，*Financial Technology*.

[2]　Anwer，S. A.，K. Emre and J. L. Gerald（2006），"Does Recognition Versus Disclosure Matter? Evidence from Value-relevance of Banks' Recognized and Disclosed Derivative Financial Instruments"，*The Accounting Review*，81（3），pp. 567 – 588.

（一）在报表中披露增设衍生品交易相关科目

如增设期货保证金、衍生金融工具等科目。目前投资者在我国的会计报表上很难找到衍生金融工具的相关财务信息，同时，不同会计机构对衍生品处理方法也没有统一，导致投资者无法通过报表分析公司财务状况，而监管者也不能及时监管。

（二）及时披露衍生品交易和持有的相关信息

在 2007 年开始的次贷危机中，很多企业因为投资海外衍生品没有及时公布相关信息，结果导致巨额亏损或破产。如国内的中信泰富、上海航空等，美国的贝尔斯登破产都是很典型的案例。因此，在报表中及时反映其价格、保证金水平、到期时间、公允价值及计算方法等信息，在持有期间反映衍生品头寸的价值以及预亏时在报表中的处理等显得很重要。

随着经济的全球化，大幅的汇率或原材料价格变动不仅会影响企业的产销成本，而且会威胁到企业生存。因此，在合理的风险控制前提下，企业的合理选择仍然是通过衍生品市场进行避险或保值。

因此，在目前国内衍生品种缺乏、企业仍然需要利用国际市场衍生品种保值和避险的前提下，禁止企业到海外交易衍生品是不现实的。在 2008 年的次贷危机中，国内众多企业如蒙牛、太子奶、深南电、双铁、中信泰富、中国高速传动、中华英才网、华润集团等参与海外衍生品投资巨亏的案例中可以看到，上述风险事件发生的主要原因是风险控制、信息披露和监管等方面出了问题，而非衍生品本身的问题。因此，如何在风险可控的状况下合理利用衍生品避险仍是监管者和企业急需解决的问题。

第六节　股指等衍生品表外业务对银行
风险影响的国际经验

一　银行参与金融衍生品交易的目的

20 世纪 80 年代以来，随着汇率和利率波动导致的金融资产价格波动的增加以及金融衍生产品的丰富，银行使用金融衍生品的数量已经快速地增长，到 2006 年底，10 个主要工业国银行中持有的金融衍生品总值高达 10 万亿美元。Alan and Shyu（2003）[1] 研究后认为，金融衍生品交易量的增长强调了银行业本质上的快速转变，其传统的存放款业务正逐渐式微，而衍生品交易量会逐步增加。

从机构角度看，一般认为机构参与金融衍生品交易可以带来很多好处：①减少融资成本；②增加资金获得途径或分散资金来源风险；③调整资产结构；④增加资产收益；⑤消除或降低汇率风险或利率风险；⑥增加手续费收入；⑦规避法规限制；⑧增加操作技巧、建立信用和知名度；等等。金融衍生品出现后，很多学者研究了银行为什么参与衍生品交易，一般认为有以下几个原因。

1. 新的主导业务

由于传统银行业务的式微，传统银行靠利率差生存的经济环境正在发生变化，银行需要通过服务来获利，即现代银行的主要获利来自服务费的收入，并且银行可以通过交叉销售和加强顾客间的关系来增加价值。

John and Sons（1996）[2] 认为，银行操作金融衍生品是因为银行执行了两个主要的功能。其中一个是银行在金融衍生品交易中扮演中介的角色，处理投资者间的交易，在交易金融衍生品时，银行从中收取服务费用。也就是说，银行扮演一个经纪人的角色，撮合交易。银行在金融衍生品交易中的另一个角色是作为交易对手（做市商）参与交易，保证市场的流动性。在这两个角色中，银行收入的形式包括交易费、买卖间的价差和交易的利润。

2. 避险

众多研究显示，具有较高财务危机可能性的银行，可以利用金融衍

---

① Alan Reichert and Yih-Wen Shyu（2003），"Derivative Activities and the Risk of International Banks: A Market Index and VaR Approach", *International Review of Financial Analysis*, 12, pp. 489 –511.

② John Wiley and Sons, Inc（1996），"Derivatives Usage and Interest Rate Risk of Large Banking Firms", *The Journal of Futures Market*, Vol. 16, No. 4, pp. 459 –474.

生品避险获得收益。这暗示高财务杠杆的银行有可能面临倒闭的危机，因而相对更倾向使用金融衍生品进行避险。研究者发现小公司的破产成本较高，因此建议小型银行需要运用金融衍生品来避险并可以从中获利。然而，使用金融衍生品来实行风险管理或是避险的活动的成本很高，这可能会使小银行避免使用金融衍生品。

Elijah，Bernadette A. and James T.（2000）[1] 认为，由于银行的借贷、存款和管理资产负债表等业务，需要银行运用金融衍生品来规避利率和外汇波动所产生的风险，并且银行会使用金融衍生品来防范它们的传统借贷业务和规避存放款业务所衍生出来的风险暴露。另外，通过衍生品进行投资组合，也是降低资产风险的一种途径。

3. 套利

在金融市场中，可以利用金融商品价格的差异来操作金融衍生品以达到套利的目的。作为投资者，银行可以利用资金成本差异来操作金融衍生品；作为做市商，当市场中价格不一致的情况发生时，银行通常会迅速发现并进行无风险的套利。

4. 规避管制

银行是一个受到高度管制的产业，受到各种国内和国际机构的监管。因此 Joseph F. and Carter（2000）认为，这种受管制的环境是导致一些银行积极操作金融衍生品的重要决定因素。另外，银行的资本充足率和对存款进行保险也是银行操作金融衍生品的诱因。

此外，当央行要求各银行提高如存款准备金率和资本充足率时，增加了银行的经营成本，而表外的金融衍生品交易可以避免这类不利，也导致银行积极从事表外活动。

由此可见，除了因为金融市场的发展导致银行不得不参与到衍生品市场中进行竞争而获得生存机会外，避险、套利以及规避管制也是银行参与衍生品表外业务的主要原因之一。

---

① Elijah Brewer III, Bernadette A. Minton, James T. Moser（2000），"Interest-rate Derivatives and Bank Lending"，*Journal of Banking and Finance*，Vol. 24，Iss. 3，pp. 353 – 379.

二　银行从事金融衍生品对其风险影响的理论与实证结果

银行表外业务是相对于表内业务而言的，是指银行所从事的未列入银行资产负债表以及不影响资产和负债总额的经营活动，简称为表外业务。而表外的资产负债业务包含各种形式的保证和金融衍生品，如期货、远期合约、期权与互换等。它一般是不增加记账资产和接受存款的银行业务，通常为收费性质的业务，不受金融监管机构对财务报表要求的约束。表外业务虽未列入资产或负债，但因其对银行未来的现金流会产生不小影响，所以银行的价值也受到表外业务的影响。由于衍生品是杠杆交易，因此衍生品表外业务对银行的影响比一般的表外业务要大。

（一）金融衍生品对银行风险影响的理论

衍生品表外业务与银行风险之间关系的假说主要有道德风险假说、投资不足假说、多元化假说、期权假说四种，不同的理论对银行风险与从事衍生品之间关系的描述有所差距，以下分别简单说明。

1. 道德风险假说

在固定存款保险费制度下，如果银行的资产风险增加，保险费并不因此而增加，加上从事金融衍生品的资产不列入资本管制，因此银行愿意从事表外活动以增加财务杠杆，并获得存款保险的风险补贴。Benvenist and Berger（1986）[①] 认为在单一费率的存款保险制度下，存款保险公司相当于卖出一个卖权，并收取权利金；银行就相当于买入一个卖权，银行风险会增加，使期权价值很大。即该假说认为银行的风险会随其表外活动的增加而增加。

2. 投资不足假说

在资本充足率的要求下，银行一般不能以较高的财务杠杆经营，所以有些很不错的投资计划也会被否决，此时银行可以通过表外业务融入

[①] Benveniste, L. M. and A. N. Berger（1986）, "An Empirical Analysis of Standby Letters of Credit", *Proceedings of the Conference on Bank Structure and Competition*, Chicago: Federal Reserve Bank of Chicago, pp. 387 – 412.

资金，解决投资资金不足的问题。该假说假设这类银行风险较高，因此表外活动与银行风险有正的关系。

3. 多元化假说

Pavel（1988）[1] 认为银行从事金融衍生品交易是为了对资产投资组合进行多元化，分散投资组合风险，因此参与衍生品表外业务降低了银行总体风险。

4. 期权假说

Hassan（1993）[2] 把资产负债表外活动看成一个期权，即客户有权在一定的期间内，以一定价格将其标的资产卖给银行，也就是银行卖一个卖权给客户。当客户在有利的条件下行权时，将增加银行风险。但从另一个角度看，银行只是期权市场中的一个客户，银行也将在有利的条件下行权，因此金融衍生品与其自身风险的关系为负相关。

（二）金融衍生品对银行风险影响的实证结果

关于银行风险与表外衍生品活动间的关系，上述四个常见假说给出了两种截然不同的观点。虽然 20 世纪 70 年代初期衍生品交易就开始了，但直到 1983 年，美国金融检查委员会才要求银行统一定期申报报表，披露资产负债表外活动信息，此时才开始有银行风险和表外衍生品活动的相关实证。在实践中，银行与操作金融衍生品之间的关系到底如何呢？

Lynge and Lee（1987）[3] 以 1984～1985 年美国 81 家大银行为样本，发现权益风险和表外衍生品业务在统计上有显著的负相关，系统风险和

---

[1]　Pavel，C.（1988），"Loan Sales have Little Effect on Bank Risk"，*Economic Perspectives*，Federal Reserve Bank of Chicago，（May/June），pp. 23 – 31.

[2]　Hassan，M. Kabir，Gordon V. Karels and Manferd O. Peterson（1993），"Off-Balance Sheet Activities and Bank Default-Risk Premia：A Comparison of Risk Measures"，*Journal of Economics and Finance*，Vol. 17，No. 3，Fall，pp. 69 – 83.

[3]　Lynge，M. and C. – F. Lee（1987），"Total Risk，Systematic Risk，and Off-Balance Sheet Risk for Large Commercial Banks"，*Working Paper*，University of Illinois at Urbana-Champaign.

表外的活动则没有显著的负相关。

王宏文（1999）[1] 使用中国台湾地区 1994～1999 年的 27 家银行的横截面和时间序列数据，以 β 风险、权益风险和隐含风险为指标，发现金融衍生品与银行的系统风险没有显著的关系，但与银行的总风险之间有显著的负相关。

Joseph F. and Carter（2000）[2] 研究发现，当用 12 个月的利率期限缺口来衡量时，银行使用金融衍生品和利率风险之间呈正向关系，即银行使用利率金融衍生品会增加银行的利率风险。早期，Beverly J. Hirtle（1997）[3] 对金融控股公司的研究也发现了类似结论：金融控股公司使用利率金融衍生品，也会导致其利率风险 β 值的上升。

Alan and Shyu（2003）[4] 使用多元指数模型和修正后的风险值模型分析银行使用金融衍生品和其风险间的关系。实证结果发现：使用期货，只有在美国银行中会增加市场风险和修正后风险值，在欧洲银行中会降低货币风险和修正后风险值，在日本银行中则没有显著影响。而使用期权，在美国、欧洲和日本的银行中都会增加其利率风险的 β 值。另外，使用利率互换，在日本银行中则会增加修正后风险值，降低其货币风险，在美国的银行中会降低市场和修正后风险值，而在欧洲的银行中则会降低其市场风险。使用货币互换，在日本银行中对风险没有显著影响，在美国的银行中会降低利率、货币和修正后风险值，在欧洲银行中会增加其货币和修正后风险值。

①　王宏文：《银行资产负债表外业务与其风险关系之实证研究》，（台湾）中山大学财务管理研究所硕士学位论文，1999。

②　Joseph F. Sinkey, Jr. and David A. Carter（2000），"Evidence on the Financial Characteristics of Banks that Do and Do not Use Derivatives", *The Quarterly Review of Economics and Finance*, 40, pp. 431 – 449.

③　Beverly J. Hirtle（1997），"Derivatives, Portfolio Composition, and Bank Holding Company Interest Rate Risk Exposure", *Journal of Financial Services Research*, Vol. 12, Issu. 2. 3, pp. 243 – 266.

④　Alan Reichert and Yih-Wen Shyu（2003），"Derivative Activities and the Risk of International banks: A Market Index and VaR Approach", *International Review of Financial Analysis*, 12, pp. 489 – 511.

三　银行与金融衍生品关系的其他研究

其他学者则对银行与金融衍生品之间关系的其他方面进行了研究。Simons（1995）① 研究发现，资产质量较差的大型银行使用互换和期货比资产质量好的银行多，可能因为它们的资本受限制或有更高的风险偏好。

Gunther and Siems（1996）② 研究发现，银行利率风险的期限缺口绝对值与是否参与衍生品交易呈负向关系。

Joseph F. and Carter（2000）③ 发现，银行规模和其使用金融衍生品的程度有很强的正向关系，也就是说，大银行拥有较多的资源去管理其金融衍生品的业务，因此会增加衍生品交易。实证发现，如果银行是金融控股公司成员的话，则会增加其参与金融衍生品市场的活动。

Brewer et al.（2001）④ 研究发现，使用利率衍生品的银行，其放款增长率比没有使用的银行要高。同时，研究显示，银行参与衍生品与银行规模之间有正向关系，与前期研究者的结论类似。

其他的研究还包括银行风险、表外衍生品业务及管制程度、代理成本等之间的关系。

四　总结与启示

20 世纪 70 年代以来，金融衍生品市场发展迅猛，个人投资者和机

---

① Simons Katerina（1995），"Interest Rate Derivatives and Asset-Liability Mangement by Commercial Banks"，Federal Reserve Bank of Boston，*New England Economic Review*，pp. 17 – 28，Jan/Feb.

② Gunther，Jeffery W. and Thomas F. Siems（1996），"The Likelihood and Extent of Banks' Involvement with Interest Rate Derivatives as End-Users"，*Working Paper*，Federal Reserve Bank of Dallas.

③ Joseph F. Sinkey，Jr. and David A. Carter（2000），"Evidence on the Financial Characteristics of Banks that Do and Do not Use Derivatives"，*The Quarterly Review of Economics and Finance*，40，pp. 431 – 449.

④ Brewer Elijah III，William E. Jackson III and James T. Moser（2001），"The Value of Using Interest Rate Derivatives to Manage Risk at U. S. Banking Organizations"，Federal Reserve Bank of Chicago，*Economic Perspectives*，pp. 49 – 66（3Q）.

构纷纷参与衍生品投资。但衍生品发展过程中也出现了很多丑闻和风险事件：由于交易债券衍生品，1994 年美国加州橙县损失 16.9 亿美元，最终宣告破产；1995 年初因为交易员违规交易日经指数衍生品，使得巴林银行破产；20 世纪 90 年代国内市场层出不穷的商品期货市场操纵及机构破产事件，等等。这些衍生品风险事件使得衍生品在投资市场名声不佳，参与衍生品投资的普通投资者甚至机构都被视为风险偏好型投资者。

实际上，客观地看，上述风险事件发生的主要原因是保证金水平设置、风险控制和监管等方面出了问题，而非衍生品本身的问题。从前文可知，在衍生品表外业务与银行风险之间关系的实证中，除了利率衍生品以外，大部分结果都显示银行参与金融衍生品降低了银行总体风险，而非投资者直观感觉的衍生品增加了银行的风险。

从全球角度看，近年来金融衍生品交易量一直在快速增长。最新的预测显示，2008 年全球金融衍生产品的交易将增长 50% 以上，交易金额将接近 40 万亿美元，而这些交易量 70% 以上将通过银行达成。如果银行不参与衍生品交易市场的话，将会损失很大一块市场，并且会在国际竞争中处于弱势地位。因此，在适当的监管和科学的风控之下，衍生品并非洪水猛兽，衍生品不仅可以增加银行的业务，而且银行也可以利用衍生品进行套利、合法融资等。更为重要的是，在资产价格波动频繁、投资全球化的市场上还可以吸引全球化投资者，降低银行风险。

第五章

股指衍生品给市场带来的新问题及其对策

第一节　股票现货与股指衍生品跨市场交易行为分析

一　金融现货市场与衍生品市场间关系

在完全市场（Complete Market）理论中，期货、期权等衍生于基础资产的金融产品是冗余的，因为它们可以通过基础资产复制产生，从而衍生品的定价也是唯一和确定的。在完全市场框架下，期货和期权等衍生品是不会促进市场功能改善的，因为基础市场本身已经是完全的，投资者通过基础资产就可以获得任何想得到的风险收益配置。但现实市场远非完全市场理论所描述的那样，金融市场的实践表明，衍生品在完善资本市场功能、优化资产配置、促进定价效率等方面，发挥了极其重要的作用。

首先，从现货产品价格和衍生品价格的关系看，一般来说，现货价格和衍生品价格所受的影响因素类似，因此两者的变化方向和幅度基本上是一致的。同时，由于市场走势的收敛性，特别的，具体到金融期货与现货，期货与现货的基差（即金融产品的现货价格与期货价格之差）会随期货交割期的临近而不断减小，到了交割期，期货价格和交易的现货价格大致相等。从理论上来说，期货价格应稳定地反映现货价格加上特定交割期的持有成本。但在实践中，除了持有成本以外，特别是在交割前，由于现货市场与衍生品市场在交易时间、涨跌幅限制、市场参与

144

者偏好、交割条款等因素方面存在的差异，导致现货市场价格与衍生品价格之间相同，总是存在一定的差异。

其次，从各种因素对价格产生影响导致的价格变化情况来看，根据有效市场理论，如果市场是有效率的，并且投资者是理性的，那么市场中的所有金融产品价格应该同时迅速地反应新的信息。但在现实中，因为交易限制、交易成本、非同步交易等因素，金融衍生品市场中因和其标的市场在对新信息的反应速度上存在一定差异，导致两类市场之间存在着或领先或落后的信息反应关系。从学术界的研究看，特别是最近的一些新进展，大部分研究认为，金融衍生品市场因交易成本较低、杠杆交易及信息完全披露等特性，其价格能更加迅速地反映在市场上，因此金融衍生品市场被认为应该领先于其现货市场。从已有研究看，影响衍生品市场与现货市场在信息反应速度上的或领先或落后的原因可以总结为以下几类因素。

第一类因素是市场摩擦。Stoll and Whaley（1990）[①]；Lihara，Kato and Tokunaga（1996）[②] 及 Fleming，Ostdiek and Whaley（1996）[③] 认为，由于现货市场存在卖空限制及监管机构的监管等因素，投机型投资者有更强的动机在衍生品市场中交易。同时，在资本金要求方面，金融衍生品具有很大的杠杆效应，资金不很充分或对投资有充足信心的投资者往往会选择衍生品。许多市场还有股票的买空卖空交易限制，这些限制使得投资者只能通过金融衍生品市场进行交易，这种参与者的参与冲动，使金融衍生品市场在信息反应上更加快速，在统计上显著领先于现货市场。

① Stoll，H. R. and R. E. Whaley（1990），"The Dynamics of Stock Index and Stock Index Futures Returns"，*Journal of Financial and Quantitative Analysis*，Vol. 25，No. 4，pp. 441 – 468.

② Lihara，Y.，Kato，K. and Tokunaga，T.（1996），"Intraday Return Dynamics Between the Cash and the Futures Markets in Japan"，*Journal of Futures Markets*，16（2），pp. 147 – 162.

③ Fleming，J.，Ostdiek，B. and Whaley，R. E.（1996），"Trading Costs and the Relative Rates of Price Discovery in Stock，Futures，and Options Markets"，*Journal of Futures Markets*，16，pp. 353 – 387.

第二类因素是异步交易。Shyy，Vijayraghavan and Scott-Quinn（1996）[1]研究认为，当市场有新信息出现时，由于指数型的金融衍生品价格是一个直接的整体性指标，因此可以实时反应新信息。而股票指数的数值是通过众多股票加权计算得出的，每支成分股票的交易活跃状况有很大差别，因此股票指数可能无法实时迅捷地反应当时市场上所出现的新信息。这种异步交易会造成指数型的金融衍生品领先于股票指数。另外，高流动性的股票交易量高于低流动性股票数十至数百倍，其信息的反应状况当然也会有所差异。如标的股票流动性过低，将使得标的反应速度比衍生品慢，导致衍生品领先现货的情况。

第三类因素是交易成本。交易成本包括手续费、买卖价差、交易税等，这些成本实际地影响了套利者的交易活动，如果交易成本比套利利润高的话，套利者便不会进入市场，就很有可能使得市场差异继续存在。Stoll and Whaley（1990）[2]；Fleming，Ostdiek and Whaley（1996）[3]以及 Abhyankar（1998）[4] 认为，指数型金融衍生品的交易成本比一篮子股票的交易成本低，投资者会优先选择在交易成本低的市场中交易，一定程度上造成了衍生品市场在信息反应上领先于现货市场。

但是，同时也有一些研究指出，尽管大量理论分析和实证资料支持金融衍生品市场在信息反应速度上快于现货市场，但也存在一些制约金融衍生品信息反应的因素。在某些情况下，如果这种因素占主导地位，也可能出现现货与衍生品信息反应无差异甚至现货市场更快的情况。

① Shyy, G., Vijayraghavan, V. and Scott-Quinn, B. (1996), "A Further Investigation of the Lead-Lag Relationship Between the Cash Market and Stock Index Futures Market with the Use of Bid/Ask Quotes：The Case of France", *Journal of Futures Markets*, 16 (4), pp. 405 – 420.

② Stoll, H. R. and R. E. Whaley (1990), "The Dynamics of Stock Index and Stock Index Futures Returns", *Journal of Financial and Quantitative Analysis*, Vol. 25, No. 4, pp. 441 – 468.

③ Fleming, J., Ostdiek, B. and Whaley, R. E. (1996), "Trading Costs and the Relative Rates of Price Discovery in Stock, Futures, and Options Markets", *Journal of Futures Markets*, 16, pp. 353 – 387.

④ Abhyankar, A. (1998), "Linear and Nonlinear Granger Causality：Evidence from the UK Stock Index Futures Market", *The Journal of Futures Market*, 18, pp. 519 – 540.

一方面是新兴市场中的市场成熟度。Chiang and Fong（2001）[1] 认为，在新兴市场中，由于投资者对金融衍生品还不太熟悉，在参与者不多、交易不太活跃、成交量不大的情况下，可能会大大降低衍生品的信息反应效率。

另一方面是具有特定公司信息的知情交易者的参与。Chan（1991）[2] 指出，若投资者拥有特定公司信息，由于股票价格本身直接反映了该信息价值，为了获得稳健的超额收益，投资者一般会选择在现货市场上交易，这有利于现货对信息的反应。

第三个方面是机构投资者交易的影响。机构投资者在现货市场和金融衍生品市场上的影响力都非常大，由于机构投资者资金量大，在操作时会受到一些监管限制，在获得新信息时，如果现货市场更加容易操作，那么机构投资者会选择在现货市场操作，提高了现货市场的信息反应效率。

正是因为上述提及的原因，即现货市场价格与衍生品间价格很少一致，现货市场价格与衍生品价格对信息的反应有或领先或落后的关系，因此，一个既有现货市场又有衍生品市场的金融产品，其交易方式比单一的现货市场要丰富得多，其参与者也会大幅度增加。其中，同时存在现货与衍生品的金融市场，参与者可以进行套期保值、跨市场套利，以及本研究将重点探讨的跨市场操纵。

二　股票现货市场与衍生品市场间跨市场交易行为

（1）跨市场套期保值

在大多数仅有现货交易的单边市场中，投资者仅能通过看涨，即做多来赚钱。对于现货价格下跌的风险，除了平仓之外，别无他法进行风

---

① Chiang, R. and W. Fong（2001）, "Relative Informational Efficiency of Cash, Futures, and Options Markets: The Case of an Emerging Market", *Journal of Banking & Finance*, Vol. 25, pp. 355 – 375.

② Chan, K, KC Chan and GA Karolyi（1991）, "Intraday Volatility in the Stock Index and Stock Index Futures Markets", *The Review of Financial Studies*, 4 (4), pp. 657 – 684.

险规避①。而衍生品的出现，为现货的套期保值提供了机会。同时，套期保值也是衍生品中的重要工具——期货出现的主要原因，也是保证期货品种能够成功持续被市场认可的重要因素②。从成熟市场经验来看，机构投资者主要运用跨市场套保策略管理投资组合的市场风险和流动性风险。

在金融实践中，根据套期保值的目的，可以分为卖出衍生品套期保值和买入衍生品套期保值。前者指投资者手中持有现货看涨头寸，即多头。因担心现货价格会下跌，投资者会在对应的衍生品合约上做空，即卖出等价值的衍生品。当现货下跌时，现货有浮动亏损，衍生品头寸则有浮动赢利；反之，现货价格上涨，现货头寸有浮动赢利，而衍生品头寸则有浮动亏损。因此，不论现货价格上涨还是下跌，通过套期保值，投资者能够从总体上锁定收益③。除了上述传统的套期保值手段，另一种套期保值是买入保值。例如，投资者看涨某现货金融产品，如果直接买入现货其面临资金不足的困难，此时他可以买入相应的衍生工具，因衍生工具使用保证金交易，缓解了其资金不足的难题④。

（2）跨市场套利

套利又称价差交易，包括两种基本的类型：一是在期货与现货之间的期现套利（Spot-futures Arbitrage）⑤，二是在不同的衍生品合约之间的套利——价差交易（Spread Trading）。本研究主要讨论前一种模式，即

---

① 在很多成熟的金融市场中，虽然早期缺乏股指期货、个股期货等套期保值衍生工具，但可以通过卖空（Short Selling）来实现套期保值功能，卖空交易的限制较多，并且只有符合一定规则的股票才能进行卖空。
② 刘凤元：《衍生品合约失败案例研究及其启示》，《证券市场导报》2010年第3期。
③ 套期保值的目的不是为了赚取利润，而是为了锁定收益，与投机有本质区别。关于国有企业利用衍生工具进行套期保值与投机，发改委、证监会以及各期货交易所也有严格的规定。如2009年3月发改委发布《关于进一步加强中央企业金融衍生业务监管的通知》等。
④ 还包括了另一种情况，如投资者看涨股市，但不确定具体哪只股票会涨，他此时可以买入股指期货，以达到套期保值的效果。
⑤ 主要集中在期货市场中的套利交易，常见方式是买入或卖出某种期货合约的同时，卖出或买入相关的另一种合约，并在某个时间同时将两种合约平仓的交易方式。在交易形式上它与套期保值相同，只是套期保值在现货市场和期货市场上同时买入卖出合约，套利却是在期货市场上买卖合约。

某种期货合约，当期货市场与现货市场在价格上出现差距，从而利用两个市场的价格差距，低买高卖而获利。

套利的经济学原理为"一价定律"。也就是说，在竞争性的市场上，如果两个资产是等值的，它们的市场价格将趋向一致。根据金融工程的无套利定价方法，若构建两个投资组合，让其终值相等，则其现值一定相等。否则会引发套利，即卖出现值较高的投资组合，买入现值较低的投资组合，直至两个组合的现值相等。实际交易过程中，由于两个市场交易机制、参与者差异等原因导致现货市场价格与衍生品种间价格很少一致，同时，现货市场价格与衍生品价格对信息的反应有或领先或落后的关系，因此，跨市场套利机会经常会出现。

跨市场套利对市场效率非常重要。一方面，期货市场的本质功能体现为风险转移与价格发现，与套保策略所具有的转移、管理风险功能不同，套利交易策略可以实现价格发现功能，即通过套利交易决定的期货均衡价格来更好地引领现货价格变动，促使现货市场形成合理健康的走势，形成相对合理的市场估值水平。另一方面，套利行为有助于期货市场流动性的提高。套利行为的存在不仅增加了期货市场的交易量，也增加了现货市场的交易量。市场流动性的提高，有利于投资者交易和套期保值操作的顺利进行。

（3）跨市场操纵

在跨市场交易行为中，除了上述提及的套期保值和套利以外，还有一种交易行为，其目的是为了进行操纵，即跨市场操纵。常见的模式之一是操纵者事先建立相应的期货或期权等衍生品头寸，然后利用资金或信息上的优势操纵现货市场价格，使其衍生品头寸通过杠杆放大效应获得更高利润。

第二节 到期日效应

一 到期日效应概述

效率市场假说是判断股票市场是否健全的一项重要指标，更是许多金融理论成立的前提。在一个有效率的市场中，市场所有的信息会迅速且完全地反映到证券的价格上。Fama（1970）[①] 将市场效率分成弱式效率市场、半强式效率市场和强式效率市场三种。

此后，研究者纷纷对股票市场的有效性进行研究，研究结果显示，大部分国家的金融现货市场中都存在一些规则性现象，这些现象的存在意味着该金融市场违反了"半强式效率市场"的假说。特别的，在所谓特殊交易日，即月末、季度末和年末，股票等现货市场的收益率会有不同于平常的规则性现象，或者被称为规则性现象。根据 Aggarwal，Rao and Hiraki（1990）[②] 的分类，这些规则性现象包括一月效应（January Effect）、月效应（Monthly Effect）、周末效应（Weekend Effect）、季效应（Quarterly Effect）和规模效应（Size Effect）。

其中，前四种效应可以统称为"时间效应"，指股票市场会在某些特定的时间段有规律地呈现异常的走势。"规模效应"是指股票投资收益率随公司相对规模的上升而下降，尤其是市值较小的公司股票投资收益率超过市场平均水平的现象，又称为"小公司效应"（Small Firm Effect）。文献显示，在亚洲以华人占多数的国家里，除了上述提到的这些现象以外，一般还存在所谓的"春节效应"。

对于上述现象的产生，国内外学者使用了各种理论进行解释。其中主要包括以下观点。

（1）税赋损失售出假说（Tax-Loss Selling Hypothesis）

税赋损失售出假说认为在年底时，投资者的股票投资报酬若为负，则投资者为了减少税赋可能在年底前将手中持股出售，以降低应税所得，因而造成年底股价下跌压力。但当新的一年开始时，因为抛售压力已消失，而且投资者为了补足手中的持股数量，而又回到股票市场买回

---

① Fama, E F. (1970), "Efficient Capital Markets: A Review of Theory and Empirical Work", *Journal of Finance*, 25, 2, pp. 383 – 417.

② Aggarwal, Rai, Ramesh P. Rao and Takat0 Hiraki (1990), "Regularities in Tokyo Stock Exchange Security Returns: P/E Ratio, Size and Seasonal Influences", *Journal of Financial Research*, 13 (No. 3, Fall), pp. 249 – 263.

一定数量的持股，因此造成一月份有较高的股票报酬。

（2）停驻资金假说（Parking the Proceeds Hypothesis）

在年底的时候，常常会有一段较长的假期，无论是机构投资者还是个人投资者，为预防休市期间有重大利空消息出现，造成无法应对而被动的局面，所以在休市前卖出手中股票，待开市后再补进。这种现象即国内所谓的"假期恐惧症"，而西方研究者则称这种因为休市期间出售股票所得的全部闲置资金为"停驻资金"。

（3）流动性假说（Liquid Hypothesis）

流动性假说是描述个别投资者在年底时可获得大量的流动利润（Liquid Profit），在来年的一月他们会将这多余的流动资金投资于股票市场，因此一月份的股票会有较高的报酬。Ogden（1990）[1] 认为零售业主获得的年终利润和一般上班族的年终奖金是造成个人投资者在年底时会有流动性利润的两种主要原因。Ogden 也发现，一个较宽松的货币政策会有较高的流动性利润和较高的一月股票报酬。

（4）价格操纵（Price Manipulation）

股票市场的这些规则性现象在各国都确实存在，但对它的解释还没有定论。Kumar and Seppi（1992）[2] 和 Pierre Hillion & Matti Suominen（2004）[3] 认为，除了上述可能的原因外，产生这些现象的部分原因是部分投资者对价格的操纵。Carhart et al.（2002）[4] 发现在美国证券市场上，收盘前半个小时股票价格倾向于上涨，这一点在季度末最后一个交易日特别明显。他们还发现年底最后一个交易日有80%的基金参与标准普尔指数成分股交易，但年初第一个交易日仅有37%。因此，他

① Ogden, J. P. (1990), "Turn-of-the-month Evaluations of Liquid Profits and Stock Returns: A Common Explanation for the Monthly and January Effects", *Journal of Finance*, 55, 12, pp. 59 – 72.

② Kumar, P. and D. J. Seppi (1992), Futures Manipulation with Cash Settlement", *Journal of Finance*, XLVII (4), pp. 1485 – 1502.

③ Pierre Hillion & Matti Suominen (2004), "The Manipulation of Closing Prices", *Journal of Financial Markets*, Volume 7, Issue 4, October 2004, pp. 351 – 375.

④ Carhart, M., R. Kaniel, D. Musto and A. Reed (2002), "Leaning for the Tape: Evidence of Gaming Behavior in Equity Mutual Funds", *Journal of Finance*, 57, pp. 661 – 693.

们认为基金管理人在操纵指数。Gallagher et al. （2009）[①] 进行了类似的研究，认为基金管理人操纵收盘价以影响基金业绩报表。他们发现在每个季度的最后一个交易日，基金管理人倾向于买入该基金本来就持有的且仓位很重的流动性较差的股票。并且，他们的研究还发现，表现越差的基金，其管理人越倾向于操纵价格。

基于此，一些学者用窗饰效应（或假说）（Windows Dress Hypothesis）来对投资者的这种操纵行为进行解释[②]。目前没有对窗饰效应的通用定义，一般被认为证券市场中的窗饰效应是指在一个交易日结束前，特别是月末的交易日结束前股票价格显著上升的现象。窗饰效应的出现一般被认为与基金管理者有关，基金管理者为了提高所管理基金的业绩，有时会在公开报告其管理业绩前抬高其持有比重较大的证券的价格。由于基金业绩一般是在月末通过收盘价计算的，因此月末或季度末的收盘价往往成为人们研究窗饰效应的重点。

特别的，在股票现货、股指期货、股指期权以及个股期货和期权存在的市场上，上述收盘价规则性现象更加明显，因此有投资者认为是大资金机构在进行操纵。这类现象被称为到期日效应（Expiration-day Effects），即在股指期货合约到期时，期货市场和现货市场上由于买卖失衡而产生短暂扭曲的现象，主要表现在收益率、波动率和成交量等的异常变化。在股票现货、股指期货、股指期权和个股期权同时交易的市场，这种现象更加明显，并称为三巫时刻（Triple Witching Hours）[③]。

随着金融创新的深化，很多金融市场不仅有证券现货交易，同时也开始了股指期货、期权以及个股期货、期权等衍生交易品种。自从上述金融衍生品上市与现货同时交易后，投资者与监管者逐渐发现现货衍生

---

① Gallagher, D. R., P. Gardener and P. L. Swan （2009）, "Portfolio Pumping: An Examination of Investment Manager Quarter-end Trading and Impact on Performance", *Pacific-Basin Finance Journal*, 17, pp. 1 - 27.

② 刘凤元、陈俊芳：《换月效应的窗饰解释：基于上海市场的实证》，《数量经济技术经济研究》2004 年第 3 期。

③ 指当股指期货、股指期权及个股期权三类合约同时到期（美国市场是季月的第三个星期五），市场会产生巨大的交易量，此时股票价格会剧烈波动，特别是最后 1 小时。

品在不同层面对现货市场造成了影响，其中之一是当现货衍生品种在接近到期日时，对于现货的冲击更加显著。到期日效应不仅在股指期货与股票现货市场上存在，很多学者的实证研究发现外汇市场和商品市场也存在类似现象。

关于到期日效应的主题最早由 Samuelson（1965）[1] 提出了理论模型，推测到期期间与现货的价格波动为负函数关系，也就是越接近衍生品到期日，则现货报酬波动越大，后来的学者称该现象为萨缪尔森假说（Samuelson Hypothesis）。到期日效应的实证先驱研究 Stoll and Whaley（1986、1987）[2][3] 针对美国市场进行了研究。研究结果发现，股票市场的报酬、交易量及波动在到期日会显著增加，尤其是到期日的最后一小时，并且也发现在到期日有价格反转现象。

其他学者的研究显示，不仅美国市场，其他证券市场到期日效应也很明显。如 Chamberlain，Cheung and Kwan（1989）[4] 发现多伦多股票市场中存在到期日效应，Pope and Yadav（1992）[5] 对英国市场的实证，Schlag（1996）[6] 对德国证券市场的实证，以及 Park and Lim（2004）[7] 在研究韩国 KOSPI 200 指数期货时，发现 KOSPI 200 指数期货无论是价格、波动率还是成交量都有到期日效应产生。

---

[1] Samuelson, P. A. (1965), "Proof that Properly Anticipated Prices Fluctuate andomly", *Industrial Management Review*, 6, pp. 41 – 49.

[2] Stoll, H. R. and Whaley, R. E. (1986), "Expiration Day Effects of Index Options and Futures", *New York University: Monograph Series in Finance and Economics*.

[3] Stoll, H. R. and Whaley, R. E. (1987), "Program Trading and Expiration Day Effects", *Financial Analysts Journal*, 43, pp. 16 – 28.

[4] Chamberlain, T. W., C. S. Cheung and C. C. Y. Kwan (1989), "Expiration Day Effects of Index Futures and Options: Some Canadian Evidences", *Financial Analysis Journal*, pp. 67 – 71.

[5] Pope, P. F. and P. k. Yadav (1992), "The Impact of Expiration on Underlying Stocks: the UK Evidence", *Journal of Business Finance and Accounting*, Vol. 19, pp. 329 – 344.

[6] Schlag, C. (1996), "Expiration Day Effects of Stock Index Derivatives in Germany", *European Financial Management*, Vol. 1, pp. 69 – 65.

[7] Park, C. G. and Lim, K. M. (2004), "Expiration Day Effect in Korean Stock Market: Wag the Dog?", *Econometric Society*, 2004 for Eastern Meetings from Econometric Society, No. 758.

对于到期日效应形成的原因，目前没有定论，一些学者提出了不同的观点。

（1）Stoll and Whaley（1987）① 的研究结果认为，到期日效应发生的原因是套利者利用收盘市价单（Market-on-Close Orders）来对现货头寸进行平仓，如果许多套利者在收盘时利用程序交易（Progrming Trading）同时对现货头寸进行平仓，所产生的订单不平衡（Order Imbalances）现象会对成分股股价产生短暂的冲击效应，从而导致了到期日效应的发生。

（2）第二个可能产生到期日效应的原因是利用到期日来获利的投机策略。Klemkosky（1978）② 认为投机者会利用到期日效应产生的理论价格偏颇来进行投机操作，从而加剧了到期日效应。Stoll and Whaley（1997）在研究悉尼期货市场时发现，近月份的合约在接近到期日时，成分股票交易量有很高的波动，到期日收盘交易量（20.8%）显著大于开盘交易量（6.6%），他们认为上述结果是投机者在期货接近到期日时，利用投机策略进行来回短线操作，导致到期最后几分钟的交易量特别显著，有助涨助跌的现象发生，因此，现货市场波动幅度会增加。

（3）第三个可能原因是市场受到人为操纵。Jarrow（1994）③ 认为衍生金融品种的问世是使得市场被操纵的必要条件，即现货必须与之对应的金融衍生产品才有可能被成功操纵。其研究结果显示，在越接近衍生品种到期日前操纵股价越可能产生丰厚的利润。

二　到期日效应的应对策略

（一）更改股票现货收盘价决定方式

为了降低收盘价被操纵的可能性，从最近几年国内外交易所更改收

---

① Stoll, H. R. and R. E. Whaley（1987），"Program Trading and Expiration-day Effects"，*Financial Analysts Journal*，March-April，pp. 16 – 28.

② Klemkosky, R. C.（1978），"The Impact of Option Expirations on Stock Prices"，*Journal of Financial and Quantitative Analysis*，pp. 507 – 518.

③ Jarrow, R. A.（1994），"Derivative Security Markets, Market Manipulation, and Option Pricing Theory"，*Journal of Financial and Quantitative Analysis*，29，pp. 241 – 261.

盘价格决定方式的统计（见表 5－1）看，目前主要证券交易所收盘价格决定方式有从最后一笔逐笔交易价格逐步改为集合竞价的趋势，而也有不少证券交易所改为采用加权平均方式。这反映了人们逐渐认同了集合竞价方式在避免收盘价被操纵，维持收盘价的稳定性、连续性和代表性上的优势，同时单笔交易价格方式有被逐步淘汰的趋势。目前我国的沪深股市都采用收盘前三分钟每笔成交价加权平均的方式作为收盘价决定机制，这种方法在普及程度上仅次于集合竞价方式。但从计算收盘价格的时间看，我国股市用于计算收盘价格的时间较短，只有三分钟，远低于采取类似机制的其他交易所的计算时间。我国目前采取的这种收盘方式是否合理、有效，是否有必要采取集合竞价方式来确定收盘价格值得进一步深入研究。

表 5－1 近年来国内外证券交易所更改收盘价格决定机制的统计

交易所	更改时间	旧机制	新机制
韩 国	1989～1997 年分段实施	最后一笔逐笔交易价格	十分钟集合竞价
澳大利亚	1997 年 2 月	最后一笔逐笔交易价格	随机单笔竞价
瑞 士	1998 年 11 月	最后一笔逐笔交易价格	十分钟集合竞价
雅 典	1999 年 11 月	最后一笔逐笔交易价格	收盘前十分钟每笔成交价加权平均
墨 西 哥	1999 年 1 月	最后一笔逐笔交易价格	收盘前十分钟每笔成交价加权平均
维 也 纳	1999 年	最后一笔逐笔交易价格	十五分钟集合竞价
泰 国	1999 年 11 月	最后一笔逐笔交易价格	五至十分钟集合竞价
华 沙	2000 年 11 月	最后一笔逐笔交易价格	十分钟集合竞价
新 加 坡	2000 年 8 月	最后一笔逐笔交易价格	五分钟集合竞价
爱 尔 兰	2000 年 6 月	最后一笔逐笔交易价格	二分钟集合竞价
伦 敦	1998 年 12 月	最后一笔逐笔交易价格	收盘前十分钟每笔成交价加权平均
	2000 年 5 月	收盘前十分钟每笔成交价加权平均	五分钟集合竞价
哥伦比亚	2001 年	最后一笔逐笔交易价格	收盘前一小时每笔成交价加权平均
上海证券交易所	2001 年 12 月	最后一笔逐笔交易价格	收盘前三分钟每笔成交价加权平均

资料来源：孙培源、刘凤元、陈启欢：《市场质量与交易机制改革》，《证券市场导报》2004 年第 1 期。

（二）改变股指衍生品最后交易日和收盘价决定方式

对于到期日效应，虽然目前理论上不能确认是操纵还是套利，但众多市场出现的到期日效应确实增加了市场风险。而出现到期日效应的一个交易机制方面的原因就是上一节讨论的收盘价问题，因在大多数市场，不论是股票现货，还是期货、期权等衍生品，都采用收盘价作为结算价，而为了让结算价对自己有利，交易者明显有动机对收盘价进行操纵，从而导致到期日效应。

因此，一些交易所将传统上股指期货合约最后一个交易日从合约到期月的第三个周五修改为周四或周三，甚至提前到第二个星期（见表5-2）。

表5-2　部分股指期货最后到期日统计

股指期货合约名称	最后交易日
BM&F IBOBESPA	到期月份15日最邻近的周三，若该周三为节假日，则最后交易日为此后的第一个工作日
ME S&P/TSE60	到期月份的第三个周五
Mexder IPC	NA
CME S&P 500	到期月份的第三个周四
CME NASDAQ 100	到期月份的第三个周四
CME RUSSELL 2000	到期月份的第三个周四
CBOT DJIA	最后结算日之前的一个交易日，最后结算日为合约到期月份的第三个周五
NYBOT RUSSELL 1000	到期月份的第三个周五前一个交易日
KCBT Value Line	合约到期月份的第三个周五
WBDM ATX	合约到期月份的第三个周五
Euronext BEL 20	合约到期月份的第三个周五
CSE KFX	到期月份的第三个周五之前的一个交易日
HEX25	到期月份的第三个周四
Euronext CAC 40	合约到期月份的最后一个交易日
EUREX DAX	合约到期月份的第三个周五
ADEX FTSE/ASE 20	到期月份第三个周五13：30PM，若该周五为节假日，则到期日提前为该日之前的第一个交易日

续表

股指期货合约名称	最后交易日
TASE TA – 25	合约到期月份的最后一个周四
IDEM MIB 30	合约到期月份的第三个周五
WSE WIG 20	合约到期月份的第三个周五
EUREX PSI 20	合约到期月份的第三个周五
RE S&P/RUIX Investment Index Futures	到期月份的第 14 个营业日
SAFEX JSE All Share	合约到期月份的第三个周四，16：00PM
BEM IBEX 35	合约到期月份的第三个周五
OMLX OMX	合约到期月份的第四个周五
EUREX SMI	合约到期月份的第三个周五
LIFFE FTSE 100	合约到期月份的第三个周五
SFE SPI200	合约月份当月的最后交易日
HkEx Hang Seng	到期月份倒数第二个工作日
OSE Nikkei 225	到期月份第二个周五之前的一个工作日
SGX Nikkei 225	到期月份的第二个周四
CME Nikkei 225	到期月份的第二个周四
TSE TOPIX	合约到期月份倒数第二个交易日，与香港联交所同步进行
KOFEX KOSPI 200	合约到期月份的第二个周四
KLOFFE Kuala Lumper Stock Composite Index	合约到期月份的最后工作日
SGX MSCI Taiwan Stock Index	合约到期月份倒数第二个工作日，若该日为台湾股市假日，则提前至前一个工作日
TAIFEXTaiwan Stock Exchange Index	合约到期月份的第三个周三

资料来源：根据交易所资料整理。

同时，交易所和监管部门也尝试修改收盘价或结算价规则，以避免人为操纵或集中套利，甚至市场崩溃（见表5－3）。例如，为了降低到期日效应，S&P 500 和 NYSE 指数期货在 1987 年将其结算价由星期五的收盘价改为星期五的开盘价。台湾市场则在 2001 年 11 月时将股指期货最后结算价格由开盘价改为开盘 15 分钟内平均价。一些市场合约开始交易之初就采用开盘价作为结算价。一般来说，开盘结算的好处是，如涌入大量订单造成市场失衡时，延误开盘比延误收盘容易许多，而在到期日不会造成价格波动剧烈。

表 5 - 3　全球主要股指期货结算价制度

期货合约	交易所	更改前结算价	更改日期	现行结算价
主要市场指数（MMI）	芝加哥期交所（CBOT）	—	—	收盘价
价值线形（Value Line）	美国堪萨斯商品交易所（KCBT）	—	—	收盘价
AOI	芬兰期交所（SFE）	—	—	收盘价
TSE 300	多伦多期交所（TFE）	—	—	收盘价
摩根台指	新加坡交易所（SGX）	—	—	收盘价
S&P 500	芝加哥商品交易所（CME）	收盘价	1987.06	开盘价
NYSE	纳斯达克期交所（NYFE）	收盘价	1987.06	开盘价
德国法兰克福指数（DAX）	德国期交所（DTB）	—	—	开盘价
日经 225（Nikko 225）	日本大阪期交所（OSE）	—	—	开盘价
中国香港恒生 33 指数（HS 133）	中国香港期交所（HKFE）	—	—	全日 5 分钟成交价的平均价
英国富时 100 指数（FTSE 100）	伦敦国际金融期交所（LIFFE）	—	—	开盘后 20 分钟的平均价
法国巴黎指数（CAC 40）	巴黎国际金融期交所（MATIF）	—	—	收盘前最后 20 分钟的平均价
台股指数	中国台湾期交所（TFX）	开盘价	2001.11	开盘后 15 分钟的平均价

资料来源：根据交易所资料整理。

对于通过修改结算价试图降低到期日效应的改革效果，一些学者进行了实证研究。总体来看，收盘价改革减少了市场的操纵行为，提高了证券市场效率。

Feinstein and Goetzmann（1988）[1] 研究了 S&P 500 指数结算规则改变前后的到期日效应。实证结果发现：在结算规则改变前，三巫时刻效应的波动性较大；在结算规则改变后，到期日不再有较高的波动性，而星期四与星期五两天到期期间的波动性甚至降低了，原因在于结算制度改变后，原本到期日由一天变为两天，有助于市场分散风险及充分反应新市场信息的不确定性。因此，笔者认为改变结算制度可以缓和三巫时刻现象。

Herbst and Maberly（1990）[2] 也以 S&P 500 指数为研究目标，探讨 1986 年 6 月结算价由星期五的收盘价改变为星期五的开盘价对到期日效应的影响。实证结果发现：改变结算规则后，星期五的三巫时刻的波动性较改变结算规则前显著变小，但却造成了星期五开盘后一个小时内的波动性显著变大，而三巫时刻效应减少的波动性大致与开盘后一个小时所增加的波动性相等。因此，新的结算规则只是改变了波动性的时间。

Chow，Yung and Zhang（2003）[3] 以香港恒生指数期货与期权为研究标的。实证结果发现：恒生指数期货到期或恒生指数期货与期权一起到期对标的股票市场有负向的价格影响效果，但并没有在到期日时发现异常交易量。他们认为可能是因为香港的结算价是采取全日平均价结算，而非以开盘价或收盘价当做结算价，因此股票市场波动在到期日没有显著变化。即以较长的平均价作为结算价更能缓和到期日效应，可以避免套利或是投机者去操纵、影响结算价。

Chou，Chen and Chen（2006）[4] 检验在 1998～2002 年五种指数衍生品陆续进入市场的到期日效应。结果显示：由于台湾把结算日与到期日隔开，所以实证结果到期效果在到期日并不显著。但其实随着衍生品陆续进

---

[1]　Feinstein, S. P. and Goetzmann, W. N. （1988）, "The Effect of the Triple Witching Hour on Stock Market Volatility", *Economic Review*, 73, pp. 2 – 18.

[2]　Herbst, A. F. and Maberly, E. D. （1990）, "Stock Index Futures, Expiration Day Volatility, and the 'Special' Friday Opening: A Note", *The Journal of Futures Markets*, 10, pp. 323 – 325.

[3]　Chow, Y. F., Yung H. H. M. and Zhang H. （2003）, "Expiration Day Effects: The Case of Hong Kong", *The Journal of Futures Markets*, 23, pp. 67 – 86.

[4]　Chou, H. C., W. C. Chen and D. H. Chen （2006）, "The Expiration Effect of Stock-index Derivatives", *Emerging Marks Finance and Trade*, Vol. 42, pp. 81 – 102.

入市场交易，到期日的到期效果越来越显著，类似于美国的三巫时刻。他们认为在台湾市场的特殊交易制度下，使得到期效果转移到结算日的前 15 分钟，表示计算结算价的时间仍然太短，套利者依然会去操纵市场价格。

黄丰南（2006）① 研究检视台湾股价指数期货与新加坡摩根台指期货结算日的价格操纵现象，以及结算价格计算制度的变革对价格操纵的改善效应。实证分析显示：①台指期货与摩台期货都具有显著的结算日价格操纵现象，尤其以摩台的结算日效应最显著；②台指期货结算价格计算制度的变革确实降低了台指期货结算日价格的波动。另外，台指收盘价改为收盘前五分钟集合竞价，对摩台指结算日的价格操纵也有缓和的效果。本研究的实证结果显示，结算价格计算方式的改变确实降低了期指结算日标的指数的价格操纵现象。

在非交割月份中，由于投资者所持头寸相对市场总未平仓头寸而言不大，并且有较长时间可对交割所需的现货供需作调整，故不容易发生囤积或挤压轧空等操纵行为。但交割月份合约情况则相反，容易受到操纵，因此，监管人员对于加入交割月份的衍生品合约应该特别注意加以监督。

为了便于监管，监管人员在合约到期前，必须了解现货价格和衍生品价格间的关系、可供交割商品的数量与其所有权、大额交易人所持头寸，以及和未平仓总头寸、可供交割商品数量的关系。监管人员如果认为大额头寸或集中交易可能影响市场时，则需要进一步分析以了解投资者持有头寸的目的，如果确认有问题，应进一步深入调查是否有操纵或内幕交易的事实。

第三节　跨市场价格操纵

一　跨市场操纵的定义

操纵证券交易价格是证券交易市场中存在已久的问题，因为通过价

---

① 黄丰南：《指数期货结算日的价格操纵现象：以台湾股价指数期货和新加坡摩根台指期货为例》，（台湾）云林科技大学硕士学位论文，2006。

格操纵能够获得超额利润，因此，有能力的证券市场参与者乐此不疲。Fischel and Ross（1991）[1] 认为，操纵是金融市场监管的最基本问题之一，但操纵无处不在，而对于操纵一词却没有令人满意的定义。一般而言，所谓不法操纵，是指直接或间接从事影响集中交易市场或券商营业处所买卖的有价证券交易价格的操纵行为。如不履行交割而影响市场秩序、不移转证券所有权而虚假买卖、意图抬高或压低集中交易市场有价证券交易价格而连续以高价买入或低价卖出、意图影响有价证券价格而散布流言或不实资料及其他操纵市场的行为等。

《新帕尔格雷夫货币金融大辞典》对金融市场操纵的解释为：指这样一些活动，其目标是通过利用能导致非自然（Unnatural）市场价格的技术来改变金融证券的价格，常用的技术有虚假交易或散布虚假的市场价格。《牛津英语词典》定义操纵为：通过巧妙的方法控制或影响，尤其是为了自己的利益不公正地或邪恶地对待。

Easterbrook（1986）[2] 把期货市场上的垄断（Monopoly）等同于操纵，并且认为这是一种特殊的欺骗。Cherian and Jarrow（1995）[3] 认为，当个体（或群体）对股票的交易在某种程度上影响着股票价格使之对自己有利时，市场操纵就发生了。因此，操纵意味着存在某种影响市场价格的势力。针对价格操纵，美国1934年通过的《证券交易法案》描述道："法案的目的是：……清除因操纵或控制导致的本身应该完全由供需决定的公开市场证券交易，这也是证券交易的最初目的。"纽约证券交易所（NYSE）则对价格操纵进行了如下定义：一种非法操作，买卖证券的目的是为了导致股票交易热络的虚假或误导现象，或为了打压或提升股票价格并导致他人买入或卖出[4]。

---

[1] Fischel D. and Ross D. (1991), "Should the Law Prohibit Manipulation in Financial Markets?", 105 Harv L Rev 503 at 509.

[2] Easterbrook, Frank H. Monopoly (1986), "Manipulation and the Regulation of Futures Markets", 59.

[3] Cherian, J. A. and R. A. Jarrow (1995), "Market Manipulation", Chapter 20 of Handbook of Operations, *Research and Management Science*, Vol. 9, Finance, North-Holland.

[4] 参见 http: //www. nyse. com/glossary/glossarylinks. html? a = 1042235996154。

从涉及的市场数量角度对价格操纵进行分类，可以将价格操纵分为单一市场价格操纵和跨市场操纵。单一市场价格操纵指操纵者对某个市场中的金融产品进行操纵，如操纵者或对股票市场，或对期货市场，或对债券市场产品进行价格操纵。而跨市场操纵则涉及两个或两个以上相关市场，对价格进行操纵[①]，如操纵者事先建立相应的期货或期权部位，然后利用资金和信息上的优势操纵现货市场价格，使其衍生品部位通过杠杆放大效应，获得更高利润；或者操纵期指走出偏离合理定价区间的短暂行情，再从股票市场上获取差价收益等。

二　跨市场操纵的理论模型

一般来说，证券价格是众多因素综合作用的结果。其中最重要的两个因素是证券的基本面价值（真实价值）V 和市场对证券的供求情况 DS，由此，证券的价格 P 可以表示为二者的函数：

$$P = F(V, DS) + \varepsilon$$

其中，ε 表示来自其他因素的随机冲击，其均值 $E(\varepsilon) = 0$。$DS = 0$ 表示供求平衡，$DS < 0$ 表示供大于求，$DS > 0$ 表示供不应求。这一函数的基本性质是：

（1）$F(V, 0) = F(V)$。即在供求平衡时，证券价格基本由其基本面价值 V 决定，供求关系在平衡点对股票价格没有影响。

（2）在基本面价值不变的情况下，对证券供求的不平衡将对证券价格产生显著影响：证券供不应求时，股价将攀升；反之，证券供过于求时，价格将持续下跌。并且，随着供求不平衡的加剧，供求关系对证券价格的影响也增大。

从上述函数关系来看，证券价格变动有两个途径：一是改变其价

---

① 狭义的跨市场操纵一般指操纵者对处于同一个国家或经济体的现货与衍生品市场进行操纵，而广义的跨市场操纵还包括了跨界操纵（Cross-border Manipulation），如国际证监会组织（International Organization of Securities Commissions, IOSCO）在其报告中列举的数个案例。

值，二是改变其供求关系。如果证券价格由于价值变动而变动，那是投资者对其投资价值作出的理性反应。除此之外，投资者还可以通过改变证券的供求关系影响其价格。一般而言，投资者拥有证券占总可流通证券的比例越高，对证券价格的影响能力就越强。

在一个理想的完全竞争市场里，均衡是常态，即 $DS = 0$，这时，证券价格的均值为 $E(P) = F(V)$，即完全由其基本面价值决定。对投资者来说，投资任何一只证券是无差异的，即投资者持有的证券及其数量表现为统计上的随机性。证券集中度应当呈随机分布状态，其均值主要与市场上全体投资者的资金量分布相关。

然而，现实的市场总是存在这样或那样的交易费用和随机冲击，其中最为重要的是存在信息的不完全和不对称，由此导致市场的不均衡。由于资金雄厚的投资者在信息的收集和处理上具有规模效应，相对于其他投资者来说具有一定的信息优势。资金雄厚的投资者会不断搜寻被低估的证券并集中持有，导致这类证券集中度提高。与此同时，由于对证券需求的增加，将导致证券价格向上不断逼近其基本面价格。反之，在得知价格被高估后，资金雄厚的投资者将会卖出，导致这类证券的集中度降低。同时，证券价格因需求减少，价格向下逼近其基本面价格。

如果市场中存在恶意的操纵者，情况就不一样了。恶意操纵者会根据一定的标准，选定特定的证券集中持有。当恶意操纵者控制的证券数量足够多时，就能够控制证券的供求关系，并通过这种供求关系影响证券价格，使得证券的价格远离其基本面价值。这时，基本面价值成为影响证券价格的次要因素，而被控制的供求则成为影响证券价格的主要因素。

对于单一市场价格操纵，很多学者通过数理建模进行了研究，如Cherian and Jarrow（1995）[①] 在随机过程下对市场操纵进行了数理建模，并且讨论了操纵存在的条件。得到的基本结论是：基于交易的市场操纵在引发反馈效应后，就能够找到套利机会。由于基于交易的操纵不是采

---

① Cherian, J. A. and R. A. Jarrow（1995），"Market Manipulation"，Chapter 20 of Handbook of Operations, *Research and Management Science*，Vol. 9，Finance，North-Holland.

用囤积、逼空策略主动进攻，又不能散布虚假信息，所以只能希望依赖自己的交易对市场价格有某种程度的影响，引起其他交易者的反馈效应，以抛出持有股票获取价差收益。

Allen and Gale（1992）则讨论了没有私人信息的大户为什么能够操纵市场成功，他们认为一个原因是散户分不清大户是否是知情者，不知情大户利用散户的这种信息不对称，希望散户把他误认为知情大户，形成混合市场均衡，"搭知情者便车"需求套利机会。

Robert A. Jarrow（1991、1992）[1][2] 首次全面地将大额交易者（Large Trader）引入市场操纵的分析框架中对跨市场价格操纵进行研究。该模型假设市场存在一个大额交易者，并且该大额交易者的交易行为（包括现时持仓和历史持仓）决定了股票价格运行过程。在这种情况下，即使没有内幕信息，大额交易者也可以操纵市场，其采取的重要手段是市场囤积逼空（Market Corner and Squeeze）。操纵市场的交易策略最终表现为在金融资产上的一系列动态交易头寸，该系列交易头寸推动了证券价格，并且满足了如下三个条件：①大额交易者结清其持仓部位之后的财富要大于其最初建仓时的财富。②小投资者（Small Investors）作为价格接受者（Price-takers）无法按照这一系列动态交易头寸进行套利。③在没有相关信息能够确保在所有头寸得到清算时可取得正的回报率的前提下，交易者仍能够凭借其持仓规模及对价格影响方面所具有的优势而获得利润。在上述的定义中，强调了根据"结清所有头寸之后（而不是在交易过程中）交易者财富的变化"来判断市场操纵的行为，这一点在研究现货和期货的跨市场操纵时尤为重要。张雪莹（2008）[3] 对其主要理论框架进行了总结与简述，她认为跨市场操纵过程的关键机制是，大额交易者期初在现货和衍生品上持有的头寸已经使其在标的资产

① G. Gastineau and R. Jarrow（1991），"Large Trader Impact and Market Regulation"，*Financial Analysts Journal*，（July/August），pp. 40 – 72.

② R. Jarrow（1992），"Market Manipulation, Bubbles, Corners and Short Squeezes"，*Journal of Financial and Quantitative Analysis*，27，pp. 311 – 336.

③ 张雪莹：《现货与衍生品市场的跨市场操纵研究——基于大额交易者的分析》，《经济论坛》2008 年第 1 期。

市场上达到了垄断地位，从而可以影响和控制资产价格。在这一过程中，操纵者无需采取改变公司价值的公开行为，也无需散布虚假信息来误导其他投资者，而只是凭借资金实力，通过影响股票的供求来影响股价。我国在 2007 年 3 月颁布的《期货交易管理条例》中将"单独或者合谋，集中资金优势、持仓优势或者利用信息优势联合或者连续买卖合约，操纵期货交易价格"作为期货市场操纵的表现，可见大额交易者（Large Trader）在市场操纵行为中具有较为重要的作用。为此，各国衍生品市场监管者从监控市场操纵的角度出发，制定了限仓制度和大户报告制度等。这些措施对于我国未来防范衍生品市场与现货市场之间的跨市场操纵行为也有重要的政策意义。

三　跨市场操纵的形式与案例

从目前的学术研究看，不论是单一市场价格操纵还是跨市场价格操纵，市场操纵基本上被分为两种方式[1]：基于行动的操纵（Action-based Manipulation）、基于交易的操纵（Trade-based Manipulation）。

基于行动的操纵（Allen and Gale，1992[2]；Kose and Narayanan，1997[3]）是指没有通过交易过程进行操纵的行为，比如在市场中散布虚假信息，或者对资产进行市场囤积（Market Corner）或市场逼空（Short Squeeze）等交易以外的行动改变资产的观测价值，从中获取利润的行为[4]。通过发布虚假信息或传播流言也是基于行动的操纵行为的经常手

---

[1]　张圣平（2002）认为操纵行为可分为三类：基于行动的操纵、基于交易的操纵、基于信息的操纵。这里我们采用了 Felixson 和 Pelli（1999）的观点，将基于行动的操纵和基于信息的操纵合为一类，因为这些操纵都没有采用在交易过程中对价格直接进行控制而获利的手段。

[2]　Allen and Douglas Gale（1992），"Stock-Price Manipulation", *The Review of Financial Studies*, Vol. 5, No. 3., pp. 503 – 529.

[3]　Kose and Narayanan（1997），"Market Manipulation and the Role of Insider Trading Regulations", (with R. Narayanan), *Journal of Business*, Vol. 70, No. 2.

[4]　张圣平（2002）举了两个典型的基于行动的市场操纵行为的例子，即 1863 年发生在美国的 Harlem 铁路公司事件和 1991 年 5 月在美国两年期国债市场上发生的所罗门兄弟公司事件。

法。常见的模式是庄家、上市公司、证券分析师以及新闻媒体的共谋操纵。Banabou and Laroque（1992）[1] 在博弈框架下讨论了内幕人利用内幕信息发布误导性言论、操纵公共信息和市场价格的行为，认为内幕人在公众中的声誉和评价是限制内幕操纵的重要因素。如果人们不能正确、一致地评价内幕人，那么总会给操纵者留下余地。

基于交易的操纵是指通过交易对价格进行操纵的行为。比如在衍生证券市场上，一些投资者首先在期货或期权上建立大的头寸，然后在衍生证券到期日通过大量交易标的资产（如股票）操纵标的证券的价格，从而在衍生品市场上获取利益。众多研究（Stoll and Whaley，1987[2]；Chamberlain et al.，1989[3]；Stoll and Whaley，1991[4]）表明，标的证券在到期日存在价格操纵现象，特别是在到期日收盘前的较短时间内价格操纵的现象更加明显。

具体而言，跨市场间联合操纵包括以下几种形式。

（一）基于行动的操纵

1. 囤积、挤压轧空

（1）定义

囤积（Corner）与挤压轧空（Squeeze）是衍生品和现货间最常见的操纵行为。所谓囤积，是指操纵者控制或支配可供交割的现货数量，使卖空者（Shorts）被迫只能以操纵者指定的价格结清其卖出头寸。而所谓挤压轧空，则指操纵者不采取直接控制或支配的方式，而是通过其他原因使可供交割的现货数量减少，造成供应不足的现象，从而迫使相

---

[1] Banabou, Roland, Laroque, Guy（1992），"Using Privileged Information to Manipulation Market：Insiders, Gurus, and Credibility"，*Quarterly Journal of Economics*，Aug 92，Vol. 107 Issue 3，p. 921，38.

[2] Stoll and Whaley, Stoll, Hans and Robert Whaley（1987），"Program Trading and Expiration-day Effects"，*Financial Analysts Journal*，453，pp. 16 – 28.

[3] Chamberlain, Trevor W., Cheung, C. Sherman, Kwan, Clarence C. Y.（1989），"Expiration-day Effects of Index Futures and Options：Some Canadian Evidence"，*Financial Analysts Journal*，Sep/Oct，89，Vol. 45 Issue 5，pp. 67 – 72.

[4] Stoll, H. R., Whaley, R. E.（1991），"Expiration-day Effects：What has Changed?"，*Financial Analysts Journal*，47，pp. 58 – 72.

对交易者接受其所要求的价格。因此，囤积与挤压轧空的主要差别在于人为控制程度的不同。国内一般通称为坐庄，相应的股票叫庄股。20世纪90年代国债期货"327"事件就是一个典型的疑似轧空事件。

　　一般来说，要采取囤积或挤压轧空的操纵行为，必须同时在衍生品与现货市场中进行。因此，囤积或挤压轧空操纵行为的成立，在现货市场中必须足以控制或影响可交割商品的供应，而使卖空者向市场操纵者购买现货商品，或在衍生品市场中向市场操纵者做冲销的行为，否则无法履行其合约。

　　（2）形式

　　一般而言，操纵者都利用下列的方式来控制或影响可交割现货的供应。

　　①实际取得现货的供应或与现货供货商串通，减少或阻止现货流入市场。这种防止现货流入市场并强迫交易对手与其交易的方式效率较高，但成本也比较高，因此大多为资金雄厚的市场操纵者所采用。

　　②将可交割现货商品由交运地点运走。按照一般期货交易所的规定，在到期日交割时，应以特定的地点作为交割地点。因此，只要使可交割的商品远离交割地点，就可以达到减少供应的目的，这种方式因为比较隐蔽，所以很难推论其有市场操纵的意图，故市场操纵者也大多采用这种办法。

　　囤积或挤压轧空操纵行为的成立，除了在现货市场外，在衍生品市场也必须有市场操纵行为产生。因为，虽然现货市场商品为他人所操纵，但只要衍生品市场并未被垄断，卖空者仍旧能在衍生品市场中与持有多头者进行平仓，而不用按照市场操纵者所定的价格进行交易。由此可知，囤积与挤压轧空的操纵行为一般需对现货衍生品市场同时操纵或控制，否则根本无法强制卖空者按照他所定的价格来平仓，进而产生人为价格来获利。

　　（3）案例

　　在衍生品市场发展初期，囤积或挤压轧空的操纵案例不时可见，以下列举几个较具代表性的案例。

①1996 年 Fenchurch 公司操纵美国国债期货[①]

Fenchurch 是 CFTC 登记在册的商品交易顾问和商品基金操作商，在美国政府证券现货及期货市场上从事大量的期货交易活动。1996 年 7 月 10 日，因其操纵市场及逼仓的行为，CFTC 宣布已经通过一项对芝加哥的 Fenchurch Capital Management 公司提起行政性起诉的裁定。同时，CFTC 接受 Fenchurch 提出的支付 600000 美元作为民事罚款及采取补救性措施的调解请求。

1993 年 6 月，Fenchurch 承诺对在 CBOT 交易的 10 年期美国国债票据期货的多头持仓进行交割。在交割期的最后四天内及 6 月合约的最后一天，Fenchurch 有意收集并持有了大量的 6 月合约的最便宜国债票据。6 月合约的条款允许以一定量的最便宜国债票据进行交割，但是期货合约的价格必须集中于最便宜国债票据交易到期前的现货市场价值。在票据供不应求的这段时期，Fenchurch 通过在回购市场上的一系列交易活动增加了它对最便宜国债票据的持仓。Fenchurch 公司通过增加持仓及从市场里撤出票据使最便宜票据的供应更加紧张。另外，Fenchurch 还通过投资建议报告，建议接受其投资咨询服务的数家基金公司买入了大约 4.8 亿美元相关有价证券，其价值占 Fenchurch 期货头寸价值的 1/3。因此，期货合约的空方不能拿出足够的票据，只能用贵的有价证券进行交割。

CFTC 的执行董事 Geoffrey Aronow 指出，这起发生在合约交易到期后的操纵及逼仓行为，在空方准备对期货合约进行交割时加剧了市场的集中。CFTC 的处罚处理了这些操纵及逼仓的行为。这种操纵能够也确实不恰当地影响了交易到期前的合约价值。

在 CFTC 的裁定结果中，Fenchurch 被控操纵其在芝加哥期货交易所（CBOT）持有的美国国债期货合约。CFTC 认定 Fenchurch 通过对最便宜的债券进行逼仓达到操纵期货价格的目的，违反了《商品交易所法》。同时，Fenchurch 也打算对证券交易委员会（SEC）提交的指控进

---

① 详见 http://www.cftc.gov/opa/enf96/opafen-fin.htm。

行调解。Fenchurch 的 600000 美元民事罚款将用来完成对 SEC 的支付义务。

除了进行罚款之外，CFTC 还要求 Fenchurch 停止一切违反《商品交易所法》第 6 条（c）款及第 9 条（a）（2）款的行为。如果在合约的最后一个交易日，Fenchurch 的持仓部位达到或超过 5000 手，CFTC 要求 Fenchurch 向它的经济分析部提供更加详细的报告，即需要报告在两年时间内，从 Fenchurch 从事国债证券期货合约开始直到进入国债证券期货合约交割月的最后一个交割日，Fenchurch 在所有市场上每天持有的最便宜国债票据的总多头仓位。

同时，CFTC 要求 Fenchurch 检查公司内部的政策和程序：一是确定公司是否设计合理的政策，用来确保能够有效监管、阻止、查明、惩戒及纠正那些违反《商品交易所法》的行为；二是假如必要，改正一些程序和政策；三是向执行部提交一份有关检查结果的报告。

②金融衍生品中的疑似案例——瑞士银行涉嫌操纵美国国债现货与期货①

据《华尔街日报》等多家媒体报道，美国证券交易委员会（SEC）2006 年 10 月对瑞士银行展开调查，因瑞士银行可能涉嫌非法跨市场操纵国债价格行为。

报道显示，瑞银涉及的国债操纵事件发生在 2006 年 2 月，当时该机构大量持有 2011 年 1 月到期的 5 年期国债现货，同时在期货市场持有大量该品种的多头，使得该品种国债在 2 月份的供应情况尤为紧张，因此其持有人甚至可以以 0.25% 的超低利率获得贷款，而当时的正常利率则超过 4%。

瑞银涉及此操纵丑闻的国债交易员——Thomas Brown 在 2006 年 9 月底离职，其很可能与违规事件有关。

---

① 综合华尔街等网站报道，但 SEC 对其的最终调查与处理并未见媒体报道，与其他此类案例相似，笔者估计瑞银最后以支付罚款的方式了结。相关报道参见 http://www.marketwatch.com/story/treasury - trading - draws - scrutiny - wsj 和 http://www.brokeandbroker.com/867/doj - antitrust - ubs - muni/。

2. 散布虚假信息

（1）定义

散布虚假信息，是指以影响合约价格并使其按有利于散布者所持头寸或拟进行交易的方向运动为目的，借助媒体或其他手段传播虚假或误导性信息。而在跨市场价格操纵中，操纵者会同时或先后在现货与衍生品两个市场中进行虚假信息传播，以达到其操纵的目的。

在散布虚假信息方面，日益发达的互联网由于其传递信息的全球性、实时性、匿名性等特点，给反操纵带来了特殊的挑战。虽然散布虚假或不实消息是常见的市场操纵方式，但实务上却发现只有极少数的案例被起诉，这一方面可能是因为此种操纵方式持续的时间较为短暂，较难被发觉；另一方面则是因为通常难以追查虚伪或不实消息的来源，造成调查执行上的困难。

（2）形式

依据对不实消息散布方式的不同，可以分为三种模式。

①寄送推荐函的模式

市场操纵者先持有某现货及其衍生品大量头寸，然后寄推荐函给其他投资者，大力吹嘘该合约的投资价值或贬低其价值，希望通过其他交易者的参与买卖而影响该现货与衍生品合约的市场价格，达到跨市场操纵目的。

②直接散布不实消息的模式

常见模式是操纵者直接以邮寄或者邮件网络传播等方式，散布有关现货供给的不实消息，以影响相关衍生品合约的市场价格，达到操纵目的。

③间接散布不实消息的模式

操纵者并未对市场参与者直接提供任何信息，而是利用他人或大众媒体达到散布虚假消息的目的。在这种操纵方式中，由于操纵者并未与其他市场参与者接触，因而调查较为困难，加上其利用大众媒体传播，消息散布范围更广、影响力更大，故造成的后果也更严重。

（3）案例

到目前为止，还没有发现操纵者使用散布虚假信息的手段进行金融衍生品及其现货市场的跨市场操纵，因此，下文采用商品市场相关案例，以供参考。

①直接散布不实消息——In re London V. Butler 案

1954 年，本案被告以邮寄信件的方式，告知洲际贸易的谷物交易成员，称有大量黄豆现货即将被运出芝加哥，其后又以电报告知美国农业部和芝加哥期货交易所，指出在芝加哥谷仓所存有的黄豆现货根本不足应付已填发仓单的持有人的需求，同时，以书面通知谷物交易成员，指出这些谷仓中的黄豆存货因为已经出口而无法按照提单的质量和数量来交运黄豆。后来证实其发布的信息都是假的，目的是为了引起黄豆市场价格波动，故被认为已构成市场操纵行为。

②间接散布不实消息——Moore V. Brannan 案[1]

1947 年 10 月 1 日，被告以自己名义和相关人账户共持有 180 万磅猪油期货的多头，并制作了一个新闻备忘录，称美国农业部为适应其外销需求，正向粮食供货商采购大量猪油，故预期未来会产生猪油供应不足的状况。文末还指出了四名政府官员的名字来证实其说法。被告将该备忘录交给 Merrill Lynch 的营业员，希望借其传送到该证券公司的各分支机构，又将 50～100 份复印件放置在全国新闻俱乐部的办公桌上，另外将 16 份复印件放在美国农业部新闻室给新闻记者的信箱中，希望能将该信息散布给新闻界，进而刊载在报纸上。但调查发现：所有在该备忘录中提及的官员均未提供任何有关猪油采购的信息，而且直到该备忘录散布后才知道有此事存在，故法院认为其已构成散布虚假或不实消息的操纵行为。

（二）基于交易的操纵

1. 定义

基于交易的操纵是指通过交易对价格进行操纵的行为。比如在衍生

---

[1]　Great Western Food Distrib, Inc. v. Brannan, 201 F. 2d 476, 479 (7th Cir. 1953), at 479.

证券市场上，一些投资者首先在期货或期权上建立大的头寸，然后在衍生证券到期日通过大量交易标的资产（如股票）达到操纵标的证券的价格，从而在衍生品市场上获取利益。众多研究表明，操纵者青睐在衍生品合约到期日对现货与衍生品进行跨市场操纵，前述文献中的学者们的研究显示，标的证券在到期日存在价格操纵现象，特别是在到期日收盘前的较短时间内价格操纵的现象更加明显。

2. 形式

（1）操纵衍生品市场而自现货市场获利

这种形式在期货市场较为常见，期货交易具有价格发现的功能，这种操纵模式便是利用该特点，事先预买（卖）大量的现货商品，并约定以某特定日的期货价格作为计价依据，然后在期货市场操纵该特定日的市场价格，以打压（拉升）所欲买（卖）的现货商品价格来获取高额利润。通常有下列几种方式。

①抬高（压低）开盘或收盘价格

操纵者可以在集合竞价或收盘交易时利用大量买卖委托干预开盘或收盘价格，使该人为价格被记录在行情板上，借此引诱其他投资者参与买卖，来推升或压低该期货的价格。一般而言，抬高开盘或收盘价格的目的是希望借此来增加市场需求，以便操纵者顺利地以高价卖出之前所购入的合约。国内一些股票频繁地跌停或涨停就是这类操纵现象的具体表现。

②设定价格范围

操纵者预先决定一个数字，作为开盘和收盘的价格，并且在某一段时间内，都以此特定价格在交易所买卖合约，来吸引更多投机者鉴于风险较小而参与买卖，从而从他人的交易中获得更有利的价格。

③打压价格

操纵者在期货市场中利用短时间连续委托买进（卖出）的行为，来抬高（压低）某股票价格，并且利用价格上涨（下跌）所造成的行情波动，使持有卖出（买进）部位的交易者因保证金不足或因其原先所下的委托为停损委托而被迫平仓，造成股票价格更加上涨（下跌），从而使操纵者从中有利可图。

④对倒交易

所谓对倒交易，是指在无市场风险下，以相同的价格，同一操纵者既是买方又是卖方进行交易。操纵者虽然在市场中公开进行交易，但其目的只是为了使其交易价格和交易量被记录在市场上，以制造交易热络的假象，欺骗其他交易者。比如，如果操纵者希望以低价买进某合约，则可以先假装以低价卖出，并进行对倒交易，使约定人同时以该价格买进，以引诱不知情的交易者以更低价卖出，此时操纵者再转为买方，而得以低价买进该期货合约。通过对倒交易操纵证券价格最早出现在美国股票市场，在《1934年证券交易法案》正式生效禁止对倒交易前，对倒交易在美国证券市场十分盛行，并且被投资者认为是一种正常的交易模式[1]。

常见的对倒交易操纵模式包括两种情况：第一种情况是抬高或压低市场价格，这种模式是以对倒交易的方式，在不用承担价格风险的情况下，拉升或压低价格以制造假象，吸引其他交易者跟进追价；第二种情况是使信心不足的交易者离开市场，此种模式是操纵者在不影响整体持有部位的情况下，利用对倒交易行为，将同操纵者持有同向头寸但信心不足的交易者平仓离开市场，以避免未来因这些交易者的平仓行为而增加价格操纵上的困难。

⑤价差操纵

操纵者买进某一衍生品合约后，同时卖出较远月份的同种合约（或者卖近买远），此时，他关心的并非个别衍生品合约价格的涨跌，而是两个合约价格的价差（基差）关系。因此，操纵者可以拉升买进的合约价格，或压低所卖出的合约价格，以求扩大（缩小）基差获取不法利益。

（2）操纵现货市场而自期货市场获利

对于以现金结算的期货合约（如股价指数期货等金融期货），如果

---

[1] 〔美〕查里斯·R.吉斯特（Charles R. Geisst）：《华尔街史》，敦哲、金鑫译，经济科学出版社，2004，第22页。

能够操纵现货市场的价格，就等于控制了期货市场的结算价格，因此可采取类似商品期货中的挤压轧空等操纵策略来获取超额利润。举例来说，市场操纵者可以先取得大量期货多头部位，然后在期货合约到期日前操纵现货市场的价格，以抬高期货合约的现金结算价格，一旦期货现金结算价格被操纵，那么操纵者就可以借其所持有的期货多头部位来挤压卖空者，使其不得不按照操纵者所定的价格进行平仓。

在实务上，就股票指数期货而言，组成股价指数的样本股票往往达百种以上，操纵者很难有如此雄厚的财力同时操纵这些样本股票的市场价格，从而影响期货结算价格，而在外汇现货市场的操纵更是微乎其微。故 Kumar and Seppi（1992）[1] 从纯理论角度所提出的这种操纵模式并不多见，而成为法院案例者，更是少之又少。

3. 案例

（1）操纵期货市场而自现货市场获利的操纵模式——In re Howard Randolph et al. 案

一般而言，由于金融衍生品具有供给无限的特性，操纵者很难单纯用交易行为去影响衍生品价格，因此，这种操纵模式很少发生在金融衍生品市场，而比较常见于商品期货市场。

本案中，Randolph Foods 预先卖出 4400 箱鸡蛋，并与买方约定，以1961 年 1 月 13 日当日纽约现货鸡蛋报价单为计价基准。由于纽约商品交易所的鸡蛋期货交易价格一向是纽约现货鸡蛋报价单的一部分，因此，Randolph Foods 委托 Carl A. Bergstorm 等人拉升 1961 年 1 月 13 日的鸡蛋期货价格，导致当日鸡蛋在纽约现货报价单的价格较前一日高出 0.75 ~ 1 美分。随后，Carl A. Bergstorm 等人即将原先所购入的鸡蛋期货以亏损的价格卖出，并由 Randolph Foods 负担这一损失。Randolph Foods 等人的行为显然已经严重干预了市场价格，故法院视其行为为市场操纵行为。

---

[1] Kumar, P. and D. J. Seppi（1992），"Futures Manipulation with Cash settlement"，*Journal of Finance*，XLVII（4），pp. 1485 – 1502.

（2）操纵现货市场而自期货市场获利

①澳大利亚野村证券操纵股指期货[①]

1996 年 3 月 29 日，在中国香港注册的野村集团职员 Mapstone 和 Channon 企图操纵澳大利亚股票期货和现货市场，在期货合约到期日收盘前集中抛售澳大利亚普通股价指数成分股，从而达到压低到期合约的价值，使空头合约赢利。

他们的操纵手法为：现货市场方面，在到期日收盘前最后几分钟里企图卖出市值 6 亿澳元的指数成分股，同时通过一些经纪商下达了批量买单，有些股票买单甚至设定了 20% 以上的跌幅。

但由于野村自身对指数理解的偏差，以及一些经纪商拒绝执行抛售股票，野村仍然留下 1.5 亿澳元市值的股票未抛出。同时，抛售股票后经纪商的买单又使得股价反弹，普通股价指数在最后半个小时的交易里仅下跌了 26 点，约 1%。

事后，澳大利亚证券交易所、悉尼期货交易所都向市场监管部门报告了上述交易。尽管野村证券自身辩解这种交易属于合法的套利策略，但 1998 年 12 月，澳大利亚联邦法庭还是认定野村证券企图制造证券和期货市场交易活跃的假象，判定野村证券同时操纵了澳大利亚的证券和期货市场，对野村进行公开谴责、罚款和市场禁入的处罚。中国香港证监会也解除了野村上述两个雇员 12 个月的注册代表资格。野村另被判罚 35 万英镑的罚款。

利用股指成分股操纵股指期货的类似案例在全球股指期货市场并不鲜见。例如，1997 年 10 月下旬，香港股票市场和恒生指数期货市场都发生暴跌，有媒体指出：这是由外资大户的市场操纵行为所导致。因为香港恒生股价指数成分股只有 33 种，而且采取发行量加权计算，因此外资大户只要在股票现货市场操纵其中几种重量级股票，如汇丰银行、香港电讯、长江实业等，就可影响或控制恒生指数期货市场。这只是媒体一种未经证实的说法，在理论上虽然可能发生，但没有相关正式法院

---

① 详见英国金融监管局网站：http://www.fsa.gov.uk/pubs/additional/554.pdf。

案例可供佐证。

②瑞士信贷第一波士顿（CSFB）企图操纵斯德哥尔摩证交所指数（OMX Index）成分股[①]

1998 年 12 月 29 日，CSFB 欧洲公司指数套利部门负责欧洲指数套利的 Ezra 和交易员 Archer 企图操纵 OMX 指数。之前两家瑞典公司 Stora 和 Enso 宣布合并，1998 年 12 月 29 日是 Stora 的最后一个交易日，之后将由合并后的 Stora Enso 公司替代记入指数。

Archer 曾于 1998 年 12 月 17 日向瑞典证券集中管理簿提出收购 Stora 股票，这使得管理簿的买卖不均衡，Stora 股票发生短缺，如果该股价格下跌将有利于 CSFB。

在 1998 年 12 月 29 日 Stora 股票开盘于 90 元，仅有 4 笔 2.08 万股的委托。Archer 判断在更低的价格上也不会有太多的买委托，通过短时间大量的抛单将可能影响 Stora 股票价格。Archer 通过一家经纪商在 9 点 26 分下了 8 万股 60 元的买委托，9 点 27 分他以 60 元的价格抛出 9.3 万股。在 60 元，Archer 买回 7.22 万股，随后 Archer 继续卖出股票，防止价格反弹。

由于 Stora 的市值较大，OXM 指数以市值加权计算，Stora 的异常下跌严重影响了 OXM 指数，斯德哥尔摩证交所也注意到这笔可疑交易，并且询问 CSFB。Archer 借口交易时错误下单，将 1 万股的卖单输成 10 万股的买单，企图误导斯德哥尔摩证交所。然而证交所要求 CSFB 同买方取消这笔交易，为了掩盖他们自身为交易对手方的事实，Archer 和 Ezra 继续对交易所作不诚实的解释，直至交易所调查经纪商的交易记录。为此，二人被其机构所在的英国证券和期货监管当局处以解除其注册代表资格的处罚。

③UBS 操纵印度 Sensex 指数[②]

2004 年 5 月 17 日，印度股票市场出现大幅下跌，Sensex 日内最高

---

① 详见英国金融监管局网站：http://www.fsa.gov.uk/pubs/additional/594.pdf。
② http://www.sebi.gov.in/cms/sebi_data/attachdocs/1311846698486.pdf。

下跌 842 点，跌幅达 16.61％，导致了两大交易所 BSE 与印度国家股票交易所（NSE）在一天内两次停止交易，这在之前历史中无出其右。随后从印度证监会的调查中发现，作为 FII 的 UBS 是这场大跌的主要引发者。纵观 2004 年及 2006 年的两次危机，尽管引发原因不同，但 FII 的交易方式和对市场造成的影响都有相似之处。回顾 2004 年 SEBI 对 UBS 的调查，我们可以更好地理解 FII 对印度期现货市场的影响。

SEBI 调查了当天各交易机构的交易行为后发现，作为 FII 之一的瑞银亚洲（UBS）在 2004 年 5 月 17 日卖出了 188.35 千万卢比的股票，是该日最大的卖出方。而 2004 年 5 月 14 日 UBS 在期货市场上建立了 726 千万卢比的空仓。出于调查的需要，SEBI 要求 UBS 提供相关的信息。

最初，UBS 告知 SEBI，2004 年 5 月 17 日的所有交易都出自其自营账户，但之后在压力下 UBS 又透露该日还代表海外其他投资实体卖出了大量股票。由此，SEBI 怀疑 2004 年 5 月 17 日的市场大跌是由 UBS 集中卖方力量打压市场引发。随后 SEBI 决定查明最后受益人的详细情况及主要投资人的身份信息。但 UBS 始终以客户保密条款为由不予配合，致使 SEBI 无法获取关于交易的完整情况。根据 SEBI 对 FII 的规定，UBS 此举违背了第 15A 条 "了解客户" 的要求（Know Your Client）以及第 20A 条 FII 需详细披露海外衍生工具发行的信息。据此，SEBI 决定在未来一年禁止 UBS 向海外投资人发行基于印度证券市场的离岸衍生工具。

就调查结果看，SEBI 认为 UBS 通过买入大量现货并在期货市场建立大量空仓，随后抛售现货打压现货价格，并从期货空头头寸中获得了高额利润。来自 UBS 的数据也表明，尽管 UBS 在 2004 年 5 月 17 日的现货市场由于抛售损失了 17.54 千万卢比，但其期货市场空头赚取了 59.37 千万卢比，最后净获利是 41.83 千万卢比。在调查 UBS 的过程中，除了发现其自营账户在交易外，SEBI 还查找到了 UBS 代理客户的交易，这些客户绝大部分是对冲基金。

四 案例的总结与分析

纵观上述发生在现货市场和衍生品市场的跨市场操纵案例，不论是通过行动还是通过交易进行操纵，可以发现以下特点。

首先，操纵者必须持有大量现货与衍生品头寸，因为操纵者在操纵过程中会产生一定的成本，如果持有头寸太少，则非法获利显得微不足道，如 1996 年 Fenchurch 公司操纵美国国债期货的案例。

其次，一般来说，在现货与衍生品市场间进行的跨市场套利交易，其头寸是反方向的。例如，在现货市场持有多头（看涨），同时在衍生品市场持有空头（看跌），或现货市场持有空头（看跌），同时在衍生品市场持有多头（看涨）。

与跨市场套利相比，大多数情况下，跨市场操纵在现货和衍生品市场中的头寸方向（看涨或看跌）是一致的。比如通过囤积进行的跨市场操纵，操纵者在现货市场持有多头（即买入大量现货），同时在衍生品市场也持有多头（看涨）。当现货市场因现货短缺导致价格上涨时，操纵者的现货能够获利，衍生品市场多头也能够因衍生品合约价格上涨而获利。

当然，也有一种情况，操纵者在现货和衍生品市场持有相反的头寸，如 UBS 操纵印度 Sensex 指数的案例。不过，与套利交易类似，使用这种操纵手段在平仓时会有一个市场（现货或衍生品市场）出现亏损，若操纵者操作不当，不仅无法获利还可能亏损。

因此，判断市场参与者是跨市场套利还是操纵的一个基本思路就是从其在两个市场持有的头寸方向入手，同时结合头寸数量以及持有时间等信息进行综合判断。

五 跨市场价格操纵的市场化约束机制

为维护市场秩序、繁荣市场，对于股票现货及其衍生品市场中存在的操纵和内幕交易行为，各国采取的措施大致可归纳为良好的合约设计、大额申报制度、限仓、加强市场监管、到期日前的监管、进行跨市场信息分享等几项，以下分别进行分析。

（一）合约设计角度

良好的合约设计与适当的交易条件，是避免现货和相关衍生品市场操纵和内幕交易的首要工作。同时，对衍生品合约而言，科学合理的合约设计是衍生品合约成功的关键[①]。

一份完整的合约包括合约标的、合约价值量、最小变动价位、每日价格波动限制、合约月份、交易时间、最后交易日、收盘价的确定、交割方式、保证金等内容，这些构成要件有机地结合在一起，为现货和相关衍生品市场的价格发现和规避风险提供了优良的管理工具。

首先，在现货供给方面，当现货市场的供给量有限时，以之为标的的衍生品就比较容易发生跨市场轧空事件。20世纪90年代中期发生的"327"国债期货操纵案例中，国债期货以个别债券为标的物，不像美国债券期货以虚拟债券作为标的物，再通过转换因子，使众多国债均可用来交割，而"327"国债因现货的发行量太少，发行又无一定的时间表，使得债券供给量有高度的不确定性，空方不易找到可交割的债券，自然容易出现轧空的状况。因此，若现货市场的供给量有限，在合约设计时应容许质量相近的商品作为交割替代品，让卖方在交割时有充足的现货来源。

其次，衍生品合约设计必须考虑合约规模。过大的合约规模会导致参与者数量不足，容易诱发价格操纵问题。一般而言，小的合约规模降低了投资者的入市门槛，有利于提高交易量和持仓量，同时降低了参与者垄断头寸进行操纵的可能性。Huang and Stoll（1998）[②] 认为更小的期货合约可以吸引因为资金规模、担心风险等各种原因不能参与传统规模期货合约交易的投资者；Hasbrouck（2003）[③] 对 S&P 500 和 Nasdaq 100 指数期货的研究发现，由于迷你电子合约的价差和比传统合约小，

---

① 刘凤元：《衍生品合约失败案例研究及其启示》，《证券市场导报》2010年第3期。

② Huang and Stoll（1998），"Is it Time to Split the S&P 500 Futures Contract?", *Financial Analysts Journal*, January-February, pp. 23 – 35.

③ Hasbrouck, J.（2003）, "Intraday Price Formation in US Equity Index Market", *Journal of Finance*, 58（6）, pp. 2375 – 2399.

投资者持仓兴趣开始向迷你电子合约转移；Lars Nordén（2006）① 对 OMX 指数期货的实证研究发现，当该指数缩小 1/4 以后，其交易量和避险效率都有所上升，但交易成本没有变化。

合约规模小容易得到投资者的青睐，在实务界有很好的案例。韩国开发股指期权产品仅有 10 年左右时间，但其股指期权产品交易量已连续七年排在全球第一的位置，其成功的一个重要因素就是合约规模小，使得个人投资者的成交量占整个期权成交量的 60% 左右。

当前，在很多金融衍生品市场，各期货交易所在开发新的期货品种时，都需要取得 CFTC 的核准，经市场分析小组评估以后才能在市场上进行交易。

以指数衍生品——股指期货为例，由于股价指数期货采用现金交割而非实物交付，因此在合约设计时，最重要的因素就是股价指数的选取和乘数的大小。标的指数的选择也应具有充分的市场代表性、行业代表性和市场流动性。另外，为了满足投资者的避险需求，同时还要使市场参与者有信心认为该指数不会被个人、机构操纵。CFTC 为防范指数期货市场操纵的问题，曾在 1984 年 1 月就股价指数的选择提出了一个建议框架，该建议要求如下。

（1）指数至少应包含 25 种股票，其总市值至少达 750 亿美元，下跌时不得低于 500 亿美元。

（2）单一证券权重不得超过 25%。

（3）前三名证券的总权重不得超过 45%。

（4）对于不以市值为标准的加权型股价指数，单一证券实际市值权重小于其分配权重的 1/3 者，其权重不得超过 10%。

另外，在选择股价指数期货合约的乘数大小时，如果希望吸引散户，就应该将合约规格定小；如果只吸引机构投资者，让其有便捷而低成本的交易，就需要大规格的合约；如果想要同时吸引两个市场的话，

---

① Lars Nordén（2006），"Does an Index Futures Split Enhance Trading Activity and Hedging Effectiveness of the Futures Contract?", *Journal of Futures Markets*, Volume 26 Issue 12, pp. 1169 – 1194.

则需要中等规格的合约。

（二）大额申报制度

投资者可以通过大额交易对市场价格产生巨大的影响，另外，交易者进行现货和衍生品市场间的操纵和内幕交易行为时，为获得巨额利润，通常也会采取大额买卖的交易形式。因此，需要将大额交易的情况透明化、公开化。海外各金融市场在设计大宗交易制度时一般通过大额申报制度对其进行规范和限制，以防止通过大额交易人为地操纵市场（如对敲、倒仓等）及证券欺诈等法规明令禁止的行为。

所谓大额交易申报制度，是指投资者在进行大宗交易之前，必须先向交易所有关监管部门申报，经确认后方可进行大宗交易。大额交易申报制度要求交易者以公开信息披露的形式向市场公告每笔大宗交易的证券名称、成交量、成交价、证券商席位名称以及买卖双方的姓名或名称，可以在一定程度上控制参与大宗交易的投资者，是防止现货和衍生品市场间的操纵与内幕交易行为的重要手段。

大额交易申报制度的具体措施为：当会员或客户投机头寸数量达到交易所规定比例时，必须主动、及时地向交易所报告，报告内容包括客户名称、持仓数量、交易方向、风险防范措施等。通过这个制度，交易所能够监控大户动向和行为，在交易异常变化（如价格异常变动、交易量和持仓量异常扩大）时，应适时对大户进行强制性检查，发现问题及时处理。

很多国家的法律要求公司的董事、监事、经理等内幕人员以及已经持有有表决权股票达到一定比例的大股东，申报其持股数量及其变动情况。这样，内幕人员买卖股票时，社会公众就可以知道其交易情况，并从中推测内幕人员对公司财务状况的看法和态度，从而起到防止内幕交易的效果。

关于大额交易申报制度，美国 CFTC 要求经纪商等相关机构对交易达到一定标准的账户或投资者提出报告，以协助监管人员找出可能操纵或内幕交易的特定个人或机构，以预先采取防范措施。而在 2008 年次贷危机后，2011 年 7 月 26 日 SEC 宣布美国的证券市场实施"大额交易人申报制度（Large Trader Reporting Regime）"①。

　　监管人员每天通过计算机，针对较活跃的交易市场、经纪商、结算机构和外国经纪商代表处，搜集大额交易人数据并进行分析。由于投资者可能通过多家经纪商或多个户头达到控制目的，因此，CFTC 要求开立新户头时，如发现各账户间可能具有关系时，应该每日按照申报头寸变化情况，如果达到申报水平时，则应该进一步申报更详细的资料，在某些情况下，CFTC 也可直接要求交易人申报其在各经纪商的所有头寸资料。通过了解大额交易人的买卖情况，以及所从事现货和衍生品市场间的避险策略，监管人员可及时找出异常的交易状况和可能的不法行为，以便采取适当的防范措施。同时，要求大额交易人申报买卖情况，从某种角度也可以吓阻投资者利用大额交易进行现货和衍生品市场间的操纵和内幕交易行为。

　　各国衍生品交易实践证明，增加市场透明度能够对市场操纵力量起到巨大的抑制作用。每笔大宗交易的证券名称、成交量、成交价、证券商席位名称以及买卖双方的姓名或名称将以公开信息披露的形式向市场公告，使得大宗交易明显区别于以前的庄家对敲行为。通过这种披露，使得投资者对于交易的主体人一目了然，有利于交易者及时掌握交易头寸中多少是套保头寸，多少是投机头寸，限制了庄家操纵市场的行为，使大户的各种隐蔽手段公之于众，提高市场的公开性，有利于会员和客户参与市场监督。

（三）仓位限制措施

　　仓位限制或限仓制度，是指为了防范现货和衍生品市场交易中的操纵市场价格行为，防止衍生品市场风险过于集中于少数投资者，保护合约持有者的利益，交易所通常对每一客户及会员在一定时间内拥有合约的最高数量进行限制，并逐日进行审核的一项制度。

　　投资者持有合约数量过多是一种过度的投机行为，会导致现货或衍

---

① 大额交易人申报制度大致可分为两大部分：第一，要求大额交易人使用 13H 表格（Form 13H）向 SEC 登记注册；第二，要求大额交易人的受托经纪商须确实保存、申报与监控该等交易人的交易记录。

生品市场上价格突然或者不合理的波动，对市场机制造成损害，从而给市场操纵者或内幕交易者以机会。在现货和衍生品市场上，不论操纵者的操纵行为采取何种操纵形态，必须以持有大量的现货和衍生品头寸为前提，并且，就内幕交易行为来看，通过内幕交易所得不法利益的多寡，也与内部人持有头寸的大小直接相关。所以，只有对合约持有者的持有数量加以限制，及时地发现交易中的异常并加以限制，准确判断不正常交易行为的原因，有效地减少操纵行为与内幕交易行为的发生。

对于头寸限仓制度的制定，各国的做法不尽相同。

美国商品交易法授权 CFTC 设定期货交易人的持有或控制的头寸数量，以预防现货和衍生品市场中操纵与内幕交易的发生。对于各种衍生品的头寸限制，根据可能发生的市场操纵形态不同而采取不同的限制额度。例如，在判断股价指数期货是否容易受到操纵时，所考虑的主要因素为股价指数中所含股票的数量、样本股票的市值、样本股票的分散程度等，因此，广基指数期货（Broad-based Index Future）相对于窄基指数期货（Narrow-based Index Future）有较高的头寸限制，而个股期权的头寸限制又比这两种期货合约低。交易所监管部门每日通过各种报表，监管大额投资者的交易结果是否达到头寸限制、该投资者的交易是否经常接近头寸限制标准或是否经常违反头寸限制。对于彼此间有关联的投资者，则应将其视为同一集团，以其交易总和计算头寸限制。如果交易者持有合约数量超过指定数量，即以提高每一合约的保证金金额或采取其他措施加以限制。以大额交易者为例，监管人员按照所申报的大额投资者交易和其所持头寸相关资料，确定投资者已违反头寸限制规定后，即依其情节轻重，发出警告、停止或中止交易的命令，对于应进行清算的头寸，监管人员事先评估其对市场造成的影响，并事后追踪，查核其是否移转头寸而加以规避。

2010 年 7 月通过的《多德—弗兰克法案》中对金融合约头寸的限制新规定于 2011 年 10 月 18 日正式生效。CFTC 对 28 项核心的商品期货合约以及"经济上相等"（Economically Equivalent）的期货、期权及互换合约的投机性头寸进行限制。该法规关于头寸限制将分两阶段实施，第一阶段预计于 CFTC 与证券管理委员会 SEC 共同定义"互换合约"相关规定生效后 60 天对近月合约实施头寸限制，该限制数为现货应在外流通数的 25%，能源类及金属类合约的头寸限制数将每年调整一次，农产品契约则每两年调整一次。

第一阶段实施时间为 2011 年底，第二阶段必须搜集 1 年的互换未平仓资料后（配合近期上述关于大额交易人申报的新规定），对非近月合约实施头寸限制，该限制数为第一个 25000 手未平仓量的 10% 加上其余未平仓量的 2.5%，将每两年调整一次限制数，第二阶段预计实施时间为 2012 年底或 2013 年初。

中国实行实时交易限仓制度。这是为了防止某些会员单位和客户脱离自己的资金承受能力做超量交易，从而造成难以弥补的风险。交易所对会员单位要根据其资金实力主要是可用资金、交易信誉和管理好坏的程度，核定一个最高持仓量。会员单位对重要客户也应采取相应的限仓措施。

"327"国债期货事件对中国期货行业是一个沉痛的打击，实际上，整个事件的起因就是万国证券持仓过重，在"327"国债期货事件的当天，万国证券实际持有 200 万手，远远超过市场规则的规定，甚至远远超过了上证所给予的持仓 40 万手的特别优待（当时上证所规定：会员单位在国债期货每一品种上的持仓不能超过 5 万手），最终导致了巨额亏损。经过反思、培育与发展，中国期货市场也逐渐具备了对过度投机行为的防范能力，其中，严格规定与执行对交易者的最高持仓量的限制就是一个进步，不仅充分体现了市场的公平原则，也有利于对现货与衍生品市场的监管。

另外，在中国衍生品市场经历了数次操纵丑闻后，限制仓量的具体手段从"逐日盯市"修改为"逐笔盯市"。这样的改革一方面可以限制客户信用交易，避免穿仓；另一方面也可以随时跟踪客户头寸，有利于发现操纵行为。

总体来看，限仓可以分为两个大类。

1. 对客户的限仓

国际上对客户的指数期货持仓多数采用绝对数限仓的形式，但有的交易所对客户持仓并不限制。

　　在采用绝对数限仓形式的同时，各国的实施方法也有所不同：有的是对客户所有月份合约的总持仓进行限仓，有的是对客户的净持仓进行限仓，有的对所有客户账户执行统一的限仓标准，有的则区分自然人账户和法人账户分别制定限仓标准。

　　这些限仓标准多是根据所交易的合约不同而分别设置的，通常属于具体合约条款中的一项内容。

　　（1）中国香港交易所对客户的限仓

合约品种	道指期货	恒指期货	Mini 恒指期货	H 股指数期货
限仓（净）	20000	Delta 10000	Delta 2000	6000

　　（2）中国台湾交易所对客户的限仓

　　中国台湾的绝对数限仓，限制的是客户持有的某一期货品种的全部合约月份的持仓量的加总数，即对总持仓（或"毛持仓"）限仓。

合约品种	台指期货	小台指期货	电子期货	金融期货	台湾 50 期货
自然人限仓	1800	与台指期货合并	300	300	300
法 人 限 仓	3500	与台指期货合并	1000	1000	1000

　　（3）新加坡交易所对客户的限仓

合约品种	Nikkei 225	Nikkei 300	MSCI_ Taiwan	MSCI_ Singapore	MSCI_ Japan
限仓（净）	10000	5000	5000	5000	10000

　　（4）韩国和 CME 对客户的限仓

合约品种	KOSPI 200	KOSDAQ 50	S&P 500	E－mini S&P 500
限仓（净）	5000	在交易所认为必要时实行	20000	100000

　　（5）日本和 Eurex 对客户的限仓

　　日本大阪证券交易所主要上市有 Nikkei 225、Nikkei 300、DJIA、MS-

CI‐Japan 和 FTSE‐Japan 指数期货，该交易所均未对这些品种设置限仓。

Eurex 主要上市的有 DAX、瑞士市场 SMI、芬兰市场 HEX 25、DJ‐Stoxx 等指数期货。同样，对于现金结算的指数期货，Eurex 均不加以限仓，但保留有视市场情况对指数合约实行限仓的权利。

2. 基于调整后净资本的会员限仓制度

除了上述的对客户账户的限仓之外，有些交易所或者清算所对交易会员和结算会员也设置持仓限制。我们主要关注其中一些基于会员调整后净资本而设置的限仓方法。

（1）中国香港的限仓制度

中国香港期货结算公司备有一个依资本额决定仓位限制数的正式系统（Capital Bases Position Limits，CBPS），该系统每日检查结算会员持仓是否超过规定，其检查的标准如下。

净持仓限制：

结算会员账户的净额保证金（Net Margin）不能超过净额限制

净额限制 = （流动资本 + 银行保证额度）的 3 倍

总持仓限制：

结算会员账户的总额保证金（Gross Margin）不能超过总额限制

总额限制 = （流动资本 + 银行保证额度）的 6 倍

（2）中国台湾的限仓制度

中国台湾对交易会员和结算会员都按照调整后净资本进行动态限仓。

a. 对交易会员的限仓（2 个标准）

①交易会员的业主权益不得低于最低实收资本额的 40%，即

$$\frac{\text{业主权益}}{\text{实收资本}} > 40\%$$

②交易会员的调整后净资本额不得低于客户持仓所需保证金总额的 15%，即

$$\frac{\text{调整后净资本}}{\text{客户持仓保证金总额}} > 15\%$$

b. 对结算会员的限仓

① $\dfrac{调整后净资本额}{持仓保证金}$，即调整后净资本占持仓保证金的比例。

	指拨专用营运 资金 <1 亿元	1 亿元 <指拨专用营运 资金 <2 亿元	指拨专用营运资金或最低 实收资本额 >2 亿元
警示标准	低于 35%	低于 30%	低于 25%
限制标准	低于 30%	低于 25%	低于 20%

指拨专用营运资金，即最低实收资本。

② $\dfrac{结算会员在某品种上的全部月份持仓总量}{该品种全部月份市场持仓总量}$，即持仓集中度。

	股指期货	股指期权 卖方持仓	股票期权 卖方持仓	利率期货	黄金期货
警示标准	达到 15%	达到 15%	达到 15%	达到 15%	达到 15%
限制标准	达到 20%	达到 20%	达到 20%	达到 20%	达到 20%

③ $\dfrac{净持主仓失额}{调整后净资本额}$，即持仓损失额度。

警示标准：达到 50%；

限制标准：达到 60%。

新增持仓所需交易保证金 >结算准备金，即新增持仓交易保证金额度（为限制标准）。

第四节　跨市场冲击

从 1987 年美国"黑色星期一"的股市崩溃以及近年来次贷危机引发的全球金融危机可以看到，当股票现货、股指衍生品等单一市场出现危机后，这种危机会很快扩散并给其他市场带来冲击，而融资和投资的全球化加剧了这种跨市场冲击。因此，各国交易所和监管机构纷纷推出建议规则或监管措施以期减少跨市场间的价格冲击。

2010 年 4 月 19 日，股指期货在中国金融期货交易所开始挂牌交易，这是 15 年前国债期货被停止交易后国内推出的第一个金融衍生品合约。股指期货的推出为投资者提供了更多的选择机会，但对交易所和监管者而言，现货与衍生品的跨市场冲击问题给监管带来了挑战。另外，跨市场冲击的挑战也会出现在将来推出的"国际板"上，即主要市场（Primary Market，指国外上市交易所）的该股股价危机对该股在国内挂牌价格的冲击。但目前国内各交易所规则和监管规则并没有对上述跨市场冲击有所述及，因此，借鉴发达市场的跨市场冲击应对和监管策略对国内交易所和监管者显得很有必要。

一 单一市场和跨市场冲击的应对措施

就跨市场冲击而言，大多数情况都是现货市场或主要市场先出现价格危机，然后扩散到其他相关市场。一般来说，冲击的来源主要包括重大信息公开、价格操纵、紧急事件以及不理性交易等。目前监管机构对现货市场可能遭受的冲击和危机的处理方法都是通过一定的规则使交易中断或暂停。根据停止交易的范围，交易中断或暂停分为停止部分交易和停止所有交易。

（一） 现货市场的冲击来源和应对方式

1. 现货市场的冲击来源

（1）重大信息公开

重大信息是冲击证券价格的常见来源，常见的最大信息包括购并案或合资案、股票分割或分发股利、非营业常态产生的盈余或股利、重要合约取得或丧失、推出新产品或成功开发新技术、经营权重大变更、大量出售所持有的有价证券、库藏股票的行使、公司重要资产买卖、重大劳资纠纷、制订买回自有股份的计划、购买其他公司股份以及依法应向监管部门申报的事项等。

另外，市场上关于上市公司的传言也可能给股价带来冲击，此时监管部门可以暂停交易，要求证券发行人针对传言发表声明。

（2）价格操纵或信息欺诈

价格操纵、信息欺诈以及内幕交易也会对股价产生冲击，各国监管机构对此都有相应的应对和处罚措施。其中，信息欺诈，即财务数据的虚假或故意隐藏重大事实对股价的冲击尤其严重。

（3）紧急事件

指当发生恐怖事件、罢工、暴动或恶劣的天气，以及战争或交易所设施毁损或故障时，价格受到的冲击更加剧烈，为了避免出现市场危机，监管者会采取相应的应对措施。

（4）不理性交易行为

当参与市场的投资者中弥漫着恐慌情绪或投资者羊群效应突出时，会给市场带来巨大冲击，而导致股价单边大涨大跌。对此，监管机构也采用了不同的手段进行应对。

2. 对冲击的应对方式

从全球证券监管实践看，对股票价格各种形式的冲击不可避免，而各国监管机构根据价格冲击的形式和程度主要采用了以下手段进行应对。

（1）交易暂停或中断

交易暂停或中断的手段一般用于处理重大信息需要公开、价格有受操纵和内幕交易的嫌疑以及紧急事件时。重大信息公开前一般都需要暂停或中断交易，目的是使交易者了解和吸收相关重大信息，并通过随后的交易反映到交易价格中。对价格有受到操纵和内幕交易嫌疑的股票进行暂停，可以避免其他投资者受到损失，而当遇到紧急事件时，交易所一般会停止证券交易。如在 2001 年的"9·11"事件中，美国监管部门宣布全国停止证券交易四天[①]。

交易暂停或中断时交易所处理价格冲击的常见手段见表 5－4，近年来我国价格冲击（表中的交易异常调查数）和停牌处理数处于持续增加的态势。

———————————

① 纽约证券交易所市场关闭统计：http：//www.nyse.com。

表 5 - 4　上交所市场监察及时性评估（2001～2007 年）

年　份	2001	2002	2003	2004	2005	2006	2007
联合监管次数	0	53	58	34	54	75	28
异常交易调查次数	364	237	187	68	147	276	582
停牌处理次数	81	105	148	379	515	—	—

资料来源：上海证券交易所市场监察质量报告（2008）。

（2）涨跌幅限制（Price Limit）

与上述讨论的交易暂停或中断不同，涨跌幅价格限制是指当价格或点位达到事先设定的限制时，该限制规则自动执行。涨跌幅限制的目的在于防止不理性交易对市场冲击太大，同时为交易者提供重新思考的机会。常见的涨跌幅限制是静态手段，即将当日价格变化幅度限制在前一个交易日的一个上下百分比内。一些国家在采用静态涨跌幅限制外，还同时使用动态价格限制，如规定下一个成交价必须在上一个成交价的某个百分比范围之内。另外，一些市场仅限制下跌幅度，不限制上涨幅度。

（3）断路措施（Circuit Breaker）

断路措施或断路器是指当市场下跌达到一定幅度时，交易所采取的暂停股票或股指期货交易的措施，下跌幅度通常是根据特定时间内指数下降的百分比[1]。断路器的目的也是为了减缓短期内不理性交易对价格的冲击。断路措施的最早使用可以追溯到 1987 年 10 月，为应对"黑色星期一"的市场崩盘，美国证监会第一次使用了断路器。断路措施是跨市场交易暂停机制，仅在市场急剧下跌时实行，目的在于通过交易者提前熟知的、有秩序的、事先计划的暂停交易，来取代突发性的暂停交易，避免交易者恐慌。断路措施给市场参与者提供了一个重新理性评估

---

[1]　2010 年 6 月 10 日，美国 SEC 批准了个股熔断机制新规定：当某个股价格在 5 分钟内涨跌超过 10%，则该股在美国所有市场的交易都同时暂停 5 分钟。新规以 S&P 500 指数成分股为试点。2010 年 6 月 30 日，SEC 建议将罗素 1000 成分股和某些 ETF 也纳入个股熔断机制计划中。具体见《证券市场导报》2010 年第 7 期，《海外证券市场动态》，第 79 页。

市场状况的机会①。

一般而言，交易所会在营业规则中设定断路措施的启动标准，并按半年或季度重新设定。通常交易所会设计多层次断路规则，下跌幅度越深，暂停交易时间越长。另外，断路措施的启动时间点和当日剩余交易时间长短都是影响暂停时间的因素。就美国证券市场而言，其证监会制定了 Rule 80B，规定在不同的时间点和下跌幅度情况下，暂停或休市的时间长短，见表 5 – 5。

表 5 – 5　美国证券市场 2010 年 2 季度断路措施

	1：00p. m. 以前	1：00p. m. ～ 2：00p. m.	2：00p. m. 以前	2：00p. m. 以后	2：00p. m. ～ 2：30p. m.	2：30p. m. 以后
道琼斯下跌 1050 点（10%）	—	—	暂停交易 1 小时	—	暂停交易 半小时	继续交易
道琼斯下跌 2150 点（20%）	暂停交易 1 小时	暂停交易 1 小时	—	立即休市	—	—
道琼斯下跌 3200 点（30%）	停止交易					

资料来源：NYSE 官方网站，查询于 2010 年 5 月 8 日。

（二）衍生品市场的危机处理对策

衍生品市场对于市场冲击和危机的处理主要包括两个部分：一是对衍生品市场本身价格危机的处理，另一个是对其他市场可能带来的价格冲击的处理。衍生品的标的产品为现货产品，当其中一个市场停止交易后，一般会产生跨市场冲击，即对相关市场产生影响，较为典型的情况是现货市场对衍生品市场的冲击。随着全球金融市场波动性增加，监管机构除了根据衍生品价格本身制定冲击防范对策外，为了减少股票市场的危机冲击和扩散到衍生品市场，大部分国家衍生品监管部门都根据现货产品的暂停或中断规则来制定相应的衍生交易品种中断规则。

---

① Joel Hasbrouck et al. (1993)，"New York Stock Exchange Systems and Trading Procedures"，http：//pages. stern. nyu. edu/ ~ jhasbrou/Research/Working% 20Papers/NYSE. PDF.

以美国芝加哥商品交易所为例，其挂牌上市的 DJIA、S&P 500、NAS-DAQ 系列指数期货期权等股指衍生品的交易暂停或中断幅度和时间都对照股票市场而制定，并按季度修改。唯一的区别在于电子盘交易期间，涨跌幅限制在上下 5%，其余时间与股票市场保持一致（见表 5－6）。

表 5－6　美国 CME 证券衍生品市场 2010 年 2 季度断路措施

	电子盘交易期间（上下 5%）	指数下跌 10%	指数下跌 20%	指数下跌 30%
DJIA、S&P 500、NAS-DAQ 系列指数期货期权	限制在上下 5% 交易	一旦 10% 限价单成立，交易 10 分钟；如果是最后 10 分钟，则暂停交易 2 分钟。之后，以 20% 的比例恢复交易	一旦 20% 限价单成立，交易 10 分钟；如果是最后 10 分钟，则暂停交易 2 分钟。之后，以 30% 的比例恢复交易	未定义
	如股票现货市场暂停或中断，则证券衍生品市场也暂停或中断交易			

资料来源：CME 官方网站，http://www.cmegroup.com/rulebook，查询于 2010 年 5 月 9 日。

（三）对跨市场套利带来的冲击管理

在 1987 年美国证券市场的崩溃中，跨市场套利交易和程序交易被认为是罪魁祸首。监管者认为，当市场中存在大量套利头寸，而其中一个市场出现价格危机时，这种危机会很快冲击到另一个市场，从而引起金融市场全面危机。因此，很多交易所根据情况对跨市场套利行为进行了监管。

1987 年 10 月的股市崩盘促使 NYSE 颁布 Rule 80A 对跨市场套利交易进行管理。最初，该规则包括三大部分：对 S&P 500 指数期货的成分股相关交易进行限制，即分盘处理限制（Sidecar）；一篮子股票交易限制；指数套利交易限制，即 collar 交易限制。20 世纪 90 年代初期，该条款触发的次数较少，但到了 20 世纪 90 年代末期急剧增加。对此，不仅学术界对上述限制毁誉参半，投资者对此也颇有怨言。因此，1999 年 NYSE 废除了分盘处理限制和一篮子股票交易限制，对指数套利交易限制也进行了大幅度修改。修改后，触发次数大幅度降低，如 2004～2005 年仅触发 1 次，2007 年触发 15 次。近二十年来，由于美国衍生品市场快速发展，市场上出现了大量的套利交易，Rule 80A 仅监管指数套利，同时，各种实证显示指数套利交易限制绩效并不明显。因此，2007年 10 月，NYSE 完全废除了 Rule 80A[①]。但日本、韩国等衍生品市场早期借鉴 Rule 80A 制定的相关指数套利限制规则仍在实施，因此下文主要介绍日本东京证券交易所的指数套利限制。

东京证券交易所对指数套利交易的定义为：通过股票现货和期货、期权市场等关联产品获利的行为。指数套利限制规定，TOPIX 下跌或上涨一定幅度时，不得进行卖出或买入套利，见表 5 - 7。

表 5 - 7　东京证券交易所套利交易暂停措施

	暂停套利交易的标准	重启套利交易的标准
TOPIX	2000 点以下：涨跌超过 100 点	前一个交易日收在 2000 点以下：涨跌幅缩为 70 点时
	2000 ~ 3000 点：涨跌超过 150 点	前一个交易日收在 2000 ~ 3000 点：涨跌幅缩为 100 点时
	3000 ~ 4000 点：涨跌超过 200 点	前一个交易日收在 3000 ~ 4000 点：涨跌幅缩为 130 点时
	4000 点以上：涨跌超过 250 点	前一个交易日收在 4000 以上：涨跌幅缩为 160 点时

资料来源：TSE 官方网站，http：//www.tse.or.jp/，查询于 2010 年 5 月 9 日。

二　价格冲击处理机制的作用与效率

对于上述应对价格冲击政策的效果，各国学者从经济学或理论模型等多角度进行的研究结果并不一致，一些学者认为上述冲击应对机制导致重新交易后的波动率上升，交易者总体福利下降，而另一些学者则认为上述应对机制有利于信息的传播，值得推广与坚持。

（一）反面观点

早期，Hopewell（1978）[②] 研究了 1974 年 2 月 ~ 1975 年 6 月在

---

① SECURITIES AND EXCHANGE COMMISSION（Release No. 34 - 56726，File No. SR - NYSE - 2007 - 96），http：//www.sec.gov/rules/sro/nyse/2007/34 - 56726.pdf.

② Hopewell, M. H. and Arthur L. Schwartz, Jr.（1976），"Temporary Trading Suspensions in Individual NYSE Securities"，*The Journal of Financial*，33，pp. 1355 - 1373.

NYSE 上市股票的暂停行为对其价格的影响，其研究结果显示，股票暂停交易时间越长，暂停交易期间异常报酬越大。研究认为暂停交易的长短与异常报酬有直接关系，并且重新交易后的价格调整仍不完全。

Howe （1986）[1] 使用事件研究法研究了 1959 年 2 月 ~1979 年 5 月暂停交易股票，发现大多数交易暂停都是因为坏消息导致的，重新开始交易后，累积平均异常报酬显著为负，并且暂停交易时间越长，负异常报酬越大。

Ferris （1992）[2] 研究了 1963 ~1987 年的 NYSE 与 AMEX 暂停交易的股票，发现在暂停交易前股票确实出现异常报酬，在暂停交易后 20 天波动率和交易量才会恢复到正常水平。因此，他认为从暂停交易前后波动性和交易量都处于异常的状况看，暂停交易并不是解决不寻常交易的好方法。

Lee （1994）[3] 研究了 1988 年 NYSE 和 AMEX 暂停交易的股票，他比较同一家公司实际暂停交易期间与仿真连续交易期间后的交易量与波动性，以考察暂停交易的成效。研究结果显示，暂停交易不但不能降低波动性和交易量，甚至还有提高波动性和交易量的现象；暂停交易不仅打断交易的连续性，而且由于缺少最近的成交数据，使投资人不愿显露需求，导致重新开盘后的价格具有杂音。Christie，Corwin and Harris （2002）[4] 研究发现，虽然暂停并重新开始交易后，交易量会增加，但价格波动率也随着上升。

（二）正面观点

Tan and Yeo （2003）[5] 对新加坡证券交易所执行的建议暂停规则进

① Howe, J. S. and Gary G. Schlarbaum (1986), "SEC Trading Suspensions: Empirical Evidence", *Journal of Financial and Quantitative Analysis*, 21, pp. 323 – 333.
② Ferris, S. P., R. Kumar. and Glenn A. Wolfe (1992), "The Effect of SEC – Ordered Suspensions on Returns", *The Financial Review*, 27, pp. 1 – 34.
③ Lee, Charles M. C., Mark J. and Paul J. Seguin, "Volume, Volatility, and New York Stock Exchange Trading Halts", *The Journal of Financial*, 49, pp. 183 – 214.
④ Christie, William G., Shane A. Corwin, and Jeffrey H. Harris (2002), "Nasdaq Trading Halts: The Impact of Market Mechanisms on Prices, Trading Activity, and Execution Costs", *The Journal of Finance*, 57, 3, pp. 1443 – 1478.
⑤ Tan, R. and W. Yeo (2003), "Voluntary Trading Suspensions in Singapore", *Applied Financial Economics*, Vol. 13, pp. 517 – 523.

行了实证，结果发现，暂停交易有利于新的市场敏感信息传播。

Peter-Jan Engelen and Rezaul Kabir（2006）[1] 对布鲁塞尔泛欧交易所的股票进行了研究，实证显示，恢复交易后，股票交易量显著增加，即价格波动率并没有因为暂停交易而增加。总体而言，在交易暂停期间，股票价格对新信息进行了及时和完全的调整，即交易暂停确实是让新信息在市场有效传播的一种途径。

Yong H. Kim et al.（2008）[2] 通过对西班牙证券交易所上市股票的研究显示，不管是交易暂停机制还是限价机制触发后，交易活跃度增加。同时研究还发现，在交易暂停结束后，买卖价差缩小，但是限价结束后买卖价差扩大。总体而言，反映了交易暂停有效地传递了市场信息。

最后，随着投资和融资全球化的发展，跨市场冲击问题越来越受到监管者和学术界的关注。但由于数据的可得性问题，这类问题的相关研究还较为少见。Moser（1990）[3] 研究了 1989 年 10 月 13 日芝加哥商品交易所（CME）断路措施对纽约证券交易所造成的影响，研究发现，NYSE 的交易量明显增加。Moser 将 NYSE 交易量的增加归咎于市场间缺乏断路措施的明确协调。

三　国内证券市场面临的跨市场监管挑战与建议

经过近二十年的发展，我国金融市场建设取得了丰硕的成果。特别是股指期货的推出，标志着国内金融衍生品时代的到来。同时，上海证券交易所提出的"国际板"计划，将使我国证券市场的国际化更上一

[1]　Peter-Jan Engelen and Rezaul Kabir（2006），"Empirical Evidence on the Role of Trading Suspensions in Disseminating New Information to the Capital Market"，*Journal of Business Finance & Accounting*，Vol. 33，2006，pp. 1142 – 1167.

[2]　Yong H. Kim，J. Yague and J. Yang，（2008），"Relative Performance of Trading Halts and Price Limits：Evidence from the Spanish Stock Exchange"，*International Review of Economics and Finance*，17（2），pp. 197 – 215.

[3]　Moser，James T.（1990），"Circuit Breakers"，*FRB Chicago-Economic Perspectives*，v14（5），pp. 2 – 13.

层楼[①]。但金融衍生品与现货同时交易以及"国际板"的运行，将使目前的监管面临一些新的挑战，特别是跨市场监管的挑战。这些挑战主要表现为以下几个方面。

（一）同一国多交易所上市交易

典型的如一些公司同时在国内主板市场上市和香港证券交易所上市。如果某公司股票被其中一个交易所暂停交易，而另一个交易所并没有类似要求，则价格冲击可能会通过还处于继续交易的交易所反映出来。因此，需要对处于同一国多交易所上市的股票有协调一致的暂停或中断措施，避免跨市场冲击。

（二）现货与衍生品同时交易

自 2010 年 4 月 19 日沪深 300 指数期货开始挂牌交易后，国内证券市场现货与衍生品同时交易的局面形成。一般而言，股票现货市场的剧烈波动会直接扩散到股指期货等衍生品市场。同时，现货市场与衍生品市场的套利交易也会在某种程度上产生价格相互冲击现象。

（三）不同国多重上市交易

随着经济和投资的全球化，公司可以选择在多个国家或经济体融资，上海证券交易所目前正在准备的"国际板"即是这种情形。外资公司既在其本国上市，又在中国内地上市，呈现多重上市局面；另一种情形是以某现货指数为标的的股指期货同时在多国交易，典型的如道琼斯指数、日经指数等。

但就国内交易和监管规则而言，当一个市场暂停或中断该品种交易时，是否通知另一个市场暂停或中断交易并没有相关协议。即一个市场已经暂停了该品种交易，但另一个市场可能还没有收到相关信息，从而遭受价格冲击。因此，如果暂停交易等防范市场冲击的监管手段没有协调一致的话，即当一个市场暂停交易，而其他市场仍继续交易时，将使暂停交易的管理绩效下降。随着多交易所/多国上市证券的增加，监管者

---

① 新民网，韩正：《上海全力争取证券交易国际板早一点推出》，http：//sh. xinmin. cn/shizheng/2010/01/31/3507746. html。

不得不考虑防范跨市场冲击措施不协调带来的监管套利（Regulatory Arbitrage）问题。因此，笔者认为应该从以下方面改进以减少跨市场冲击。

（一）协调各交易所规则，增加跨市场危机处理机制

从股票现货和股指期货角度交易规则看，沪深交易所和中国金融期货交易所都分别制定了限制价格不理想上涨下跌的涨跌幅限制。但在对跨市场冲击的应对方面，还没有具体和详细的规则。如《中国金融期货交易所交易规则》在其第六十二条中对市场风险处置进行了笼统的描述，但对于股票现货市场暂停或中断等跨市场危机如何应对没有明确说明。

更为重要的是，沪深证券交易所的交易规则和中国金融期货交易所的交易规则对于股指期货成分股、股票与股指套利等交易的跨市场冲击处置都没有进行说明。从前述可知，虽然经过 20 年的实践，美国 NYSE 废除了对分盘处理限制、一篮子股票交易限制以及指数套利交易限制进行监管的规则——Rule 80A。但笔者认为，基于散户比重偏高、理性程度有待提升、金融产品不够丰富等中国金融市场现状，可以借鉴日本与韩国的监管规则，制定与 Rule 80A 类似的监管规则，可以在金融市场发展初期很好地应对跨市场冲击与危机，减少金融市场波动。因此，交易所或监管部门可以考虑协调监管规则，对股指期货成分股、现货与衍生品套利相关交易中的跨市场冲击进行处置与监管。

（二）充分利用市场间监视组织（Intermarket Surveillance Group，ISG）获取跨市场信息

市场间监视组织（ISG）为各国交易所和监管机构提供了一个信息及时沟通的平台，当一个市场出现危机后，其他国家的监管机构能够很快获得相关信息。特别的，随着将来国内"国际板"的运行，在"国际板"挂牌交易的股票，在其主要市场（Primary Market）如果交易被暂停或中断，则国内市场需要及时获取相关信息，以免其价格受到冲击，影响国内投资者的利益。另外，随着期货交易所的国际化，将来国内期货交易所也会对其他国家的指数进行挂牌交易。因此，充分利用 ISG 的作用可以减少跨市场间的冲击，维护投资者利益。

第六章

国内衍生品市场发展历史与现状

第一节 国内衍生品市场发展历史与现状

一 中国衍生品市场历史与现状

从 1988 年国务院批准期货试点以来，我国期货市场历经了 24 年的发展历程。在这二十多年的发展中，一方面，期货产品体系的日益完善，在促进期货市场规模不断扩大的同时，进一步满足了现货企业规避风险的需求，也为广大投资者提供了更为丰富的投资工具；另一方面，由于欺诈、价格操纵一度盛行，市场监管不力，使得国内衍生品市场发展之路并不顺利。

进入 21 世纪，市场的逐步规范使得交易品种、交易量以及市场参与人数逐年创历史新高。特别的，股指期货的出现，使得我国衍生品市场进入了新的历史阶段。总体上看，我国衍生品市场发展可以分为以下几个阶段。

（1）试探性发展阶段（1988~1993 年）

20 世纪 80 年代末，随着经济体制改革的深入，市场机制发挥了越来越大的作用，农产品价格波动幅度增大。1988 年 2 月，国务院指示有关部门研究国外期货制度。1988 年 3 月，《政府工作报告》指出："加快商业体制改革，积极发展各类批发市场，探索期货交易。"从此，我国开始了曲折的期货市场实践。

　　试点初期，受行业利益驱使，加上市场监管不力，交易所数量和交易品种迅猛增加，全国最多的时候出现了 50 多家交易所，市场交易品种达到 30 多个，开业的交易所有 2300 多个会员，期货经纪公司 300 多家（包括 50 多家合资公司），有 7 大类 50 多个上市交易品种。

　　在初期发展阶段，我国期货市场盲目发展，风险也在酝酿和积累。期货市场中的会员及经纪公司主体行为很不规范，大户垄断、操纵市场、联手交易、超仓、借仓、分仓等违规行为严重，还有透支交易，部分期货经纪公司重自营轻代理，这些行为投机性强，使广大投资者蒙受了巨大损失，严重扭曲了期市价格，不能发挥期货对现货的套期保值和价格发现功能，加大了风险控制的难度，阻碍了期货市场的正常运行。

　　（2）市场整顿清理阶段（1993～2000 年）

　　1993 年 11 月 14 日，国务院下发《关于制止期货市场盲目发展的通知》，认为 "一些地方和部门竞相争办期货交易所或以发展期货交易为目标的批发市场，盲目成立期货经纪公司；一些执法部门也参与期货经纪活动；有些外资、中外合资或变相合资的期货经纪公司蓄意欺骗客户；一些境内外不法分子互相勾结搞期货经纪诈骗活动；一些单位和个人对期货市场缺乏基本了解，盲目参与境内外的期货交易，上当受骗，造成经济损失"[①]。由此开始了第一次清理整顿工作，加强了对期货市场的监管力度，最终有 15 家交易所被确定为试点交易所。1994 年暂停了期货外盘交易，同年 4 月暂停了钢材、煤炭和食糖期货交易，同年 10 月暂停粳米、菜子油期货交易。1995 年 2 月发生国债期货 "327" 风波，同年 5 月发生国债期货 "319" 风波，同年 5 月暂停了国债期货交易。

　　1998 年 8 月 1 日，国务院下发《关于进一步整顿和规范期货市场的通知》，开始了第二次整顿工作。在这次清理整顿中，期货交易所撤并，只保留了上海、郑州和大连 3 家，期货品种压缩为 12 个，并且各个品种在各个交易所不再重复设置。

―――――――――――――

　　① 参见 http：//www. law－lib. com/law/law_ view. asp？id＝108045。

1999 年 5 月，国务院通过了《期货交易管理暂行条例》，并于 1999 年 9 月 1 日实行，中国证监会又组织制定了《期货交易所管理办法》、《期货经纪公司管理办法》、《期货从业人员资格管理办法》和《期货经纪公司高级管理人员任职资格管理办法》。这套法规对期货市场各主体的权利、义务等都作了规定，为市场参与者提供了行为规范，也为期货市场的监督管理提供了法律依据。证监会还统一了三个交易所的交易规则，提高了对会员的结算准备金和财务实力的要求，修改了交易规则中的薄弱环节，完善了风险控制制度。

（3）稳步发展阶段（2000～2005 年）

治理整顿也导致期货市场规模急剧萎缩，2000 年期货市场交易量跌到了历史最低点，仅有 1.6 万亿元。2001 年 3 月，全国人大批准的"十五"规划首次提出"稳步发展期货市场"，意味着 7 年的期货市场清理整顿任务已经基本完成。有关部门提出期货市场要为健全社会主义市场经济体系、促进国民经济稳定发展发挥其应有的作用。

2004 年 2 月 1 日，国务院颁布了《国务院关于推进资本市场改革开放和稳定发展的若干意见》，提出我国要"稳步发展期货市场"，"在严格控制风险的前提下，逐步推出为大宗商品生产者和消费者提供发现价格和套期保值功能的商品期货品种"，并且要"研究开发与股票和债券相关的新品种及其衍生产品"①。随着国家关于发展期货市场的政策调整以及期货市场法制建设与监管体系的建立与完善，期货市场开始复苏。

（4）股指期货等金融衍生品新阶段（2006 年至今）

继 1995 年国债期货停止交易后，经历了长达 11 年的商品期货时代。2006 年 9 月 8 日，中国金融期货交易所正式在上海挂牌成立，成为中国第四家期货交易所。

2007 年 3 月 16 日，国务院发布《期货交易管理条例》，同现行的《期货交易管理暂行条例》相比，新条例将适用范围从原来的商品期货

---

① 参见 http://www.china.com.cn/chinese/PI‑c/488781.htm。

交易扩大到商品、金融期货和期权合约交易，为后来的股指期货交易及监管埋下了伏笔。2010 年 4 月 16 日，沪深 300 股指期货开始交易，开创了国内金融衍生品时代的新纪元①。

截至 2011 年上半年，除了传统的商品衍生品，在金融市场上，远期、期货、期权以及互换这四类金融衍生品都已经具备，不过从交易量而言，股指期货交易量远超其他货币及利率衍生品（见表6－1）。

表 6－1　中国金融衍生品市场历史与现状（截至 2011 年 10 月底）

金融衍生品	上市时间	交易量	备　注
外汇期货	1992 年 6 月 1 日	NA	已退市②
深圳综合指数期货	1993 年 3 月 10 日	NA	已退市③
债券期货	1993 年 10 月 25 日	NA	已退市④
利率互换	2005 年 10 月 10 日⑤	1294.69（亿元）	
人民币远期	2005 年 8 月 15 日	11787.38（百万美元）	
人民币互换	2008 年 12 月 12 日	NA	
人民币期权	2011 年 4 月 1 日	NA	
沪深 300 指数期货	2010 年 4 月 16 日	324573869.82（万元）	

资料来源：自行收集于《中国证券史》、外管局、外汇交易中心及各交易所官方网站。

① 实际上，在这之前，2005 年开始，我国货币市场已陆续出现人民币远期、利率互换等金融衍生品，但由于普通投资者不参与交易，而媒体报道也较少，因此并未广为人知。

② 1992 年 6 月推出美元、日元、马克等外汇期货，但因交易清淡，1996 年 3 月 27 日央行与外管局宣布《外汇期货业务管理试行办法》无效。

③ 1993 年 3 月，深圳综合指数期货与深圳 A 股指数期货推出，因 1996 年 9 月深圳平安保险公司福田证券部大户打压操纵标的指数，监管部门宣布停止交易。

④ 因著名的国债期货"327"价格操纵事件，1995 年 2 月 27 日，国内第一个金融衍生品种停止交易。

⑤ 2006 年 2 月 9 日，中国人民银行发布《关于开展利率互换有关事项的通知》，而 2005 年 10 月 10 日，国家开发银行与中国光大银行完成了首笔人民币利率互换交易，协议的名义本金为 50 亿元人民币，期限为 10 年，光大银行支付固定利率，开发银行支付浮动利率（1 年期定期存款利率）。当时双方约定，待中国人民银行有关政策出台后交易生效。这标志着人民币利率衍生工具在中国金融市场正式登场，利率市场化和金融市场建设进入了一个新阶段。

二　沪深 300 指数概况

沪深 300 指数，简称沪深 300，是沪深证券交易所于 2005 年 4 月 8 日联合发布的反映 A 股市场整体走势的指数。沪深 300 指数编制目标是反映中国证券市场股票价格变动的概貌和运行状况的，并能够作为投资业绩的评价标准为指数化投资和指数衍生产品创新提供基础条件。中证指数有限公司成立后，沪深证券交易所将沪深 300 指数的经营管理及相关权益转移至中证指数有限公司。

在沪深 300 指数最终被确认为国内第一个股指期货标的前，中国金融期货交易所进行了大量的研究，以对比各种指数作为股指期货标的的利弊。

首先，和其他品种期货一样，股指期货交易的主要目的之一是对现货（股票）进行套期保值交易，规避股市风险。因此，在股指期货标的选择时必须考虑提高投资者套期保值交易的效果，这需要标的指数与持有组合有较强的相关性。交易所对包括上证 50、新华富时 A200、巨潮 100 等指数的实证对比研究表明，从综合套期保值成本和保值效率两方面来看，沪深 300 是最优选择。

其次，为了实现期货与现货间的对冲保值和套利，所有指数的成分股必须保证一定的流动性，以避免指数产品与成分股股票价格的脱节。流动性差的股票会导致交易成本增加和流动性风险，导致指数可复制性减弱，失去指数期货的设立初衷。因此，标的指数通常只选择流动性较强的股票，当然，成分股仅包括那些高流动性的股票会使得指数的市场覆盖率下降。综合这些考虑，虽然深圳成分指数、上证 A 股指数等流动性比沪深 300 高，但由于这些指数只是单一市场指数不利于全市场套利和保值，因此沪深 300 仍然是适宜的。

最后，防止指数被操纵是全球指数期货市场关注的另一个主要话题。一般来说，包括的股票越多，覆盖的市值越大，市场操纵越难。另外，成分指数中如果某个股票权重过大也容易发生操纵。初步的数量分析发现，沪深 300 指数市值覆盖率约为 60.8%，基本符合国际通行的股指期货选择标准。进一步的研究表明，沪深 300 指数最大权重股占总股本的 3.5%，前十大成分股占总股本的 21.04%，与中证 100、上证 50 等指数高达 30% 以上的比重相比，操纵成本更高①。

当然，就知名度而言，沪深 300 不及上证指数、深圳综指等指数。但由于上述指数是单一市场指数，不利于全市场套利和保值，因此，综合上述指数选择的主要考虑角度，交易所认为沪深 300 仍然是相对最优的标的指数。

从当前沪深 300 期货合约看（见表 6 - 2），由于监管层和交易所担心股指期货对于普通投资者风险过高，因此对参与市场的投资者提出了较高的要求。

表 6 - 2　沪深 300 指数期货合约表

合约标的	沪深 300 指数
合约乘数	每点 300 元
报价单位	指数点
最小变动价位	0.2 点
合约月份	当月、下月及随后两个季月
交易时间	上午：9：15～11：30，下午：13：00～15：15
最后交易日交易时间	上午：9：15～11：30，下午：13：00～15：00
每日价格最大波动限制	上一个交易日结算价的 ±10%
最低交易保证金	合约价值的 12%
最后交易日	合约到期月份的第三个周五，遇国家法定假日顺延
交割日期	同最后交易日
交割方式	现金交割
交易代码	IF
上市交易所	中国金融期货交易所

资料来源：中国金融期货交易所。

例如，沪深 300 指数合约乘数为 300 元，在全球交易量最大的 19 个知名指数合约乘数排序中，处于相对偏高位置。其中，韩国的 KOSPI 200 指数乘数为 500000 韩元，位居全球第一，而在大阪交易所交易的道琼工业指数乘数为 100 日元，处于末位。

---

① 根据 2006 年 4 月数据计算。

沪深300指数合约最小变动价位为0.2点，进行类似研究可以发现，该变动价位处于中等水平，其中最小变动价位最大的是大阪证券交易所的 NIKKEI 225 指数期货，为10个点位，而芝加哥商业交易所的 S&P 400 指数期货和 Russell 2000 指数期货以及 KOSPI 200 指数期货等最小变动价位仅为0.05。

综合上述最小变动价位和合约乘数两点考虑，沪深300指数合约发生最小变动价位变动时，就全球比较而言，给投资者带来的损益处于中等水平。从投资角度而言，如果最小变动价位变化带来的损益太小，可能对投机者吸引力降低，影响合约的流动性；反之太大，又容易导致市场风险过大，将散户排除在外。

另外，保证金水平设置为12%，目的也是为了提高入市门槛，将小客户拦在门外。保证金水平的设置不仅关系到管理部门对市场风险的控制，而且还决定了市场的流动性。保证金水平偏低，意味着杠杆太高，资金不够雄厚的投资者容易穿仓，导致违约，出现风险事件；但保证金水平偏高的话，要求投入的资金太大，不利于投资者参与，可能导致交易清淡。从国际对比的角度看，一般成熟市场在3%~8%，而新兴市场则在10%左右。沪深300指数采用12%的水平，反映了交易所相对注重对风险的控制，毕竟我们的市场还处于不成熟的发展之中。

第二节　衍生品市场监察和监管

一　金融衍生品市场监察

2006年9月成立的中国金融期货交易所下设监查部[1]，其主要职责是：负责违规行为查处；监管协作；内审及本所法律事务处理；等等。

监查部负责日常交易检查和进一步的立案调查，与价格操纵相关的主要职责如下。

---

[1] 上海证券交易所下设部门名称为监察部。

（1）日常检查

指监查部根据其各项规章制度，对会员、客户、期货保证金存管银行、信息服务机构及期货市场其他参与者的业务活动进行的定期和不定期的监督检查。具体而言，可以查阅、复制与期货交易有关的信息、资料；对会员、客户、期货保证金存管银行、信息服务机构等单位和人员调查、取证；要求会员、客户、期货保证金存管银行、信息服务机构等被调查者申报、陈述、解释、说明有关情况；查询会员的期货保证金账户；检查会员的交易、结算及财务等技术系统；制止、纠正、处理违规违约行为；等等。同时，监查部受理书面或者口头投诉、举报。

对于会员或者客户有《中国金融期货交易所违规违约处理办法》中定义的被认为影响期货交易价格行为的，监查部可以责令其改正，并可以根据情节轻重，采取谈话提醒、书面警示、通报批评、公开谴责、限制开仓、强行平仓、暂停或者限制业务、调整或者取消会员资格等措施。

中国金融期货交易所 2010 年 11 月公布的《中国金融期货交易所期货异常交易监控指引（试行）》中的第五条对股指期货中的异常交易情形及其处置办法进行了定义与规定，以便于监查部对异常交易进行判断与跟踪。

（2）立案调查

对日常检查工作中发现的、投诉举报的、监管部门和司法机关等单位移交的或者通过其他途径获得的线索进行审查，认为涉嫌违规的，监查部予以立案调查。对已经立案的案件，监查部指定专人负责调查。监查部搜集的证据包括书证、物证、视听资料、电子记录、证人证言、当事人陈述、调查笔录、鉴定结论等能够证明案件真相的一切材料。

会员、客户、期货保证金存管银行和信息服务机构及期货市场其他参与者涉嫌违规，经立案调查的，在确认违规行为之前，为防止违规后果进一步扩大，保障处理决定的执行，监查部可以申请交易所对被调查人采取下列临时处置措施：暂停受理申请开立新的交易编码；限制入金；限制出金；限制开仓；降低持仓限额；提高保证金标准；限期平仓；强行平仓。

中国金融期货交易所《中国金融期货交易所 2010 年度自律管理工

作报告》[①] 显示，为制止、查处异常交易行为，累计拨打警示电话 484 次，发出监管函 861 份，对 4 名客户采取限制开仓措施。经过半年多的实际运行，中国金融期货交易所的各项规章制度与监察措施逐步完善，《中国金融期货交易所 2011 年度自律管理工作报告》[②] 显示，2011 年，本所继续严肃查处各类异常交易行为、违规行为，采取电话提示会员首席风险官、发出市场监查关注函、约见会员总经理及首席风险官谈话等监管措施 284 次，其中包括对 8 个客户采取限制开仓的监管措施。

二　衍生品市场监管历史与现状

（一）对衍生品价格操纵和内幕交易的监管历史

在国内金融市场上，无论证券市场还是期货市场，价格操纵和内幕交易一直都是令监管者头疼的问题。同时，20 世纪 90 年代至今，非法期货一直禁而未止。因此，本书主要对期货市场价格操纵和非法期货监管进行研究。

1990 年 10 月，中国郑州粮食批发市场经国务院批准，作为我国第一个商品期货市场正式开业。虽然我国衍生品市场几乎与股票市场同步开始发展，但其相关监管条例和法规却明显滞后于股票市场。在衍生品发展初期的 1988~1993 年，全国最多的时候出现了 50 多家交易所，各交易所分别制定了对价格操纵的监管[③]，却缺乏统一的监管条例和法规，这种局面一直持续到 1996 年 5 月 6 日证监会公布《关于对操纵期货行为认定和处罚的规定》。

1999 年 5 月，证监会颁布《期货交易管理暂行条例》，而对于操纵期货价格的刑事处罚，一直到 1999 年 12 月 25 日颁布的《中华人民共和国刑法修正案（一）》才出现。

---

① 　http://www.cffex.com.cn/gyjys/zlglgzndbg/201103/t20110318_ 15854. html.

② 　http://www.cffex.com.cn/gyjys/zlglgzndbg/201203/t20120309_ 16389. html.

③ 　如《苏州物资交易所期货交易规则》第八十条规定：会员单位及出市代表如果"违反交易所价位涨落规定，在竞价交易中有意哄抬或压低价格"或"虚报市价，联手交易，从中谋利"，则属于违规。对于上述违规，交易所给予批评教育、警告罚款、暂停交易直至取消当事人的出市代表资格和会员单位资格等。

（1）1996 年 5 月——《关于对操纵期货行为认定和处罚的规定》
（已废止）

为了严厉打击操纵行为，有效地遏制过度投机活动，维护期货市场
秩序和稳定，确保期货市场试点工作健康地进行，证监会制定了《关于
对操纵期货市场行为认定和处罚的规定》。该规定首次对操纵期货价格
进行了定义，并列举了严重扭曲期货市场价格、扰乱市场秩序的数种行
为，以及对其的相应处罚[1]。

----

① 一　操纵期货市场行为是指交易所会员或客户为了获取不正当利益，故意违反国家有
　　关期货交易规定，违背期货公开、公平、公正的原则和大户报告制度，单独或者合谋
　　使用不正当手段，严重扭曲期货市场价格，扰乱市场秩序的下列各种行为：
　　1. 交易所会员或客户为了规避交易所持仓限量规定，利用其他会员席位或者其
　　他客户名义建仓，其建仓总量超过交易所对该会员或客户规定的持仓限量的；
　　2. 若干交易所会员或客户之间通过集中资金，由一个客户或者会员统一下达交
　　易指令且情节严重的；
　　3. 交易所会员用若干客户的资金为一个客户或自己进行交易且情节严重的；
　　4. 交易所会员为客户提供资金，并强制客户按照自己的意志和要求进行交易的；
　　5. 交易所会员间利用移仓、对敲等手段，故意制造市场假象，虽未超过持仓限
　　量，但已严重影响市场秩序，企图或实际影响期货价格或者市场持仓量的；
　　6. 交易所会员或客户蓄意串通，按照事先约定的方式或价格进行交易或互为买
　　卖，制造市场假象，企图或实际严重影响期货价格或者市场持仓量的；
　　7. 交易所会员接受多个客户的全权委托，并实际统一进行交易，严重影响期货
　　市场价格的；
　　8. 客户假借他人名称或用虚假的名字，多方开立账户和下达交易指令，实际超
　　过持仓限量或严重影响期货市场价格的；
　　9. 交易所会员故意阻止、延误或改变客户某一方向的交易指令，或擅自下达交
　　易指令或诱导、强制客户按照自己的意志进行交易，且情节严重的；
　　10. 交易所会员或客户超越自身经营范围或实际要求，控制大量交易所指定仓库
　　标准仓单，企图或实际严重影响期货市场价格的；
　　11. 交易所会员或客户在实物交割环节上蓄意违规，企图或实际严重影响交割结
　　算的正常进行的；
　　12. 交易所会员或客户在现货市场上超越自身经营范围或实际需求，囤积居奇，
　　企图或实际严重影响期货市场价格的。
　　二　对有操纵市场嫌疑的交易所会员或客户，各交易所有义务配合政府监管部门
　　进行调查。对经调查证明确有操纵市场行为者，可根据情节轻重，单处或者并处警
　　告、没收非法所得、罚款、暂停、中止直至取消资格、宣布其为"市场禁止进入
　　者"。对触犯刑律的，移交司法部门追究刑事责任。
　　三　对不配合政府监管部门调查、隐瞒事实真相、拒不提供有关资料或提供假证
　　的交易所、交易所会员或客户，政府监管部门依据有关规定对其进行处罚。

（2）1999 年 5 月/2007 年 4 月——《期货交易管理暂行条例》/《期货交易管理条例》

1993 年 11 月 4 日，国务院下发《关于制止期货市场盲目发展的通知》，开始了第一次清理整顿工作，当时的国务院证券委及中国证监会等有关部门加强了对期货市场的监管力度，最终有 15 家交易所被确定为试点交易所。1998 年 8 月 1 日，国务院下发《关于进一步整顿和规范期货市场的通知》，开始了第二次整顿工作。虽然期货市场自建立以来价格操纵盛行，但一直没有颁布相关法规和条例对此进行监管①。

直到 1999 年 5 月，国务院才通过了《期货交易管理暂行条例》，并于 1999 年 9 月 1 日施行②。同一年，中国证监会又组织制定了《期货交易所管理办法》、《期货经纪公司管理办法》、《期货从业人员资格管理办法》和《期货经纪公司高级管理人员任职资格管理办法》。这套法规对期货市场各主体的权利、义务等都作了规定，为市场参与者提供了行为规范，也为期货市场的监督管理提供了法律依据。证监会还统一了三

---

① 1995 年 "327" 国债操纵事件中，管京生最后被判刑的罪名为贪污和挪用公款。

② 在第六十一条和六十二条中首次对期货交易中内幕交易和价格操纵及其处罚进行了规定：

第六十一条　期货交易内幕信息的知情人员或者非法获取期货交易内幕信息的人员，在对期货交易价格有重大影响的信息尚未公开前，利用内幕信息从事期货交易，或者向他人泄露内幕信息，使他人利用内幕信息进行期货交易的，没收违法所得，并处违法所得 1 倍以上 5 倍以下的罚款；没有违法所得或者违法所得不满 10 万元的，处 10 万元以上 50 万元以下的罚款；构成犯罪的，依法追究刑事责任。

第六十二条　任何单位或者个人有下列行为之一，操纵期货交易价格的，责令改正，没收违法所得，并处违法所得 1 倍以上 5 倍以下的罚款；没有违法所得或者违法所得不满 20 万元的，处 20 万元以上 100 万元以下的罚款；构成犯罪的，依法追究刑事责任：

（一）单独或者合谋，集中资金优势、持仓优势或者利用信息优势联合或者连续买卖期货合约，操纵期货交易价格的；

（二）蓄意串通，按事先约定的时间、价格和方式相互进行期货交易，影响期货交易价格或者期货交易量的；

（三）以自己为交易对象，自买自卖，影响期货交易价格或者期货交易量的；

（四）为影响期货市场行情囤积实物的；

（五）有中国证监会规定的其他操纵期货交易价格的行为的。

单位有前款所列行为之一的，对直接负责的主管人员和其他直接责任人员给予纪律处分，并处 1 万元以上 10 万元以下的罚款。

个交易所的交易规则，提高了对会员的结算准备金和财务实力的要求，修改了交易规则中的薄弱环节，完善了风险控制制度。

整体上看，2000 年之前，我国期货监管体制比较混乱，一是政出多门，缺少统一的监管部门；二是监管部门以"管得住"作为监管思路，在监管手段上以行政性指令为主。

2007 年 4 月 15 日，《期货交易管理条例》正式施行。与暂行条例相比，在价格操纵方面的主要修改体现在对于内幕交易的处罚加重，同时，增加了对单位参与内幕交易，以及监管机构参与内幕交易的处罚规定①。另外，将暂行条例中的第六十二条中的第（四）款"为影响期货市场行情囤积实物的"修改为第七十四条第（四）款的"为影响期货市场行情囤积现货的"，目的是适应金融衍生品的跨市场监管问题②。

修订后的《期货交易管理条例》将规范的内容由商品期货扩展到

---

① 在第七十三条和七十四条中首次对期货交易中内幕交易和价格操纵及其处罚进行了规定：

　　第七十三条　期货交易内幕信息的知情人或者非法获取期货交易内幕信息的人，在对期货交易价格有重大影响的信息尚未公开前，利用内幕信息从事期货交易，或者向他人泄露内幕信息，使他人利用内幕信息进行期货交易的，没收违法所得，并处违法所得 1 倍以上 5 倍以下的罚款；没有违法所得或者违法所得不满 10 万元的，处 10 万元以上 50 万元以下的罚款。单位从事内幕交易的，还应当对直接负责的主管人员和其他直接责任人员给予警告，并处 3 万元以上 30 万元以下的罚款。

　　国务院期货监督管理机构、期货交易所和期货保证金安全存管监控机构的工作人员进行内幕交易的，从重处罚。

　　第七十四条　任何单位或者个人有下列行为之一，操纵期货交易价格的，责令改正，没收违法所得，并处违法所得 1 倍以上 5 倍以下的罚款；没有违法所得或者违法所得不满 20 万元的，处 20 万元以上 100 万元以下的罚款：

　　（一）单独或者合谋，集中资金优势、持仓优势或者利用信息优势联合或者连续买卖合约，操纵期货交易价格的；

　　（二）蓄意串通，按事先约定的时间、价格和方式相互进行期货交易，影响期货交易价格或者期货交易量的；

　　（三）以自己为交易对象，自买自卖，影响期货交易价格或者期货交易量的；

　　（四）为影响期货市场行情囤积现货的；

　　（五）国务院期货监督管理机构规定的其他操纵期货交易价格的行为。

　　单位有前款所列行为之一的，对直接负责的主管人员和其他直接责任人员给予警告，并处 1 万元以上 10 万元以下的罚款。

② 金融衍生品的跨市场操纵中，操纵者囤积的可能是股票现货，而非实物。现货包括的范围比实物更广。

金融期货和期权交易，扩大了期货公司的业务范围，进一步强化了风险控制和监督管理。

（3）1999 年——《中华人民共和国证券法》

1999 年 7 月 1 日全国人民代表大会通过并正式施行《中华人民共和国证券法》（以下简称《证券法》），是国内证券市场对价格操纵、内幕交易违法监管的里程碑事件。为适应新的证券市场发展，全国人大 2005 年 10 月发布了新的《证券法》，该修订版《证券法》于 2006 年 1 月 1 日开始生效。修订后的《证券法》在第四节"禁止的交易行为"中，第七十三到第七十八条对内幕信息知情人的范围、内幕信息、价格操纵行为等进行了定义。其中，第七十七条规定：禁止任何人以下列手段操纵证券市场：

（一）单独或者通过合谋，集中资金优势、持股优势或者利用信息优势联合或者连续买卖，操纵证券交易价格或者证券交易量；

（二）与他人串通，以事先约定的时间、价格和方式相互进行证券交易，影响证券交易价格或者证券交易量；

（三）在自己实际控制的账户之间进行证券交易，影响证券交易价格或者证券交易量；

（四）以其他手段操纵证券市场。

操纵证券市场行为给投资者造成损失的，行为人应当依法承担赔偿责任。

在第八十六条，为预防持股过于集中，对持有个股的比例及相关信息披露进行了规定。在第一百八十条中，《证券法》规定了对涉嫌价格操纵和内幕交易的股票的处置手段："可以限制被调查事件当事人的证券买卖，但限制的期限不得超过十五个交易日；案情复杂的，可以延长十五个交易日。"

在第二百零二和二百零三条中，分别对内幕交易和价格操纵的经济处罚进行了规定。其中，针对价格操纵，"操纵证券市场的，责令依法处理非法持有的证券，没收违法所得，并处以违法所得一倍以上五倍以下的罚款；没有违法所得或者违法所得不足三十万元的，处以三十万元以上三百万元以下的罚款。单位操纵证券市场的，还应当对直接负责的主管人员和其他直接责任人员给予警告，并处以十万元以上六十万元以下的罚款。"

对内幕交易，"证券交易内幕信息的知情人或者非法获取内幕信息的人，在涉及证券的发行、交易或者其他对证券的价格有重大影响的信息公开前，买卖该证券，或者泄露该信息，或者建议他人买卖该证券的，责令依法处理非法持有的证券，没收违法所得，并处以违法所得一倍以上五倍以下的罚款；没有违法所得或者违法所得不足三万元的，处以三万元以上六十万元以下的罚款。单位从事内幕交易的，还应当对直接负责的主管人员和其他直接责任人员给予警告，并处以三万元以上三十万元以下的罚款。证券监督管理机构工作人员进行内幕交易的，从重处罚。"

（4）各期货交易所违规处理办法

除了国务院颁布的《期货交易管理暂行条例》等系列文件外，经过整顿后的三个期货交易所和新成立的中国金融期货交易所也分别颁布了对违规的处理办法，如上海期货交易所颁布的《上海期货交易所违规处理办法》及其系列修订办法。

在 2006 年 7 月版的《上海期货交易所违规处理办法》中，交易所对操纵期货价格及其经济处罚进行了规定。随着金融市场的变化，上海期货交易所 2008 年 12 月对《上海期货交易所违规处理办法》进行了修订，对第二十八条增加了两款规定，其中在第（三）款中将对敲单独罗列，认定通过对敲转移资金等洗钱行为也属于违规①。

---

① 第二十八条　期货市场参与者具有下列违反交易管理规定行为之一的，责令改正，没收违规所得。情节较轻的，给予警告、强行平仓、暂停开仓交易 1 个月以内的处罚，没有违规所得或者违规所得 5 万元以下的，可以并处 5 万~20 万元的罚款；违规所得 5 万元以上的，可以并处违规所得 1 倍以上 3 倍以下的罚款；情节严重的，给予通报批评、暂停部分期货业务、强行平仓、暂停开仓交易 1~6 个月、取消会员资格、宣布为"市场禁止进入者"的处罚；没有违规所得或者违规所得 10 万元以下的，可以并处 10 万~100 万元的罚款，违规所得 10 万元以上的，可以并处违规所得 3 倍以上 5 倍以下的罚款：

（一）通过合谋集中资金，统一指令，联手买卖，操纵市场价格的；

（二）利用移仓、分仓、对敲等手段，规避交易所的持仓限制，超量持仓，控制或企图控制市场价格，影响市场秩序的；
（转下页注）

2006 年 9 月成立的中国金融期货交易所在股指期货正式推出前，也颁布了《中国金融期货交易所违规违约处理办法》，并于 2010 年 2 月 20 日起实施。该处理办法第二十二条中除了对囤积、对倒等价格操纵进行定义，并对相应的处罚进行了规定。同时，还对跨市场价格操纵及其处罚进行了规定，如第（四）条规定"为影响期货市场行情囤积相关现货"；第（五）条规定"操纵相关现货市场价格而影响期货交易价格"①。

（接上页注①）（三）利用对敲等手段，影响市场价格、转移资金或者牟取不当利益的；

（四）不以成交为目的或明知申报的指令不能成交，仍恶意或连续输入交易指令企图影响期货价格、扰乱市场秩序或转移资金的；

（五）为制造虚假的市场行情而进行连续买卖、自我买卖或蓄意串通，按事先约定的方式或价格进行交易或互为买卖，制造市场假象，影响或企图影响市场价格或持仓量的；

（六）利用内幕信息或国家秘密进行期货交易或泄露内幕信息影响期货交易的；

（七）以垄断、囤积标的物和不当集中持仓量的方式，控制交易所大量指定交割仓库标准仓单，企图或实际严重影响期货市场行情或交割的；

（八）以操纵市场为目的，用直接或间接的方法操纵或扰乱交易秩序，妨碍或有损于公正交易，有损于国家利益和社会公众利益的；

（九）以非善意的期转现行为，影响市场秩序的；

（十）未按要求使用交易所标准仓单管理系统，影响系统正常运作的；

（十一）未遵守交易所风险警示制度的有关要求的；

（十二）其他违反中国证监会和交易所有关交易管理规定的行为。

① 第二十二条　会员或者客户有下列影响期货交易价格行为之一的，责令改正，并可以根据情节轻重，采取谈话提醒、书面警示、通报批评、公开谴责、限制开仓、强行平仓、暂停或者限制业务、调整或者取消会员资格等措施：

（一）单独或者合谋，集中资金优势、持仓优势或者利用信息优势联合或者连续买卖合约，影响期货交易价格；

（二）蓄意串通，按照事先约定的时间、价格和方式相互进行期货交易，影响期货交易价格或期货交易量；

（三）以自己为交易对象，自买自卖，影响期货交易价格或者期货交易量；

（四）为影响期货市场行情囤积相关现货；

（五）操纵相关现货市场价格而影响期货交易价格；

（六）不以成交为目的或者明知申报的指令不能成交，仍恶意或者连续输入交易指令企图影响期货价格，扰乱市场秩序、转移资金或者进行利益输送；

（七）利用内幕信息或者国家秘密进行期货交易或者泄露内幕信息影响期货交易；

（八）通过其他方式影响期货交易价格的行为。

上述违规行为同时构成违约的，依照本办法第十九条第二款的规定处理。

会员有本条所列行为的，对责任人依照本办法第十九条第三款的规定处理。

　　另外，中国金融期货交易所还公布了《中国金融期货交易所期货异常交易监控指引（试行）》，并于 2010 年 11 月 15 日起实施。该指引第五条对股指期货中的异常交易情形及其处置办法进行了定义与规定①。

　　（5）1997 年——《中华人民共和国刑法》

　　1997 年 3 月颁布的《中华人民共和国刑法》对证券市场内幕交易中编造传播虚假信息、操纵证券交易价格等犯罪行为的经济处罚和刑事责任进行了规定，但对期货市场的价格操纵问题并未涉及。直到 1999 年 12 月 25 日颁布的《中华人民共和国刑法修正案（一）》，以及随后的数次修订案，才将期货市场的价格操纵经济和刑事处罚写入刑法中，见表 6 - 3 中刑法各次修订内容。

表 6 - 3　与内幕交易、价格操纵有关的历次修订

修订时间	修订内容	简　评
《中华人民共和国刑法修正案（一）》——1999 年 12 月 25 日颁布	《中华人民共和国刑法修正案（一）》对第一百八十条至一百八十二条中关于内幕信息、知情人以及价格操纵的行为模式和处罚的规定中，增加了对期货价格的内幕交易和价格操纵的相关规定。	20 世纪 90 年代中期，国内期货市场严重的价格操纵与内幕交易事件导致了监管机构开始严厉打击期货市场违规违法交易。

---

　　①　第五条　期货交易出现以下情形之一的，为异常交易行为：

　　（一）以自己为交易对象，大量或者多次进行自买自卖；

　　（二）委托、授权给同一机构或者同一个人代为从事交易的客户之间，大量或者多次进行互为对手方交易；

　　（三）大笔申报、连续申报、密集申报或者申报价格明显偏离申报时的最新成交价格，可能影响期货交易价格；

　　（四）大量或者多次申报并撤销申报可能影响期货交易价格或者误导其他客户进行期货交易；

　　（五）日内撤单次数过多；

　　（六）日内频繁进行回转交易或者日内开仓交易量较大；

　　（七）两个或者两个以上涉嫌存在实际控制关系的交易编码合并持仓超过交易所持仓限额规定；

　　（八）大量或者多次进行高买低卖交易；

　　（九）通过计算机程序自动批量下单、快速下单影响交易所系统安全或者正常交易秩序；

　　（十）交易所认定的其他情形。

续表

修订时间	修订内容	简 评
《中华人民共和国刑法修正案（六）》——2006年6月29日颁布	《中华人民共和国刑法修正案（六）》将刑法第一百八十二条（操纵证券、期货交易价格罪）的"获取不正当利益或者转移风险"部分删除，将罚金的标准"违法所得一倍以上五倍以下"部分删除，增加"情节特别严重"的情形，并规定相应的量刑幅度，"处五年以上十年以下有期徒刑，并处罚金"，同时在第三款中增加"在自己实际控制的账户之间进行证券交易"，并将本罪的行为样态的四项情形作出不同程度的增加、删除或调整，同时将本条单位犯罪的量刑延伸到第二款。	①修正案增加了"在自己实际控制的账户之间进行证券交易"也属违法的规定，将利用包括亲戚朋友身份证进行对倒交易进行价格操纵的模式明列，有利于打击国内典型的价格操纵模式——对倒交易。②本条加重了对本罪的刑罚，由最高五年提高到最高可判十年，同时取消了原条文的罚金标准，将权限赋予人民法院具体操作。
《中华人民共和国刑法修正案（七）》——2009年2月28日颁布	《中华人民共和国刑法修正案（七）》第一款增加了"或者明示、暗示他人从事上述交易活动"，同时，增加一款作为第四款（利用未公开信息交易罪）：证券交易所、期货交易所、证券公司、期货经纪公司、基金管理公司、商业银行、保险公司等金融机构的从业人员以及有关监管部门或者行业协会的工作人员，利用因职务便利获取的内幕信息以外的其他未公开的信息，违反规定，从事与该信息相关的证券、期货交易活动，或者明示、暗示他人从事相关交易活动，情节严重的，依照第一款的规定处罚。	①对第一款中增加认定了一种犯罪行为方式——明示、暗示他人从事上述交易活动。即内幕信息知情人尽管自己没有买卖该证券、期货，也没有把信息泄露给他人，只要明示或者暗示他人从事上述交易活动，也构成内幕交易罪。②对知情人利用内幕信息以外的其他未公开信息非法获利进行了规定。除了内幕信息，可能还存在法律法规中没有罗列的其他重要信息，因此，增加的条款对此进行约束，禁止知情人利用这些未公开信息损害其他规定利益。

资料来源：《刑法》和各修正案。

在《刑法》第一百八十条和第一百八十二条分别对内幕交易及证券和期货价格操纵的经济处罚和刑事处罚进行了规定，特别的，第一百八十二条"操纵证券、期货市场罪"规定，有下列情形之一，操纵证券、期货市场，情节严重的，处五年以下有期徒刑或者拘役，并处或者单处罚金；情节特别严重的，处五年以上十年以下有期徒刑，并处罚金：

（一）单独或者合谋，集中资金优势、持股或者持仓优势或者利用信息优势联合或者连续买卖，操纵证券、期货交易价格或者证券、期货交易量的；

（二）与他人串通，以事先约定的时间、价格和方式相互进行证券、期货交易，影响证券、期货交易价格或者证券、期货交易量的；

（三）在自己实际控制的账户之间进行证券交易，或者以自己为交易对象，自买自卖期货合约，影响证券、期货交易价格或者证券、期货交易量的；

（四）以其他方法操纵证券、期货市场的。

单位犯前款罪的，对单位判处罚金，并对其直接负责的主管人员和其他直接责任人员，依照前款的规定处罚。

另外，前述提及 2010 年 5 月 7 日，最高人民检察院、公安部发布《最高人民检察院、公安部关于公安机关管辖的刑事案件立案追诉标准的规定（二）》第三十九条的规定，"在自己实际控制的账户之间进行证券交易，或者以自己为交易对象，自买自卖期货合约，且在该证券或者期货合约连续二十个交易日内成交量累计达到该证券或者期货合约同期总成交量百分之二十以上的"，将归属"操纵证券、期货市场"的刑事案件，予以立案追诉。

（6）2008 年——《最高人民检察院、公安部关于公安机关管辖的刑事案件立案追诉标准的规定（一）》

为进一步打击价格操纵，规范价格操纵违法的处罚，2008 年 3 月，最高人民检察院、公安部颁布《最高人民检察院公安部关于公安机关管辖的刑事案件立案追诉标准的规定（一）》对公安机关经济犯罪侦查部门管辖的内幕交易、操纵证券市场等违法行为立案追诉标准作出了规定，强化对价格操纵的打击。2010 年 5 月 7 日颁布的《最高人民检察院、公安部关于公安机关管辖的刑事案件立案追诉标准的规定（二）》

对其进行了修订，对证券和期货市场中的价格操纵案的追诉标准进行了规定①。

另外，交易所等机构也制定或修改相关规则对价格操纵进行监察与约束。如2011年1月，深交所公布《交易规则》（2011年修订），并于2011年2月28日正式实施。《交易规则》进一步优化监管机制，以强化防范市场风险。

总体上看，通过二十年来对价格操纵、内幕交易监管的经验，以及对价格操纵等证券违法的打击决心，证监会、交易所等监管机构对此类违法犯罪的监察更加有效，打击更加有力。同时，通过立法和制定规则，目前对价格操纵的监察、认定以及处罚形成了相对完善的法规体系。国内证券市场的监管者已认识到对价格操纵打击处罚，是关系到股票市场是否公平、是否能够持续稳步发展的关键因素之一。而对价格操

① 第三十九条 ［操纵证券、期货市场案（刑法第一百八十二条）］操纵证券、期货市场，涉嫌下列情形之一的，应予立案追诉：

（一）单独或者合谋，持有或者实际控制证券的流通股份数达到该证券的实际流通股份总量百分之三十以上，且在该证券连续二十个交易日内联合或者连续买卖股份数累计达到该证券同期总成交量百分之三十以上的；

（二）单独或者合谋，持有或者实际控制期货合约的数量超过期货交易所业务规则限定的持仓量百分之五十以上，且在该期货合约连续二十个交易日内联合或者连续买卖期货合约数累计达到该期货合约同期总成交量百分之三十以上的；

（三）与他人串通，以事先约定的时间、价格和方式相互进行证券或者期货合约交易，且在该证券或者期货合约连续二十个交易日内成交量累计达到该证券或者期货合约同期总成交量百分之二十以上的；

（四）在自己实际控制的账户之间进行证券交易，或者以自己为交易对象，自买自卖期货合约，且在该证券或者期货合约连续二十个交易日内成交量累计达到该证券或者期货合约同期总成交量百分之二十以上的；

（五）单独或者合谋，当日连续申报买入或者卖出同一证券、期货合约并在成交前撤回申报，撤回申报量占当日该种证券总申报量或者该种期货合约总申报量百分之五十以上的；

（六）上市公司及其董事、监事、高级管理人员、实际控制人、控股股东或者其他关联人单独或者合谋，利用信息优势，操纵该公司证券交易价格或者证券交易量的；

（七）证券公司、证券投资咨询机构、专业中介机构或者从业人员，违背有关从业禁止的规定，买卖或者持有相关证券，通过对证券或者其发行人、上市公司公开作出评价、预测或者投资建议，在该证券的交易中谋取利益，情节严重的；

（八）其他情节严重的情形。

纵认定与处罚立法的完善，无疑是建设有国际竞争力资本市场的重要基础工作。

（二）对非法和变相期货的监管

1. 对变相期货的监管

在国内现货交易市场上，部分市场虽然名义上进行现货交易，但实质上进行的是期货或准期货交易。为此，1999 年 6 月 2 日国务院发布《期货交易管理暂行条例》对变相期货进行禁止，"任何单位或者个人非法设立或者变相设立期货交易所、期货经纪公司，或者擅自从事期货经纪业务的，予以取缔，并依照前款的规定处罚；构成犯罪的，依法追究刑事责任。"但《期货交易管理暂行条例》对于何为变相期货没有进行规定，同时也没有将处罚具体化，导致该条例执行效率偏低。

2007 年 4 月国务院发布《期货交易管理条例》，除了继续禁止变相期货以外[①]，还对变相期货作了具体规定，对违反变相期货规定的处罚也作了具体规定。在第八章第八十九条规定："任何机构或者市场，未经国务院期货监督管理机构批准，采用集中交易方式进行标准化合约交易，同时采用以下交易机制或者具备以下交易机制特征之一的，为变相期货交易：（一）为参与集中交易的所有买方和卖方提供履约担保的；（二）实行当日无负债结算制度和保证金制度，同时保证金收取比例低于合约（或者合同）标的额 20% 的。"

而对于违反变相期货相关规定的，《期货交易管理条例》第七章第七十八条规定："任何单位或者个人非法设立或者变相设立期货交易所、期货公司及其他期货经营机构，或者擅自从事期货业务，或者组织变相期货交易活动的，予以取缔，没收违法所得，并处违法所得 1 倍以上 5 倍以下的罚款；没有违法所得或者违法所得不满 20 万元的，处 20 万元以上 100 万元以下的罚款。对直接负责的主管人员和其他直接责任人员给予警告，并处 1 万元以上 10 万元以下的罚款。"

---

① 第一章第四条规定："期货交易应当在依法设立的期货交易所或者国务院期货监督管理机构批准的其他交易场所进行。禁止在国务院期货监督管理机构批准的期货交易场所之外进行期货交易，禁止变相期货交易。"

《期货交易管理条例》的颁布对变相期货的打击起到了一定的作用，但随着国内经济金融市场的发展，客观的市场需求导致变相期货和非法期货争论又起。如关于上海石油交易所是否变相期货的争论、嘉兴中国茧丝绸市场的一系列"变相期货"诉讼大案等，加上各地文化艺术品交易所的违规，国务院在 2011 年 11 月 11 日发布《国务院关于清理整顿各类交易场所切实防范金融风险的决定》（国发〔2011〕38号），对包括变相期货等违规行为进行清理整顿。在该文第三部分"健全管理制度、严格管理程序"中规定："除依法经国务院或国务院期货监管机构批准设立从事期货交易的交易场所外，任何单位一律不得以集中竞价、电子撮合、匿名交易、做市商等集中交易方式进行标准化合约交易。"

2. 对非法期货的监管

在国内衍生品市场上，非法期货一直是一个较有争议的话题，同时，从监管角度看，非法期货是一个动态概念。1993 年 11 月 4 日，国务院针对"一些地方和部门竞相争办期货交易所或以发展期货交易为目标的批发市场，盲目成立期货经纪公司；一些执法部门也参与期货经纪活动；有些外资、中外合资或变相合资的期货经纪公司蓄意欺骗客户；一些境内外不法分子相互勾结搞期货经纪诈骗活动；一些单位和个人对期货市场缺乏基本了解，盲目参与境内外的期货交易，上当受骗，造成经济损失"等现象，发布《国务院关于坚决制止期货市场盲目发展的通知》，其中第三条规定："取缔非法期货经纪活动。对那些以各种名义从事非法期货经纪业务的机构和个人，各级工商行政管理部门要会同有关部门严肃查处，坚决取缔。"但对于非法期货的界定没有作具体规定，从而为监管效率埋下伏笔，导致期货市场 1998 年第二次被整顿。

1998 年 8 月 1 日，国务院认为，"经过几年的努力，我国期货市场盲目发展的势头得到了有效遏制，市场行为逐步规范，监管能力有所加强。但是，目前期货市场仍存在一些不容忽视的问题，最为突出的是期货交易所和期货经纪机构过多，运作不规范；少数机构和个人联手操纵市场、牟取暴利；非法从事境外期货、外汇按金交易行为依然存在；监管部门的监管力量薄弱，监管手段落后。"

　　为进一步规范市场，国务院开始对期货市场进行更为严厉的清理整顿，发布《国务院关于进一步整顿和规范期货市场的通知》，对包括境外期货交易等非法期货交易的处罚进行了规定①。

　　2011 年 11 月 11 日发布的国发〔2011〕38 号文件认为，"一些交易场所未经批准违法开展证券期货交易活动"，"极易引发系统性、区域性金融风险，甚至影响社会稳定，必须及早采取措施坚决予以纠正"。

　　为配合国发〔2011〕38 号文件，2011 年 12 月 21 日国务院法制办公室、中国证券监督管理委员会发出了关于《国务院关于修改〈期货

---

① 三　取缔非法期货经纪活动，清理整顿期货经纪机构

　　（一）取消所有非期货经纪公司会员的期货经纪资格，未经中国证监会批准，任何机构和个人一律不得从事期货经纪业务。对以各种名义从事非法期货经纪业务的机构和个人，工商行政管理部门要会同中国证监会严肃查处，坚决取缔。

　　（二）提高期货经纪公司最低注册资本金标准，促进期货经纪公司合并重组，实现规模经营。期货经纪公司最低注册资本金标准由中国证监会另行制定。

　　（三）期货经纪公司一律不得从事期货自营业务，代理业务要进一步清理整顿，规范各个交易环节，严格控制风险。

　　（四）完善年检制度，注销不符合规定的期货经纪公司，适当扶持运作规范、资信良好的大型经纪公司。

四　严格控制境外期货交易

　　国务院再次重申，未经批准，任何机构和个人均不得擅自进行境外期货交易，各期货经纪公司均不得从事境外期货业务。对确需利用境外期货市场进行套期保值的少数进出口企业，由中国证监会会同国家经贸委、外经贸部等部门进行严格审核，报国务院批准后，颁发境外期货业务许可证。未取得境外期货业务许可证的企业一律不得以任何借口、任何方式从事境外期货交易。取得境外期货业务许可证的企业，在境外期货市场只允许进行套期保值，不得进行投机交易。国家经贸委、外经贸部等部门会同中国证监会根据这些企业的进出口商品种类和实际贸易量，确定其交易品种和最大期货交易量，由中国证监会指定其境外期货经纪机构和境外期货交易所。

　　未经批准，禁止境外中资机构在境外擅自从事期货交易，违者要追究有关人员的责任。国家经贸委、外经贸部等部门要对工业、外贸企业已从事境外期货交易的情况进行清理整顿，并将整顿结果报告国务院，同时抄送中国证监会。

　　中国证监会要会同有关部门加强对非法境外期货交易的监管。凡涉及证券经营机构、期货经纪机构违法经营境外期货的，由中国证监会会同有关部门查处；其他机构非法从事境外期货的，由国家工商行政管理局会同有关部门查处。对违反上述规定擅自进行境外期货交易的企业及境外中资机构要严加惩处，对企业负责人和直接责任人员由其上级主管部门给予撤职直至开除的处分，同时追究主管部门领导的责任；构成犯罪的，移交司法机关依法追究刑事责任。

交易管理条例〉的决定（征求意见稿）》公开征求意见的通知。其中涉及非法期货方面的可能修改如下。

①原《期货交易管理条例》第四条第二款"禁止在国务院期货监督管理机构批准的期货交易场所之外进行期货交易，禁止变相期货交易"修改为"禁止在国务院期货监督管理机构批准的期货交易场所之外进行期货交易"。

删除了"禁止变相期货交易"。因为第二条已经明确了"期货交易""期货合约""期权合约"的法律定义，"变相期货交易"在司法逻辑上已显冗余，所以删除。

②原《期货交易管理条例》第六条第二款"未经国务院期货监督管理机构批准，任何单位或者个人不得设立期货交易所或者以任何形式组织期货交易及其相关活动"修改为"未经国务院期货监督管理机构批准，任何单位或者个人不得设立期货交易场所或者以任何形式组织期货交易及其相关活动"。

把"交易所"修改为"交易场所"，一字之差，扩大了对非法期货的打击范围。

③原《期货交易管理条例》第十条第一款第四项"保证合约的履行"修改为"作为中央对手方，为期货交易提供集中履约担保"。

这样改动明确了除"期货交易所"作为"中央对手方""为期货交易提供集中履约担保"外，"任何单位或者个人""为期货交易提供集中履约担保"的被列入非法范围。

总体上看，意见稿首先明确了"期货交易"的定义，指出条例所称期货交易，是指采用公开的集中交易方式或者国务院期货监督管理机构批准的其他方式进行的以期货合约或者期权合约为交易标的的交易活动。考虑到在对期货交易已作出明确界定，凡属期货交易定义范围内的交易活动均可依法认定为期货交易的情况下，可不再对变相期货交易另作规定，征求意见稿删去了现行条例中有关"变相"期货交易的规定。

另外，根据国发〔2011〕38号文件的指示，国家发改委在内的八部委迅即联合行动，拟定了《清理各类交易所名单》，计划对进行非法期货和变相期货以及其他交易所进行清理。

《清理各类交易所名单》出台后，带来了极大的争议。实际上，在过去 20 年的股市和期货市场发展过程中，国家也曾采用"一棒子"打死直接干预市场的方法进行管理，结果带来的负面效应远超过带来的利益。例如，1993 年和 1998 年两次整顿交易所，50 多家交易所减少为 3 家，多年来国内期货市场无金融期货交易的局面，市场行情惨淡，2006 年前，大部分期货公司处于持续亏损的境地。

纵观全球交易所发展的历史，充分的市场竞争、丰富的投资品种，以及充分的开放市场是这些市场获得成功的关键因素。

对包括各类交易场所"一棒子"打死、形成垄断市场的作法，不仅不能很好地发展金融市场，更大的可能是将投资者逼向非法地下交易平台或将资金转移到国外其他市场。

更为重要的是，大规模关闭交易所也不符合中央关于中国金融改革的整体思路和历史发展的趋势。温家宝总理在 2012 年金融工作会议上明确指示：首先，要降低门槛、放宽准入，允许民营经济进入金融业；其次，建立地方性的监管机构，比如小型的交易场所和金融主体可以交给地方政府来管理，国家性监管机构负责业务指导。

三　金融现货市场与衍生品跨市场监察与监管

（1）跨市场监察

随着股指期货上市开始交易，为了应对股指期货上市以后可能出现的跨市场操纵行为，2007 年 3 月 13 日，在中国证监会统一部署和协调下，上海证券交易所、深圳证券交易所、中国金融期货交易所、中国证券登记结算公司和中国期货保证金监控中心公司在上海签署了股票市场和股指期货市场跨市场监管协作系列协议。此举标志着股票现货市场和期货市场的跨市场监管协作体制框架正式确立。

此次五方签署的协议包括《股票市场与股指期货市场跨市场监管备忘录》以及《股票市场与股指期货市场跨市场监管信息交换操作规程》、《股票市场与股指期货市场跨市场监管反操纵操作规程》、《股票市场与股指期货市场跨市场监管突发事件应急预案》三个具体操作规程①。上述协议以防范市场风险、维护市场平稳运行、保障现货和期货市场健康协调发展为目标，主要内容是构建包括信息交换机制、风险预警机制、共同风险控制机制和联合调查机制等在内的股票市场与股指期货市场跨市场联合监管协作机制。

证监会除了对各单一市场进行监管外，还会对跨市场监管加强指导、协调，督促五方按照协议的具体要求，积极进行监管协作，加强联系和沟通，提高监管效率，在各自职责范围内及时采取有效的联合监管措施，防范并及时查处跨市场操纵、内幕交易等违法违规行为，确保股指期货交易的顺利推出和平稳运行。同时，2007 年 12 月证监会还促成中国金融期货交易所成立"股指期货市场监管协调小组办公室"，以实现信息共享和跨市场协调监管②。

2010 年 4 月，股指期货上市后，中国金融期货交易所与协作方每日进行必要的市场统计数据交换，全面掌握股指期货市场与股票市场的运行概况；及时交换重点监控账户名单，跨市场监控其交易行为；及时了解套保客户的现货交易情况，规范套保客户的交易行为；与沪深证券交易所建立盘中绿色通道机制，第一时间通过电话沟通等方式，查找分析市场异动原因，防范跨市场风险和跨市场违规。此外，定期召开跨市场监管协作例会，交流期现两市场运行情况，分析可能出现的跨市场违规问题，分享一线监管经验，研究应对跨市场风险的措施。

2011 年，中国金融期货交易所与跨市场监管协作各方进一步深化、细化跨市场监管协作机制，同时加快推进跨市场联合分析研究，进一步发挥跨市场监管协作机制的效力。

一是以重点课题为突破口，加快推进跨市场联合研究。与跨市场监管协作各方充分利用资源优势，针对股指期货市场与股票市场最新变

---

① 详见证监会网站：http://www.csrc.gov.cn/pub/newsite/bgt/xwdd/200708/t20070813_68514.htm。

② 详见中国金融期货交易所网站：http://www.cffex.com.cn/gyjys/jysdt/200912/t20091218_10467.html。

化，以若干重点研究课题为突破口，合理分工、协同一致、积极调研、深入分析，及时互相通报研究成果，为防范系统性风险的跨市场传递打好基础。

二是进一步优化定期例会机制，细化业务交流内容。与跨市场监管协作各方通过会议及时交流股指期货市场与股票市场交易情况与运行特点，研究应对跨市场风险的措施，分享一线监管经验。

三是巩固跨市场信息交换机制，提高及时性与有效性。与跨市场监管协作各方以信息交换为主要抓手，继续加强信息共享，及时把握相关市场情况。

四是完善跨市场协同分析排查机制，及时启动盘中沟通的"绿色通道"。与沪深证券交易所密切配合，及时通过"绿色通道"沟通信息，及时排查盘中异常交易，严密监控跨市场交易行为，防范跨市场操纵风险。

（2）跨市场监管

除了上文提及的跨市场监管文件以外，目前并没有单独的跨市场监管文件，对跨市场的监管散见于各交易所监管条例。如 2008 年 12 月实施的《上海期货交易所违规处理办法》中第二十八条第（七）款中规定的"以垄断、囤积标的物和不当集中持仓量的方式，控制交易所大量指定交割仓库标准仓单，企图或实际严重影响期货市场行情或交割的"属于违规行为，会得到相应的处罚。2010 年 2 月 20 日起实施的《中国金融期货交易所违规违约处理办法》在第二十二条中对跨市场价格操纵及其处罚进行了规定，如第（四）款、第（五）款分别规定："为影响期货市场行情囤积相关现货、操纵相关现货市场价格而影响期货交易价格，则交易所可以根据情节轻重，采取谈话提醒、书面警示、通报批评、公开谴责、限制开仓、强行平仓、暂停或者限制业务、调整或者取消会员资格等措施。"

第三节　衍生品市场监管现状与存在的问题

自 20 世纪 90 年代开始建立之初，国内衍生品市场就一直处于庄家盛行、严重价格操纵的状态之中。在衍生品发展初期的 1988~1993 年，全国最多的时候出现了 50 多家交易所，各交易所分别制定了对价格操纵的监管，但却缺乏统一的监管条例和法规，这种局面一直持续到 1996 年 5 月 6 日证监会公布《关于对操纵期货行为认定和处罚的规定》，对操纵期货价格的处罚仅包括经济处罚与行政处罚，以及用语模糊的刑事处罚①。对于操纵期货价格的刑事处罚直到 1999 年 12 月 25 日颁布的《中华人民共和国刑法修正案（一）》才出现。

由于对期货市场价格操纵者没有进行及时与合理的处罚，最终导致众多品种退市以及 1993 年开始的两次期货市场大整顿。20 世纪 90 年代初期至今，对期货价格操纵的最严厉处罚是 1998 年 4 月 21 日中国证监会对海南橡胶期货 R708 合约交易中操纵价格的单位和个人作出的处罚。该处罚将邵桥等个人和上海华隆实业总公司等企业列为期货市场禁止进入者，而对个人操纵者仅没收操纵市场收入，未进行罚款，对另一些操纵参与者仅进行了警告处分②。

在国内衍生品历史上，目前还没有出现因操纵期货价格而受到刑事处罚的个人③。这其中的原因有：1999 年 12 月 25 日《中华人民共和国刑法修正案（一）》颁布前，国内并没有对操纵期货的刑事处罚进行规定；颁布后，因为前期期货市场的整顿，明目张胆的价格操纵现象已经大幅度减少。但这并不意味着市场上没有价格操纵，或将来不会出现价格操纵，特别是在金融衍生品种会越来越丰富的不远的将来。

因此，进一步完善衍生品市场监管显得非常急迫与重要。目前，我国期货市场已形成"一个条例""两个司法解释""四个办法"为主体的法规体系和"五位一体"的期货监管体系，但讨论多年的《期货法》仍然没有推出。

---

① 该规定第二条称：对经调查证明确有操纵市场行为者，对触犯刑律的，移交司法部门追究刑事责任。
② 详见证监会处罚公告，http://www.txsec.com/view/content_page_law.asp? id = 2424。
③ 1995 年发生的著名"327"国债操纵事件中，管京生最后被判刑的罪名为贪污和挪用公款，而非期货价格操纵。

第七章

股指衍生品发展的相关建议

第一节 鼓励交易所创新

自 1995 年 5 月国债期货因严重价格操纵问题停止交易以来，中国内地衍生品市场一直处于仅有商品期货，而缺乏金融期货的局面。这种状况一直持续到 2010 年 4 月，沪深 300 指数期货开始交易。

从全球金融衍生品发展历史和现状看，要提升金融市场全球影响力和竞争力，仅有股指期货还不够，还需要连续推出股指期权、VIX 等相关衍生品。这样一方面可以提供更多的投资渠道；另一方面可为股票现货产品提供更多的保值工具，提升市场整体效率。

除了在产品上进行创新以外，对交易机制的创新也值得交易所进一步探索。与全球主要金融市场采用做市商制度不同，我国股票现货和股指期货采用的都是集合竞价。金融交易市场上，集合竞价模式由于存在处理大额买卖盘的能力较低；当市场低迷时，市场流动性不足；引起价格的波动性大等弊端已逐渐被弃用。而做市商制度，目前已成为国际成熟市场中较为流行的一种市场交易制度，它指的是在一定的监管体系下，做市商作为市场的核心和组织者，以买卖差价获取利润，维持市场的交易量和流动性的交易机制。

另外，目前国际上很多交易所正从会员制转变为公司制并最终上市交易。这种变化趋势一方面可以提高交易所管理水平；另一方面可以增加交易所在全球市场的知名度，从而提高市场影响力。

225

第二节　进一步开放市场

开放市场包括两个方面，一方面是国内衍生品市场向海外投资者开放；另一方面是开放国内投资者向海外衍生品市场投资渠道。对外开放能够增加参与国内衍生品市场的投资金额，并扩大市场影响力；内地投资者直接参与国际金融市场投资可以触发国内交易所和相关管理机构的改革动力，减低交易成本，提升所有投资者福利。

对外开放是贯穿在各国资本市场成长过程中的一个大趋势。从 20 世纪 70 年代中后期到 20 世纪 90 年代初，世界主要发达国家经历了一场金融革命，这场革命促使各国加快了对外开放的进程。一些发展中国家在 20 世纪 90 年代中后期也陆续解除了资本市场管制，使得包括衍生品在内的金融市场获得了长足进步。

因此，适时开放国内金融市场，让国外投资者"走进来"，开放资本项目让国内投资者"走出去"，以发展壮大我们的金融衍生品市场。

第三节　加强交易市场监管

在中国证券和期货市场规范化的过程中，价格操纵一直是一个突出问题。20 世纪 90 年代，国内期货交易所曾经多达 50 个以上，期货品种多达 35 个，但因"少数机构和个人联手操纵市场，牟取暴利"，国务院最终仅保留了上海、郑州和大连 3 家期货交易所，品种压缩到 12 个。

股指期货等衍生品市场，特别是金融衍生品市场，具有高风险、高技术性等特征，而且与现货市场息息相关，使得衍生品和现货交易的跨市场影响的层面很广，形态上也比单一市场更加复杂，对市场的危害性更大。而对价格操纵的法律认定和研究中，一般都是事后的。这种事后研究和认定不能改变价格操纵行为已经发生和已经给市场带来危害的事实。因此，金融衍生品市场建立后，如何维持现货与衍生品市场的公平、公正与公开，防范现货市场与衍生品市场之间的联合操纵、内幕交易，避免国债期货以及其他商品期货因价格操纵被退市的悲剧重现，显得非常重要和急迫。

虽然目前我国金融衍生品市场还处于建设阶段，但随着市场的发展，将来会有更多的个股期货、指数期权，甚至波动率指数衍生品等产品上市交易。同时，从全球衍生品市场看，基于股票指数开发的金融衍生品一直是投资者关注的焦点，同时也是跨市场操纵者试图通过非法交易获利的主要目标。因此，从合约设计、资金监管、法律处罚、跨市场信息共享、跨市场危机处理程序等角度加强市场监管显得非常重要，也是股指期货等衍生品市场获得可持续发展的重要动力。

第四节　建立跨市场危机处理机制

跨市场危机处理主要包括两个方面的内容：一方面，当现货或者衍生品价格出现异常时，应该停止或暂停衍生品市场交易，甚至同时停止或暂停现货市场和相关衍生品市场交易，以降低市场风险，给投资者重新思考的机会。另一方面，当市场价格或交易量出现异常时，应该限制现货及相关衍生品的买卖数量，对于杠杆交易品种（包括现货），应该采取调整杠杆比例、限制会员头寸、变更交易时间、修改交割规则等手段对市场进行疏导，避免操纵出现。

由于沪深300指数各权重股设计相对合理，操纵者要想利用交易型模式对股指期货和个股现货进行价格操纵十分困难。不过，随着国内金融创新的深化，在不远的将来，股指期权、个股期货、个股期权将上市交易，此时利用个股衍生品与个股现货进行价格操纵成为可能。而目前沪深证券交易所的交易规则和中国金融期货交易所的交易规则对于股指期货成分股、股票与股指套利等交易的跨市场监管与处置都没有进行说明。

　　基于散户比重偏高、理性程度有待提升、金融产品不够丰富等中国金融市场现状，笔者因此建议借鉴日本与韩国的监管规则，制定与美国Rule 80A 类似的监管规则可以在金融市场发展初期很好地应对跨市场监管问题，减少金融市场波动。因此，交易所或监管部门可以考虑协调监管规则，对股指期货成分股、现货与衍生品套利相关交易中的跨市场冲击进行处置与监管。

参考文献

一 英文文献

[1] Abhyankar, A. (1998), "Linear and Nonlinear Granger Causality: Evidence from the UK Stock Index Futures Market", *The Journal of Futures Market*, 18, pp. 519 – 540.

[2] Aitken, M., A. Frino, A. Hill, E. Jarnecic (2004), "The Impact of Electronic Trading on Bid – ask Spreads: Evidence from Futures Markets in Hong Kong, London and Sydney", *Journal of Futures Markets*, 24, pp. 675 – 696.

[3] Antoniou, A. and Holmes P. (1995), "Futures Trading, Information and Spot Price Volatility: Evidence for the FTSE – 100 Stock Index Futures Contract Using GARCH", *Journal of Banking & Finance*, 19, pp. 117 – 129.

[4] Antoniou, A., Holmes, P., Priestley, R. (1998), "The Effects of Stock Index Futures Trading on Stock Index Volatility: An Analysis of the Asymmetric Response of Volatility to News", *Journal of Futures Markets*, 18, pp. 151 – 166.

[5] Ates, Aysegul and Wang, George H. K. (2005), "Liquidity and the E-volution of Price Discovery on Floor Versus Screen-based Trading Systems: An Analysis of the Foreign Exchange Futures Markets", May, Available at SSRN, http://ssrn.com/abstract = 754946 or http://dx.doi.org/10.2139/ssrn.754946.

[6] Bessembinder, H., Seguin, P. J. (1992), "Futures-trading Activity and Stock Price Volatility", *Journal of Finance*, 47, pp. 2015 – 2034.

[7] Black, D. G. (1986), "Success and Failure of Futures Contracts: Theory and Empirical Evidence", Monograph No. 1986 – 1, *Monograph Series in Finance and Economics*, Salomon Brothers Center for the Study of Financial Institutions, Graduate School of Business Administration, New York University.

[8] Black, F. and M., Scholes (1973), "The Pricing of Options and Corporate Liabilities", *Journal of Political Economy*, Vol. 81, pp. 637 – 659.

[9] Booth, G. G., Lee T. & Tse, Y. (1996), "International Linkages in Nikkei Stock Index Futures Markets", *Pacific-Basin Finance Journal*, 4, pp. 59 – 76.

[10] B. Wade Brorsen and N. Zue F. Fofana (2001), "Success and Failure of Agricultural Futures Contracts", *Journal of Agribusiness*, 19, 2 (Fall), pp. 129 – 145.

[11] Carlton, D. W. (1984), "Futures Markets: Their Purpose, Their History, Their Growth, Their Successes and Failures", *Journal of Futures Markets*, Vol. 4, pp. 237 – 271.

[12] Cavallo, L. & Mammola, P. (2000), "Empirical Tests of Efficiency of the Italian Index Options Market", *Journal of Empirical Finance*, Vol. 7, pp. 173 – 193.

[13] Chakraborty, Yilmaz (2004), "Informed Manipulation", *Journal Economics Theory*, 114, pp. 132 – 152.

[14] Chamberlain, T. W., Cheung, S. C. and Kwan, C. C. Y. (1989), "Expiration Day Effects of Index Futures and Options: Some Canadian Evidence", *Financial Analysts Journal*, Vol. 45, No. 5, pp. 67 – 71.

[15] Chambers, S. and C. Carter (1990), "U. S. Futures Exchanges as Nonprofit Entities", *The Journal of Futures Market*, 10, 1 February, pp. 79 – 88.

[16] Chou, R. K. and G. H. K. Wang (2006), "Transaction Tax and Market Quality of the Taiwan Stock Index Futures", *Journal of Futures Markets*, Vol. 6, pp. 1195–1216.

[17] Chou, R. K. and J. H. Lee (2002), "The Relative Efficiencies of Price Execution between the Singapore Exchange and Taiwan Futures Exchange", *The Journal of Futures Markets*, Vol. 22, pp. 173–196.

[18] Chow, Y. F., Haynes, H. M. and Zhang, Y. H. (2003), "Expiration Day Effects: The Case of Hong Kong", *The Journal of Futures Markets*, Vol. 23, No. 1, pp. 67–86.

[19] Chu, Q. C. & Hsieh, W. G. (2002), "Pricing Efficiency of the S&P 500 Index Market: Evidence from the Standard & Poor's Depositary Receipts", *Journal of Futures Markers*, Vol. 22, no. 9, pp. 877–900.

[20] Corkish, J., A. Holland and A. F. Vila (1997), "The Determinants of Successful Financial Innovation: An Empirical Analysis of Futures Innovation on LIFFE", *Bank of England Working Papers*, No. 70, pp. 1–35.

[21] Coving, V., Ding, D. K. & Low, B. S. (2003), "Price Discovery in Informationally-linked Markets: A Microstructure Analysis of Nikkei 225 Futures", *Working paper*.

[22] Cox, J. C. and M., Rubinstein (1995), *Options Markets*, Englewood Cliffs, NJ, Prentice-Hall.

[23] Cuny, C. J. (1993), "The Role of Liquidity in Futures Market Innovations", *Review of Financial Studies*, Vol. 6, pp. 57–78.

[24] David J. Cooper, R. Glen Donaldson (1998), "A Strtategic Analysis of Corners and Squeezes", *Journal of Financial and Quantitative Analysis*, 33, pp. 117–137.

[25] Economides N. and A. Siow (1985), "Liquidity and the Success of Futures Markets", *Working Paper Series*, CSFM – 118, Columbia University, September.

[26] Ederington, L. H. (1979), "The Hedging Performance of the New

Futures Markets", *Journal of Finance*, Vol. 34, pp. 157 – 170.

[27] Edward, F. R (1988), "Does Futures Trading Increase Stock Market Volatility?", *Financial Analysts Journal*, 44, pp. 63 – 69.

[28] Edwards L. N. and Edwards F. R. (1984), "A Legal and Economic Analysis of Manipulation in Futures Markets", *The Journal of Futures Markets*, 4, pp. 333 – 336.

[29] Fernandez, Viviana (2003), "What Determines Market Development: Lessons from Latin American Derivatives Markets with an Emphasis on Chile", *Journal of Financial Intermediation*, Elsevier, Vol. 12 (4), pp. 390 – 421, October.

[30] Flanklin, R. Edwards (1993), "Taxing Transaction In Future Market: Objective and Effects", *Journal of Financial Service Research*, Vol. 7.

[31] Fleming Jeff, Barbara Ostdiek and Robert E. Whaley (1995), Predicting Stock Market Volatility: A New Measure", *Journal of Futures Markets*, Vol. 15, No. 3, pp. 265 – 302.

[32] Fleming, J., Ostdiek, B. and Whaley, R. E. (1996), "Trading Costs and the Relative Rates of Price Discovery in Stock, Futures and Options Markets", *Journal of Futures Markets*, 16, pp. 353 – 387.

[33] George, H. K. Wang, Jot Yau and Tony Baptiste (1997), "Trading Volume and Transaction Costs in Futures Markets", *The Journal of Futures Markets*, Volume 17, Number 7, October, p. 757.

[34] Giot, P. (2002), "Implied Volatility Indices as Leading Indicators of Stock Index Returns?", *Working Paper*, CORE, University of Leuvain.

[35] Guorong Jiang, Nancy Tang & Eve Law (2002), "Electronic Trading in Hong Kong and Its Impact on Market Functioning", *BIS Papers Chapters*, in: Bank for International Settlements (ed.), Market Functioning and Central Bank Policy, Volume 12, pp. 124 – 137

Bank for International Settlements.

[36] Gwilym O. , Buckle M. (2001), "The Lead-lag Relationship between the FTSE 100 Stock Index and Its Derivative Contracts", *Applied Financial Economics*, 11, pp. 385 – 393.

[37] Hail and Leuz (2006), "International Differences in Cost of Capital: Do Legal Institutions and Securities Regulation Matter?", *Journal of Accounting Research*, 44, pp. 485 – 531.

[38] Harris, Richard D. F. (1997), "Stock Markets and Development: A Re-assessment", *European Economic Review*, 41, January, pp. 139 – 146.

[39] Hasbrouck, J. (2003), "Intraday Price Formation in US Equity Index Market", *Journal of Finance*, 58, 6, pp. 2375 – 2399.

[40] Holder, M. E. , M. J. Tomas and R. I. Webb (1999), "Winners and Losers: Recent Competition among Futures Exchanges for Equivalent Financial Contract Markets", *Derivatives Quarterly*, Vol. 6, pp. 19 – 27.

[41] Holland, A. and A. F. Vila (1997), "Features of a Successful Contract: Financial Futures on LIFFE", *Bank of England Quarterly Bulletin*, Vol. 37, pp. 181 – 186.

[42] Huang & Stoll (1998), "Is it Time to Split the S&P 500 Futures Contract?", *Financial Analysts Journal*, January-February, pp. 23 – 35.

[43] Ito T. , Lin W L. (2001), "Race to the Center: Competition for the Nikkei 225 Futures Trade", *Journal of Empirical Finance*, 8, pp. 219 – 242.

[44] James A. Hyerczyk (2001), "Volatility Matters: Better Position Sizing", *Futures*, May, pp. 34 – 36.

[45] James T. Moser (1998), "Contracting Innovations and the Evolution of Clearing and Settlement Methods at Futures Exchanges", *Working Paper Series*, WP – 98 – 26.

[46] Jian Yang, R. Brian Balyeat and David J. Leatham (2005), Futures Trading Activity and Commodity Cash Price Volatility", *Journal of Business Finance & Accounting*, 32 (1) & (2), January/March.

[47] Johnston and McConnell (1989), "Requiem for a Market: An Analysis of the Rise and Fall of a Financial Futures Contract", *Review of Financial Studies*, Vol. 2, No. 1, pp. 1 – 23.

[48] Jones, C. M. and Seguin, P. J. (1997), "Transaction Cost and Price Volatility: Evidence from Commission Deregulation", *The American Economic Review*, Vol. 87, pp. 728 – 737.

[49] Karagozoglu, A. K., Martell, T. F. (1999), Changing the Size of a Futures Contract: Liquidity and Microstructure Effects", *Financial Review*, 34, pp. 75 – 94.

[50] Ki Yool Ohka, Woo Ae Jangb and Yong H. Kimc (2008), "Option-Trading Activity and Stock Price Volatility: A Regime-Switching GARCH Model", www. korfin. org/ data/ p_ journal/ 2008 – N20. pdf.

[51] Kolb, R. W. (1997), *Understanding Futures Markets*, 5th rd Edition. Cambridge, MA Blackwell Publishers.

[52] La Porta, R., Lopez-de-Silanes, F., Shleifer, A., Vishny, R. (1998), "Law and Finance", *Journal of Political Economy*, 106, pp. 1113 – 1155.

[53] Lars Nordén (2006), "Does an Index Futures Split Enhance Trading Activity and Hedging Effectiveness of the Futures Contract?", *Journal of Futures Markets*, Volume 26, Issue 12, pp. 1169 – 1194.

[54] Levine, Ross, Sara Zervos (1998), "Stock Markets, Banks, and Economic Growth", *The American Economic Review*, 88, 3, pp. 537 – 558.

[55] Lieberman, M. B. & Montgomery, D. B. (1988), "First mover advantages", *Strategic Management Journal*, 9, pp. 41 – 58.

[56] Lihara, Y., Kato, K. & Tokunaga, T. (1996), "Intraday Return Dynamics between the Cash and the Futures Markets in Japan", *Journal of Futures Markets*, 16, pp. 147 – 162.

[57] Lombardo, D., Pagano, Marco (2002), *Law and Equity Markets: A*

Simple Model, Published in Corporate Governance Regimes: Convergence and diversity, oxford university press, 7, pp. 343 – 362.

[58] Maberly, E. D (1987), "An Analysis Of Trading and Nontrading Period Returns for the Value Line Composite Index, Spot Versus Futures", *Journal of Futures Markets*, 7, pp. 497 – 500.

[59] Maggie M. Copeland and Thomas E. Copeland (1999), "Market Timing: Style and Size Rotation Using the VIX", *Financial Analysts Journal*, 6, pp. 73 – 80.

[60] Malkiel, B. G. & Radisich, A. (2001), "The Growth of Index Funds & the Pricing of Equity Securities", *Journal of Portfolio Management*, Winter, pp. 9 – 21.

[61] Mark Hulbert (2003), "Chicago Board Options Exchange, VIX Introductio", http://www.cboe.com/micro/vix/index.asp.

[62] Merton, Robert C. (1973), "The Theory of Rational Option Pricing Bell", *Journal of Economics*, 4 (Spring), pp. 141 – 183.

[63] Niclas Hagelin (2000), "Index Option Market Activity and Cash Market Volatility under Different Market Conditions: An Empirical Study from Sweden", *Applied Financial Economics*, *Taylor and Francis Journals*, Vol. 10 (6), pp. 597 – 613, December.

[64] Ni S. X., Pearson N. D. and Poteshman A. M (2005), "Stock Price Clustering on Option Expiration Dates", *Journal of Financial Economics*, 78, pp. 49 – 87.

[65] Park C. G. and Lim K. M. (2004), "Expiration Day Effect in Korean Stock Market: Wag the Dog?", *Econometric Society*, For Eastern Meetings from Econometric Society.

[66] Park, T. H. & Switzer, L. N. (1995), "Index Participation Units & the Performance of Index Futures Markets: Evidence from the Toronto 35 Index Participation Units Market", *Journal of Futures Markets*, Vol. 15, no. 2, pp. 187 – 200.

[67] Pennings, J. M. E. and R. M. Leuthold (2001), "Introducing New Futures Contracts: Reinforcement Versus Cannibalism", *Journal of International Money and Finance*, Vol. 20, pp. 659 – 675.

[68] Pirrong S. C. and Olin J. M. (2004), "Detecting Manipulation in Futures Markets: The Ferruzzi Soybean Episode", *American Law and Economics Review*, 6, pp. 28 – 71.

[69] Pravakar Sahoo, Rajiv Kumar (2008), "Impact of Proposed Commodity Transaction Tax on Futures Trading in India", http://ideas.repec.org/p/ess/wpaper/id1593.html.

[70] Praveen Kumar, Duane J. Seppi (1992), "Futures Manipulation with Cash Settlement", *The Journal of Finance*, 47, pp. 1485 – 1502.

[71] Sahlstrom (2001), "Impact of Stock Option Listings on Return and Risk Characteristics in Finland", *International Review of Financial Analysis*, 10, 1, pp. 19 – 36.

[72] Schwert, G. W. and P. J. Seguin (1993), "Securities Transaction Taxes: An Overview of Costs, Benefits and Unresolved Questions", *Financial Analysts Journal*, Vol. 49, pp. 27 – 35.

[73] Shyy, G. Vijayraghavan, V. & Scott-Quinn, B. (1996), "A Further Investigation of the Lead-Lag Relationship between the Cash Market & Stock Index Futures Market with the Use of Bid/Ask Quotes: The Case of France", *Journal of Futures Markets*, 16, pp. 405 – 420.

[74] Silber, W. L. (1981), "Innovation, Competition, and New Contract Design in Futures Markets", *Journal of Futures Markets*, Vol. 1, pp. 123 – 155.

[75] Silverstein, Kenneth (1992), "Proposal to Tax Annuities, Futures Trades Draws Outcries, Corporate Cashflow", *Atlanta*, Volume 13, April, p. 48.

[76] Smith, C., C. Smithson and D. Wilford (1990), "Managing Financial Risk", *Harper Business*, New York.

[77] Stephen Braverman (2005), "Surveillance of Electronic Trading, Commodity Futures Trading Commission Report", http: //www. cftc. gov.

[78] Stoll, H. R. and Whaley, R. E. (1997), "Expiration-day Effects of the all Ordinaries Share Price Index Futures: Empirical Evidence and Alternative Settlement Procedures", *Australian Journal of Management*, Vol. 22, pp. 139 – 174.

[79] Stoll, H. R. & R. E. Whaley (1990), "The Dynamics of Stock Index & Stock Index Futures Returns", *Journal of Financial & Quantitative Analysis*, Vol. 25, No. 4, pp. 441 – 468.

[80] Tashjian, E. and J. J. McConnell (1989), "Requiem for a Market: An Analysis of the Rise and Fall of a Financial Futures Contract", *Review of Financial Studies*, Vol. 2, pp. 1 – 23.

[81] Tashjian, E. and M. Weissman (1995), "Advantages to Competing with Yourself: Why an Exchange Might Design Futures Contracts with Correlated Payoffs", *Journal of Financial Intermediation*, Vol. 4, pp. 133 – 157.

[82] Telser, L. G. (1997), "Why There are Organized Futures Markets", *Journal of Law and Economics*, Vol. 24, pp. 1 – 22.

[83] Traub, Heydon, Luis Ferreira, Maria McArdle and Mauro Antognelli (2000), "Fear and Greed in Global Asset Allocation", *The Journal of Investing*, Vol. 9, No. 1, Spring, pp. 21 – 37.

[84] Tsetsekos, George and Panos Varangis (1998), "The Structure of Derivatives Exchanges: Lessons from Developed and Emerging Markets", *Policy Research Working Paper*, No. 1887, World Bank, Development Economics Department, Washington, D. C.

[85] Vix Whitepaper, http: //www. cboe. com/micro/vix/vixwhite. pdf.

[86] Wang C. (1999), "A Dynamic Model of Futures Manipulation with Incomplete Information", *Working paper*, National University of Singapore.

［87］ Wang, G. H. K. and J. Yau （2000）, "Trading Volume, Bid-ask Spread, and Price Volatility in Futures Markets", *Journal of Futures Markets*, Vol. 20, pp. 943 – 970.

［88］ Whaley, R. E. （1993）, "Derivatives on Market Volatility: Hedging Tools Long Overdue", *Journal of Derivatives*, 1, pp. 71 – 84.

［89］ Whaley, R. E. （2000）, "The Investor Fear Gauge", *Journal of Portfolio Management*, 26, pp. 12 – 17.

［90］ Williams, J. C. （1986）, *The Economic Function of Futures Markets*, Cambridge, Cambridge University Press.

［91］ Wissam Abdallah, Marc Goergen （2008）, "Does Corporate Control Determine the Cross-listing Location?", *Journal of Corporate Finance*, 14, pp. 183 – 199.

［92］ Witzer, L. N, Varson, P. L. & Zghidi, S. （2000）, "Standard & Poor's Depositary Receipts and the Performance of the S&P 500 Index Futures Market", *Journal of Futures Markets*, Vol. 20, No. 8, pp. 705 – 716.

［93］ Yiuman Tse, Ju Xiang （2005）, "Market Quality and Price Discovery: Introduction of the E – mini Energy Futures", *Global Finance Journal*, 16, pp. 164 – 179.

［94］ Yu Chuan Huang （2004）, "The Market Microstructure and Relative Performance of Taiwan Stock Index Futures: A Comparison of the Singapore Exchange and the Taiwan Futures Exchange", *Journal of Financial Markets*, 7, pp. 335 – 350.

二　中文文献

［1］ 巴曙松、党剑：《交易所衍生品市场发展的国际经验及中国的路径和策略选择研究》，上证联合研究计划第 12 期课题研究报告。

［2］ 鲍建平：《国际期权市场发展特征与交易制度》，《经济理论与经济管理》2002 年第 10 期。

［3］ 曹敏：《金融衍生产品及风险分析》，《上海金融》2004 年第 6 期。

［4］ 曹森、张玉龙：《沪深 300 股指期货对现货市场影响的实证研究》，《统计与决策》2012 年第 10 期。

［5］ 曹元芳、吴超：《跨市场金融风险与金融监管合作》，《上海金融》2007 年第 1 期。

［6］ 陈晗等：《股票指数期货：理论、经验与市场运作构想》，上海远东出版社，2001。

［7］ 陈晗：《金融衍生品监管：挑战与改革》，《上海金融》2004 年第 7 期。

［8］ 陈筱彦、魏嶷、许勤：《收盘价被操纵了吗？来自沪市高频数据的证据》，《南方金融》2010 年第 5 期。

［9］ 褚决海、王玮：《金融转型过程中衍生品交易方式的选择》，《上海金融》2003 年第 8 期。

［10］ 褚玦海：《中国期货市场投资主体结构与风险控制》，《上海财经研究》2001 年第 5 期。

［11］ 大连商品交易所：《监管为市场服务——美国期货市场的监管体系》，2004 年 11 月 4 日《期货日报》。

［12］ 单树峰、余波：《当前国际金融衍生品市场结构及演进特征》，《郑州轻工业学院学报》（社会科学版）2004 年第 1 期。

［13］ 董安生、郑小敏、刘燊：《我国操纵市场行为的监管：现状、反思与进路》，《法学家》2005 年第 1 期。

［14］ 方匡南、蔡振忠：《我国股指期货价格发现功能研究》，《统计研究》2012 年第 5 期。

［15］ 冯邦彦、彭薇：《香港金融衍生工具市场的发展及对内地的启示》，《经济纵横》2004 年第 4 期。

［16］ 郭斌：《金融衍生工具与金融危机》，2001 年 4 月 7 日《金融时报》。

［17］ 韩原：《建立和发展我国完善的股票期权市场》，《中央财经大学学报》2003 年第 1 期。

[18] 何晓春：《基于反跨市场联合操纵的监管探讨》，《现代商贸工业》2008 年第 11 期。

[19] 贺强：《发展金融期货市场的几点建议》，《价格理论与实践》2004 年第 3 期。

[20] 胡继之主编《金融衍生产品及其风险管理》，中国金融出版社，1997。

[21] 胡茂刚：《我国股指期货三层监管体系的法律思考》，《政治与法律》2008 年第 5 期。

[22] 胡孝红：《金融期货与期权市场监管制度初探》，《武汉大学学报》（人文社会科学版）2000 年第 7 期。

[23] 黄丰南：《指数期货结算日的价格操纵现象：以台湾股价指数期货和新加坡摩根台指期货为例》，（台湾）云林科技大学硕士学位论文，2006。

[24] 黄运成：《欧洲期货交易所（EUREX）成功运作及其启示》，国研网。

[25] 贾洁：《中外股指期货市场监管架构比较研究》，《时代金融》2011 年第 23 期。

[26] 姜洋、陈晗、祁国中：《欧洲金融衍生品市场的崛起与启示》，《金融参考》2003 年第 8 期。

[27] 蒋敏：《金融衍生工具市场状况与中国选择》，《证券市场导报》2001 年第 4 期。

[28] 金泽刚：《操纵证券交易价格行为的认定及其法律责任》，《华东政法学院学报》2002 年第 1 期。

[29] 孔繁军：《欧美的可转债市场及其借鉴意义》，《证券市场导报》2001 年第 11 期。

[30] 李明良：《证券市场热点法律问题研究》，商务印书馆，2007。

[31] 李强等：《世界期货市场监管体系的发展趋势及对我国的启示》，2004 年 7 月 29 日《期货日报》。

[32] 李雪莲：《金融衍生品市场十年回顾分析》，《南开金融研究》2001 年第 3 期。

［33］李亚光：《中国期货市场的创新与发展》，《财经研究》2001 年第 6 期。

［34］李志君：《证券市场政府监管论》，吉林人民出版社，2006。

［35］梁彦军：《证券、期货犯罪防范体系构建探析——以股指期货交易为切入点》，《证券市场导报》2012 年第 1 期。

［36］林志平：《市场操纵司法界定、惩治比较及其启示》，《证券市场导报》2006 年第 3 期。

［37］刘凤元、陈俊芳、孙培源：《上海市场股票收盘价格的窗饰效应研究》，《证券市场导报》2003 年第 10 期。

［38］刘力耕：《金融衍生品市场研究》，《金融与保险》2002 年第 3 期。

［39］刘庆富：《中国股指期货与股票现货市场的日内信息结构研究——基于交易和非交易时段的视角》，《复旦学报》（社会科学版）2012 年第 3 期。

［40］刘庆富：《中国期货市场波动性与价格操纵行为研究》，东南大学博士学位论文，2005。

［41］马良华、吕瑜：《中国期货市场的监管体制及其改革》，《浙江金融》2003 年第 11 期。

［42］马卫锋、黄运成：《期货市场操纵的认定：美国经验及其启示》，《上海管理科学》2006 年第 2 期。

［43］毛小云：《防止期货市场操纵：监管措施及其效率评价》，《河北经贸大学学报》2006 年第 1 期。

［44］潘淑娟：《金融发展、开放与国际金融衍生工具》，中国金融出版社，2003。

［45］上海期货交易所：《全球衍生品市场发展趋势与中国的选择》，百家出版社，2003。

［46］施东晖、孙培源：《市场微观结构：理论与中国经验》，上海三联书店，2005。

［47］石晓波：《股指期货市场与股市的跨市场监管研究》，《财政研

究》2007 年第 12 期。

［48］史树林：《论我国金融期货市场环境及法律》，《中央财经大学学报》2002 年第 7 期。

［49］史永东、蒋贤锋：《政府在防范市场操纵中的作用》，《中国金融学》2003 年第 3 期。

［50］宋逢明、高峰、袁俪胜：《在中国发展金融衍生品的可行性》，《广西金融研究》2003 年第 4 期。

［51］孙培源、郭剑光、施东晖：《证券市场收盘价格决定方式及发展趋势探讨》，《证券市场导报》2002 年第 12 期。

［52］孙秀琳、宋军：《基于权重股的股指期货操纵模式研究——2007～2008 交易数据的实证检验》，《世界经济情况》2009 年第 1 期。

［53］台湾证券交易所：世界主要证券市场相关制度系列专题。

［54］唐延明：《操纵证券市场行为民事责任研究》，《东北财经大学学报》2004 年第 5 期。

［55］天津大学金融工程研究中心：《股票与股指期货市场风险关联性及跨市场监管研究》，上证联合研究计划第 16 期，2007。

［56］王春峰、卢涛、房振明：《股票、股指期货跨市场信息监管的国际比较及借鉴》，《国际金融研究》2008 年第 3 期。

［57］王少飞、郑享清：《境外股指期货市场监管体制对比研究》，《特区经济》2011 年第 10 期。

［58］王素珍：《国外跨市场金融风险监管及其启示》，《海南金融》2004 年第 2 期。

［59］王伟东：《论金融衍生产品的风险形成与风险控制》，《金融科学》1998 年第 2 期。

［60］王郧、张宗成：《外资操纵中国股指期货的路径猜想及防范分析》，《华中科技大学学报》2008 年第 4 期。

［61］吴弘、陈贷松、贾希凌：《金融法》，格致出版社，2011。

［62］吴坚、胡茂刚：《中国期货市场发展与期货法制创新》，《财经科

学》2002年第3期。

[63] 谢群：《现阶段我国跨行业跨市场金融风险监管制度探析》，《现代商业》2007年第29期。

[64] 邢精平、张鹏、宋福铁：《股指期货市场操纵风险及其防范》，中国金融期货交易所研究报告，2006。

[65] 熊熊、许金花、张今：《中国股指期货市场操纵风险的监控体系研究》，《财经理论与实践》2009年第5期。

[66] 熊玉莲：《美国场外金融衍生品规则演变及监管改革》，《华东政法大学学报》2011年第2期。

[67] 徐立平：《开放金融下衍生品市场的发展与风险管理》，《经济师》2004年第5期。

[68] 杨亢余：《国内可转债市场浅析》，《证券市场导报》2003年第4期。

[69] 杨亢余：《国外可转债市场的发展及对我国的启示》，《证券市场导报》2002年第6期。

[70] 杨迈军等编《金融衍生品市场的监管》，中国物价出版社，2001。

[71] 姚亚伟：《股指期货与股票现货市场竞争关系研究——来自中国的经验证据》，《证券市场导报》2011年第9期。

[72] 叶春和：《推动金融衍生品市场建立与发展》，2002年9月29日《上海证券报》。

[73] 〔英〕罗伯特、汤普金斯：《解读期权》，陈宋生等译，经济管理出版社，2004。

[74] 曾诗鸿、周丽丽：《我国期货市场的发展与规范》，《经济研究参考》2004年第35期。

[75] 曾筱清：《金融全球化与金融监管立法研究》，北京大学出版社，2005。

[76] 张红娜：《我国期货市场操纵行为防范的研究》，《南方金融》2004年第8期。

[77] 张维、韦立坚、熊熊、李根、马正欣：《从波动性和流动性判别

股指期货跨市场价格操纵行为》，《管理评论》2011 年第 7 期。

[78] 张孝岩：《股指期货推出对中国股票市场波动性的影响研究——基于沪深 300 股指期货高频数据的实证分析》，《投资研究》2011 年第 10 期。

[79] 张雪莹：《股票现货市场与期货市场的联合监管问题初探——基于 1987 年 10 月美国股市和期市暴跌的经验》，《上海金融》2007 年第 5 期。

[80] 张雪莹：《现货与衍生品市场的跨市场操纵研究——基于大额交易者的分析》，《经济论坛》2008 年第 1 期。

[81] 浙江财经学院、上海中大经济研究院联合课题组：《股指期货跨市场监管——基于投资者跨市场交易行为的理论及实证研究》，上证联合研究计划第 21 期。

[82] 郑鲁英：《美国对金融衍生交易的监管及其对我国的启示》，《金融教学与研究》2002 年第 5 期。

[83] 郑庆寰、林莉：《跨市场金融风险的传递与监管》，《南方金融》2006 年第 8 期。

[84] 郑顺炎：《证券市场不当行业的法律实证》，中国政法大学出版社，2007。

[85] 郑振龙、张雯：《各国衍生金融市场监管比较研究》，中国金融出版社，2003。

[86] 郑尊信、吴冲锋：《防范操纵下的股指期货现金结算价设计》，《管理科学》2006 年第 5 期。

[87] 周立一：《金融衍生工具：发展与监管》，中国发展出版社，1997。

[88] 周青：《浅析〈证券法〉关于操纵市场行为法律规范的难点问题》，《哈尔滨学院学报》2008 年第 6 期。

[89] 周小梅：《商品期货市场价格操纵的经济学分析》，《商业研究》2000 年第 12 期。

[90] 周燕明：《论我国金融衍生品的实践及其发展前景》，《浙江金融》

1998 年第 8 期。

三 互联网资料

［1］ http：//www. amf – france. org/

［2］ http：//www. sec. gov/

［3］ http：//www. csrc. gov. cn

［4］ http：//www. cffex. com. cn/

［5］ http：//www. sfc. hk/sfc/html/TC/

［6］ http：//www. taifex. com. tw

［7］ http：//www. tse. com. tw/

［8］ http：//www. cboe. com/

［9］ http：//www. cbot. com/

［10］ http：//www. cftc. org

［11］ http：//www. cme. com/

［12］ http：//www. eurexchange. com/index. html

［13］ http：//www. fsa. org. nk

［14］ http：//www. fasb. org

［15］ http：//www. nfa. futures. org

［16］ http：//www. nymex. com/jsp/index. js

［17］ http：//www. nyse. com/

［18］ http：//www. tocom. or. jp/

［19］ http：//www. cffex. com. cn

［20］ http：//www. cmegroup. com

图书在版编目（CIP）数据

股指衍生品：国际经验与借鉴 / 刘凤元著 . —北京：
社会科学文献出版社，2012.9
ISBN 978 - 7 - 5097 - 3713 - 2

Ⅰ . ①股…　Ⅱ . ①刘…　Ⅲ . ①股票指数期货 - 金融
衍生产品 - 研究　Ⅳ . ①F830.91

中国版本图书馆 CIP 数据核字（2012）第 199863 号

股指衍生品：国际经验与借鉴

著　　者 / 刘凤元

出 版 人 / 谢寿光
出 版 者 / 社会科学文献出版社
地　　址 / 北京市西城区北三环中路甲 29 号院 3 号楼华龙大厦
邮政编码 / 100029

责任部门 / 财经与管理图书事业部　（010）59367226　　责任编辑 / 陶　璇　冯咏梅
电子信箱 / caijingbu@ ssap. cn　　　　　　　　　　　　责任校对 / 王翠艳
项目统筹 / 恽　薇　　　　　　　　　　　　　　　　　　责任印制 / 岳　阳
经　　销 / 社会科学文献出版社市场营销中心　（010）59367081　59367089
读者服务 / 读者服务中心　（010）59367028

印　　装 / 三河市尚艺印装有限公司
开　　本 / 787mm × 1092mm　1/16　　　　　　　　　　印　　张 / 16
版　　次 / 2012 年 9 月第 1 版　　　　　　　　　　　　字　　数 / 284 千字
印　　次 / 2012 年 9 月第 1 次印刷
书　　号 / ISBN 978 - 7 - 5097 - 3713 - 2
定　　价 / 49.00 元